한중수교25년사

한중수교25년사

1판 1쇄 인쇄 2017년 8월 11일
1판 1쇄 발행 2017년 8월 21일

엮은이 | 성균중국연구소
펴낸이 | 정규상
책임편집 | 정하나
외주디자인 | 장주원

펴낸곳 | 성균관대학교 출판부
등록 | 1975년 5월 21일 제1975-9호
주소 | 03063 서울특별시 종로구 성균관로 25-2
전화 | 02)760-1252~4
팩스 | 02)760-7452
홈페이지 | http://press.skku.edu

이 책은 한중수교 25주년을 기념하여 한국국제교류재단과
성균중국연구소가 공동으로 제작하였습니다.

한중수교 25년사

성균관대학교
성균중국연구소 엮음

성균관대학교
출판부

2017년은 한중 양국이 수교한 지 4반세기를 맞는 뜻깊은 해이다. 1992
년 8월 24일 한중수교는 탈냉전이라는 세계사적 전환, 한국의 북방정책
추진, 주변국가와의 관계를 개선하려는 중국 등 복잡한 국제환경 속에서
이루어졌다. 그 후 한중관계는 비슷한 시기에 수교 및 복교한 다른 어떤
국가보다도 교류의 속도 및 폭이 빠르고 넓은 모범적 양자관계가 되었다.
선린우호관계에서 출발한 양국관계는 2008년 전략적 협력동반자관계를
구축한 이후 이를 내실화해 왔다. 2017년 문재인 정부는 출범 이후 전략
적 동반자관계를 더욱 실질화하고 발전시키는 것을 목표로 삼고 있다.

　　　　한중 양국이 전략관계를 구축한 것은 양자 이슈를 넘어 지역과
국제문제에 대해서도 협력하는 성숙한 관계로 발전한 것임을 의미했다.
이 관계의 핵심은 전략적 신뢰와 상호 중요한 관심사를 고려하는 전략적
상호지원(互助)에 있었다. 그리고 한중관계 발전을 상징적으로 보여주었
던 경제적 성과로서　양국은 2015년 말 한중 FTA를 체결해 새로운 경
제협력의 플랫홈을 구축했으며 나아가 제3국 공동 진출이라는 새로운 협
력의 길을 찾고 있다. 사회문화 영역에서 무엇보다 사람과 문화의 교류가
늘어나면서 양국은 긴밀한 인문유대의 뿌리를 튼튼히 해왔다. 실제로 한
류와 중류(中流)는 양국국민들의 일상 속에 깊이 스며들었다.

한중관계가 전방위적이고 다층적으로 발전하는 과정에서 일부 연성안보와 경성안보를 둘러싼 갈등이 나타났고, 경제관계에서도 경쟁적 성격이 강화되었으며 중국의 부상 이후 민족주의적 정서가 충돌하는 현상도 나타났다. 그러나 이것은 양국 관계의 폭발적 발전에 비춰보면 자연스러운 현상이고 이를 우회하기도 어려워졌다. 실제로 한중 양국은 긴밀한 소통과 상호이해를 바탕으로 이러한 문제를 슬기롭게 해결해 왔을 뿐 아니라, 이 과정에서 다양한 위기관리체제를 제도화하기도 했다. "산은 흙이 쌓여 높아지고, 물은 모여 멀리 흐른다(山積而高 澤積而長)"라는 말처럼, 한중수교 25주년을 앞두고 발생한 '일련의 문제'도 상호이해를 바탕으로 양국이 머리를 맞대고 지혜를 찾을 수 있는 충분한 신뢰의 기반을 갖추었다. 오히려 미래 한중관계 발전의 '성장통'으로 보고 디딤돌로 삼을 수 있다. 사드는 한중관계의 전부가 아니며 한중관계가 발전해야 하는 이유는 차고도 넘치기 때문이다.

한국국제교류재단과 성균관대학 성균중국연구소는 오랫동안 『한반도 연도보고』를 시리즈로 출판하면서 한중관계 변화와 지속을 추적해왔다. 이러한 협력에 기초해 『한중수교 25년사』를 발간하기로 한 것은 과거를 거울삼아 역사적 교훈을 발견하고 이를 미래 양국관계의 원동력으로 삼기 위한 것이었다. 두 기관은 지난해부터 한중수교 25주년을 맞아 다양한 학술과 인문교류 및 공공외교에 대한 공동사업을 기획하고 추진해왔다. 이 책도 이러한 기획의 일환이었다. 한중수교 이후의 제 영역의 역사적 성과를 정리하면서 발견한 것은 이 한권의 책에 한중수교 25년의 역사를 모두 담아내기 어려울 정도로 한중관계가 엄청난 교류의 탑을 쌓았다는 점이다.

이 책은 총론, 정치외교, 군사국방, 경제협력, 무역과 투자, 대중문화, 학술, 역사 등의 영역으로 분류한 후, 서술의 중복을 피하고 통일성을 기하는 한편 영역마다의 고유한 특징은 살리고자 했다. 한편 한중수교와 동시에 변화하기 시작한 북중관계와 조선족 및 재중한인들의 변화 역사를 동시에 반영해 한중수교 25주년의 시점에서 한반도 전체의 의미를 살리고자 했다. 그리고 이 책의 부록에는 한중관계 대사기(大事記), 한중 공공외교의 성과, 한중관계 주요 통계와 중요한 문건들을 수록했다. 우리는 이 책의 발간을 통해 한중수교 25년을 개략적으로 개괄하고 법고창신(法古創新)의 계기로 삼을 수 있다고 믿는다.

이 책을 함께 집필한 학자들은 오랫동안 해당분야를 천착해왔고 동시에 이를 정책으로 만드는 데도 고민해 온 대표적 중국전문가들이다. 바쁜 와중에서도 이 책의 발간의 역사적 의미를 생각하면서 흔쾌히 참여해 준 학자들과 유난히도 더운 여름날에 책 발간을 위해 애쓴 성균관대학 출판부의 노고에도 깊은 감사를 드린다.

대나무가 높이 그리고 곧게 자라는 이유는 중간 중간에 매듭을 짓기 때문이다. 이런 점에서 이 책의 발간은 한중수교 반세기를 위한 디딤돌이자 중요한 이정표가 될 것으로 믿는다. 앞으로 한중 간 손에 잡히는 체감형 교류, 쌍방향적 교류, 지속가능한 교류를 통해 한중관계가 이익공동체와 책임공동체 그리고 인문공동체의 기반을 튼튼히 쌓아 수교 50주년을 맞이하기를 바란다. 그때는 한중양국 전문가들이 『한중수교 50년사』를 함께 쓸 수 있기를 기대하면서 독자 여러분의 아낌없는 질정을 바란다.

한중수교 25주년, 2017년 맹하

한국국제교류재단 이사장 이시형
성균중국연구소 소장 이희옥

제1장

한중수교 25년의 성과와 새로운 도전

이희옥(성균관대학교)

1. 한중수교 25년 개관

2017년은 한국과 중국이 82년 만에 국교를 재개한 지 25주년을 맞이하는 뜻깊은 해이다. 1992년 한중 양국이 수교할 무렵, 국제사회는 탈냉전이후 새로운 변화를 모색하고 있었다. 한국은 민주화운동의 결과로 이른바 '87 체제'를 열었고 노태우 정부가 등장하면서 탈냉전 이후 전개되었던 세계사적 과제를 고민하면서 북방외교(Nordpolitik)에서 그 출구를 찾고자 했다.

이를 위해 1989년 9월 11일 자주·평화·민주의 3대 원칙 아래 과도체제인 남북연합을 실현시키기 위한 〈민족공동체헌장〉을 채택하고 남북연합을 거쳐 통일민주공화국으로 나아가는 3단계 통일방안인 〈한민족공동체방안〉을 제시했다. 이러한 새로운 통일방안은 1988년 '민족자존과 통일번영을 위한 대통령 특별선언'인 이른바 〈7·7선언〉에서 밝힌 남북한 동반자관계를 구체화한 것으로 평가할 수 있다. 그러나 이러한 남북관계 개선과 한반도의 평화와 안정의 필수조건은 중국과 소련 등 사회주의권 국가와 관계를 개선하는 것이었다.

이러한 상황에서 1991년 먼저 소련과 국교를 수립했다. 당시 소련의 고르바초프 서기장은 '신사고'를 통해 사회주의를 혁신하고자 했던 페레스트로이카를 추진했고 자연스럽게 북한 사회주의 노선과는 결을 달리하고 있었다. 그러나 노태우 정부의 북방정책은 한반도 통일의 지정학적 가치, 전쟁의 기억, 새로운 경제영토를 확보하기 위해서는 한중수교

없이는 완성될 수 없었다.[1]

한편 중국도 개혁개방의 '총설계사'로 불렸던 덩샤오핑(鄧小平)이 1992년 1월부터 '남순강화'를 통해 천안문 사건 이후 개혁개방을 다시 독려하고 사회주의에 대한 발상의 대전환을 주문했다. 그 결과 1992년 개최된 중국공산당 제14차 대회에서 사회주의 시장경제를 도입했고 중국의 개혁개방정책을 한 단계 격상시켰다. 당시 중국이 이러한 정책을 전환한 배경에는 외자 유치를 통한 지속가능한 개혁개방정책을 추진하려는 실용적 의도가 있었다. 그리고 주변국가와의 관계개선을 통해 천안문 사건 이후 형성된 서구의 대중국 포위망을 돌파해야 하는 전략적 목표가 있었다. 실제, 이 무렵 중국은 베트남, 미얀마를 비롯한 대부분의 아시아 국가들과 복교하거나 수교했다. 한중수교도 이러한 중국의 새로운 전략 구상 속에서 새롭게 포착된 것이었다. 이것은 수교 이전 1983년 민항기 사건, 1985년 중국 어뢰정 사건, 1988년 서울 올림픽 등을 계기로 다양한 접촉결과가 축적된 것이기도 했다.

이처럼 한중 양국은 정치안보적 이해와 새로운 경제관계의 필요성이 더해지면서 본격적으로 수교협상을 시작했다. 당시 북한문제와 대만문제라는 민감한 현안 때문에 철저한 보안 속에 이루어졌지만, 양국의 국가이익은 물론이고 냉전의 해체와 동북아 이익에도 기여할 것이라는 정치적 공감대가 있었기 때문에 비교적 순조롭게 진행될 수 있었다. 실제 한중수교는 동북아 국제질서에 큰 파장을 가져왔다. 무엇보다 북중관계가 소원해졌다. 이어 1993년 북한이 핵확산금지조약(NPT)에서 탈퇴하면서 25년 동안 지속되는 북핵위기가 시작되었고, 공고한 반공연대를 구축했던 한국과 대만의 외교관계가 단절되었으며, 탈냉전 이후 동북아 국

---

1 이범준, 『한국외교정책론』, 법문사, 1998.

제질서는 완전히 새롭게 재편되었다.

이후 한중관계는 마늘분쟁과 같은 무역통상분쟁, 동북공정을 둘러싼 역사분쟁 등의 연성갈등이 있었음에도 불구하고 대국(大局)적 차원에서 보면 상호이해를 증진시키면서 대화와 협상을 통해 문제를 해결했고 이 과정에서 정치적·경제적 상호의존이 심화되었다. 그뿐만 아니라 이러한 관계발전의 기반이었던 민간교류도 폭발적으로 증가했다. 그 결과 1992년 전후에 중국과 수교했던 다른 어느 국가보다 양적·질적으로 양국관계가 발전했다.[2]

1992년 노태우 정부와 장쩌민 정부에서 우호협력관계를 수립한 이후, 1998년 김대중 정부와 장쩌민 정부 사이에서 협력동반자관계를 구축하면서 이른바 '동반자(partnership)'관계의 초석을 놓았다. 2003년 노무현 정부와 후진타오 정부가 출범하면서 기존의 협력동반자관계를 '전면적' 협력동반자관계로 심화, 발전시켰다. 이것은 한중 양국이 한반도문제에 대한 공동인식의 범위가 넓어지고 경제협력의 고도화에 대한 필요성 때문이었다.

2008년 이명박 정부와 후진타오 정부는 기존의 전면적 협력동반자관계를 전략적 협력동반자관계로 발전시켰다. 한중 양국이 '전략'관계로 격상한 것은 양자관계뿐 아니라 지역과 국제 문제에 대해서도 전략적으로 협력한다는 의미를 지니고 있었다. 이것은 한중 양국 모두 지정학적·지경학적으로 중요한 의미를 지닌다는 상호인식의 결과였다.[3] 이어 2013

---

2 이희옥·차재복 편, 『1992-2012 한중관계 어디까지 왔나: 성과와 전망』, 동북아 역사재단, 2012, 18-22쪽.

3 Lee Heeok, "China's Policy toward (South) Korea: Objectives of and Obstacles to the Strategic Partnership," *Korean Journal of Defense Analysis*, Vol. 22, NO. 3, September, 2010.

년 박근혜 정부와 시진핑 정부는 한중관계의 내실화에 합의하고 2014년 시진핑 주석의 한국방문을 계기로 성숙한 한중협력동반자관계를 구축했다. 2017년 출범한 문재인 정부도 한중관계의 중요성을 강조하면서 실질적 전략적 협력동반자관계를 구축한다는 청사진을 제시했다. 이처럼 한중관계는 양국에서 새로운 정부가 출범할 때마다 외교관계가 심화되고 격상되었고 협력범위도 심화, 확대되었다.

표 1. 수교 이후 한중관계 발전

구분	시기	배경		정부
		한국	중국	
선린 우호	1992년	탈냉전, 북방정책, 남북관계, 경제협력	탈냉전, 주변외교, 한반도지정학, 경제협력	노태우-장쩌민
협력 동반자	1998년	금융위기, 남북관계, 북핵문제, 경제협력	책임대국론, 북핵문제, 한반도 안정, 경제협력	김대중-장쩌민
전면적 협력 동반자	2003년	북핵문제, 균형외교, 경제협력	북핵문제, 대국외교, 경제협력	노무현-후진타오
전략적 협력 동반자	2008년	한미동맹, 경제협력	한미동맹, 다극화, 경제협력	이명박-후진타오
전략적 협력동반자 관계 '내실화'	2014년	북핵문제, 한중 FTA, 인문교류	북핵문제, 한중 FTA, 인문교류	박근혜-시진핑
'실질적' 전략적 협력 동반자	2017년	북핵문제, 한반도 평화체제, 사드문제, 경제협력	북핵문제, 사드문제, 한미동맹, 일대일로	문재인-시진핑

2. 한중수교 25년의 성과

한중수교의 성과는 무엇보다 경제관계에서 두드러졌다. 2016년 말 양국 간 교역 규모는 2,114억 달러[4]로 수교 당시 63억 7천억 달러에 비해 33배나 증가했다. 비록 한중경제관계가 보완적 성격보다 경쟁적 성격이 강화되면서 산업구조가 고도화되고 여기에 사드(THAAD)문제와 같은 정치적 요인으로 인해 교역 규모가 줄어들기도 했지만, 여전히 중국은 한국의 최대 수출국이자 투자·수입 대상국이고, 한국도 중국의 제3의 교역국이자 4대 투자대상국이 되었다. 특히 한국의 입장에서 보면 중국과의 교역 규모가 한미·한일 간 교역 규모의 총합보다 크고, 한국경제의 지속적인 발전은 중국의 부상과 한중교역과 투자에 힘입었다. 중국도 초기 한중경제협력을 통해 개혁개방정책의 초석을 놓았고 경제적 보완성을 기초로 윈윈관계를 구축해왔다. 이어 2015년 12월 20일 한중 FTA가 정식으로 발효되면서 2016년부터 상품 분야의 관세 인하가 이루어져 새로운 협력의 모멘텀을 찾았다. 물론 한중교역 규모의 감소, 한국 수출의 대중국 의존도 하락, 중국 수입시장에서 한국의 점유율 하락과 한국 수입시장에서 중국의 점유율 상승, 한국의 대중국 무역흑자와 흑자비율 축소 등의 현상이 나타나고 있다. 한국의 대중투자도 해외투자 대상지역으로서 중국의 위상이 낮아지고 서비스 분야에 대한 투자가 증가했으며 중국 기업의 대한국 투자가 증가하면서 투자 분야의 불균형이 줄어들고 있다. 그뿐만 아니라 사드배치 국면을 계기로 정치안보 리스크가 경제 리스크로 전

---

4 중국의 한중교역 통계는 홍콩과 마카오 등을 경유한 수입을 포함해 산정한다. 이
   경우 2016년 말 한중교역 규모는 2,546억 달러로 한국의 2,114억 달러와 차이가
   있다. 중국 측의 무역수지 적자도 중국 기준 631억 달러, 한국 기준 375억 달러
   로 차이를 보이고 있다.

환되는 새로운 양상도 나타났다.

표 2. 한중무역 통계

구분	한국 통계 (억 달러)				중국 통계 (억 달러)				교역증가율 (%)		무역수지 비율(%)	
	교역	대중 수출	대중 수입	무역 수지	교역	대한 수출	대한 수입	무역 수지	한국 통계	중국 통계	한국 통계	중국 통계
1992	64	27	37	-11	50	24	26	-2	43.6	54.9	-16.8	-4.3
1995	166	92	74	18	170	67	103	-36	41.9	44.9	10.6	-21.2
2000	313	185	128	57	345	113	232	-119	38.6	37.8	18.1	-34.5
2005	1,006	619	386	233	1,119	351	768	-417	26.7	24.3	23.1	-37.3
2010	1,884	1,168	716	453	2,071	688	1,383	-696	33.7	32.6	24.0	-33.6
2011	2,206	1,342	864	478	2,456	829	1,627	-798	17.1	18.6	21.6	-32.5
2012	2,151	1,343	808	535	2,564	877	1,687	-811	-2.5	4.4	24.9	-31.6
2013	2,289	1,459	831	628	2,742	912	1,831	-919	6.4	7.0	27.4	-33.5
2014	2,354	1,453	901	552	2,904	1,003	1,901	-898	2.8	5.9	23.5	-30.9
2015	2,274	1,371	903	469	2,758	1,014	1,743	-732	-3.4	-5.1	20.6	-26.4
2016	2,114	1,244	870	375	2,546	957	1,588	-631	-7.0	-7.7	17.7	-24.8

자료 출처: 한국무역협회 무역통계 DB 및 CEIC, 양평섭 정리

정치적으로는 2016년 말까지 약 60여 회의 정상회담이 있었고 한중관계의 중요성이 증가하면서 정상회담은 양자회담은 물론이고 핵안보 정상회의, APEC, G20, 한중일 정상회담 등 다양한 다자회의나 국제회의에서도 지속적으로 소통해왔다. 이러한 추세는 앞으로도 지속될 것이다. 이러한 빈번한 정상회담은 소통부재에서 오는 위험을 사전에 예방하고 큰 틀에서 양국이 전략적 합의에 이르게 하는 중요한 플랫폼이었으며,

제1장 한중수교 25년의 성과와 새로운 도전

위기관리 메커니즘을 제도화하는 데 크게 기여했다. 예컨대 한중 간 정치안보관계는 한국의 국가안보실장과 중국의 외교담당 국무위원 간 소통기제를 비롯해 다양한 전략대화채널을 제도화했고, 한중 총리회담과 외교장관회담이 지속적으로 개최되었으며 양국의 외교부 차관을 대표로하는 한중전략대화가 정례화되었고, 문재인 정부 출범 이후에도 개최되었다. 또한 다양한 형태의 국회와 정당 간 교류도 활성화되었다. 특히 주목할 만한 것은 양국관계 발전의 걸림돌이었던 군사방면에서 군 고위급인사교류, 정책과 연구 그리고 군사교육 교류로 발전이 있었고, 한국 국방차관과 중국 부총참모장 간 국방전략대화가 2013년부터 실시되었다. 또한 국방정책 실무회의도 정상적으로 진행되었으며 중단되었던 한중외교안보대화(2+2), 정보교류회의 등 일부 회의가 복원되었다. 2014년에는 한국군의 제안에 따라 중국군 유해 송환사업이 시작되는 성과도 있었고 양국 국방부 사이에 직통전화를 설치한다는 양해각서를 체결하기도 했다.[5]

　　　사회문화적 차원에서 가장 인상적으로 발전한 것은 인적교류였다. 2016년 말 양국 국민의 교류는 약 1천만 명에 달했고 매주 한중 양국의 수십 곳의 도시에서 800편 이상의 항공기가 이착륙했다. 특히 주목할 만한 것은 한국인의 방중 규모와 중국인의 방한 규모가 균형을 이루기 시작했다는 점이다. 중국에 상주하는 한국인 수는 약 50만 명에 달하고 베이징, 상하이, 칭다오 등의 주요 도시에는 이미 '코리안 타운'이 형성되었다. 지방자치단체 간의 교류도 활성화되어 이미 130개의 우호도시가 생겨났고 지방 차원의 다양한 인문교류활동이 전개되었다. 그리고 향후 한중 양국의 가교는 양국의 유학생이라고 할 수 있는데, 중국에 체류하는

　　5　『2014 국방백서』, 대한민국 국방부, 2014, 121, 232쪽.

한국유학생과 한국의 중국 유학생은 각각 6만여 명에 달하는 등 교육교류의 비대칭성도 완화되었다. 한국에서는 중국어 배우기 열풍이 불었고 실제로 한국은 중국어 시험인 한어수평고사(HSK)를 세계에서 가장 많이 응시하는 국가가 되었다. 반면 중국에서는 한류열풍이 식지 않고 있으며, 한국의 TV 드라마가 공전의 인기를 얻으면서 양국 지도자들의 일상화제에 오르기도 했다. 그 여파로 2016년 말 기준 약 807만 명의 유커(遊客)가 다녀갔다. 이것은 중국 해외여행객의 47%를 차지하는 수치이다. 비록 메르스 사태와 사드배치로 인해 양국관계가 경색되면서 일시적으로 교류의 규모가 줄었으나 개인관광객 형태로 회복되었다.

한편 한류 콘텐츠는 중국에서 많은 사랑을 받았다. K-Pop 공연과 TV 드라마가 중국 팬들을 사로잡았고 여러 편의 합작영화 기획과 제작 등도 활발하게 전개되었다. 특히 〈태양의 후예〉는 2014년 〈별에서 온 그대〉에 이어 잇달아 중국 내 한국 TV 드라마 붐을 형성하였다. 그러나 한국의 사드배치 결정 이후 사실상 '한한령(限韓令)'이 내려졌다. 그 결과 한국 단체의 중국 내 공연 금지, 신규 한국 연예기획사에 대한 투자 금지, 관객 1만 명 이상 동원하는 한국 아이돌 공연 금지, 한국 드라마 및 예능 협력 프로젝트 체결 금지, 한국 연예인 출연 드라마 중국 내 송출 금지 등으로 나타났다.

이러한 인적·물적 교류를 제도적으로 지원하기 위해 한국은 중국 베이징, 상하이, 선양, 칭다오, 광저우, 청두, 시안, 우한, 홍콩 등에 영사관을 설치했으며 중국도 서울, 부산, 광주에 이어 제주에 영사관과 영사사무소를 운영하고 있다. 이러한 발전은 양국의 정책지원 노력이 결실을 맺을 때 가능하다는 점을 고려해 2013년 6월 양국은 인문유대활동을 강화하기로 합의하고 차관급을 대표로 하는 '한중 인문교류 공동위원회'를 구성하고 2013년 11월 첫 회의를 서울에서 개최한 바 있다.

3. 이슈와 쟁점

한중관계는 25년 동안 건실하게 발전했다. 국가이익을 둘러싼 갈등은 점차 연성안보이슈에서 경성안보이슈로 변화했다. 이것은 해결과정이 어려워질 뿐 아니라, 더 많은 시간을 필요로 한다는 것을 의미한다. 왜냐하면 경제갈등은 양자관계에서 나타난 것이며 어떻게 보면 양국관계가 전방위적으로 발전하는 과정에서 자연스러운 현상일 수 있고, 역사문제도 오랫동안 배태된 역사인식의 차이에서 나타나는 것으로 근본적 해결이 쉽지 않지만, 양자문제에 국한되어 있다는 점에서 관리할 수 있는 영역이라고 볼 수도 있다. 그러나 미중관계가 변화하고 한반도의 전략적 위상이 달라지면서 경성안보(hard security)이슈가 빈발하기 시작했다. 이것은 다양한 행위자들의 이해를 포함하고 있다는 점에서 사안이 복잡하고, 유사한 사례가 발생할 수 있다는 점에서 어려움을 가중시키고 있다. 마늘파동과 동북공정과 같은 쟁점이 연성이슈이자 양자관계를 반영하고 있는 것이라면, 천안함·연평도 사건 그리고 북핵 및 사드배치 문제는 지리적으로 한반도에서 발생했지만 많은 외생변수가 포함되어 있기 때문에 해결의 난도도 높아지고 있다.

1) 연성이슈: 마늘파동과 '동북공정'

한중수교 이후 양국갈등의 출발은 마늘분쟁에서 나타났다. 한국정부가 2000년 6월 전 세계 마늘 생산량의 75%를 생산하고 있는 중국을 상대로 국내 마늘농가 보호를 이유로 중국산 냉동마늘과 초산조제마늘의 관세율을 30%에서 315%로 대폭 올리는 세이프가드 조치를 취했다. 사실 한국정부는 우루과이라운드 협상 때 껍질을 벗기지 않은 통마늘에 한해서만 수요량의 2-4%는 50%의 관세율만 매겨 수입하기로 하고 수요량의 2-4%를 넘는 물량부터는 360%의 높은 관세를 부과하고자 했다. 반면 냉장마늘, 냉동마늘, 절임마늘 등에 대해서는 30%의 낮은 관세만 부과하기로 합의했다. 그러나 국내 수입업자들이 1998년 중국 현지에 냉동창고와 통마늘을 까서 깐마늘로 만드는 작업장을 세웠다. 이로 인해 1999년 9월 말 국내 마늘농가의 피해를 우려한 농협이 중국산 마늘로 인한 피해구제를 신청했고 이에 따라 지역구에 마늘농가를 둔 의원들을 중심으로 정부에 압박을 가해 중국산 냉동마늘과 초산조제마늘의 관세율을 2003년 5월까지 30%에서 최고 315%로 대폭 올리는 세이프가드 조치를 취했다. 이에 대해 중국은 한국산 휴대전화와 폴리에틸렌 수입을 잠정 중단한다는 보복조치를 취했다. 이러한 보복조치는 국제규정에 어긋난 것이지만, 당시 중국이 세계무역기구에 가입하지 않아 제소와 중재를 요청하기 어려운 상황에서 양국 간 마늘협상이 시작되었다. 그 결과 2000년 7월 31일 '마늘협상안'에 한국과 중국이 최종적으로 서명함으로써 일단락되었다. 중국이 휴대전화의 수입중단을 해제하는 대신 한국정부는 2002년까지 3년간 매년 3만 2000-3만 5000kg의 중국산 마늘을 30-50%의 낮은 관세율로 사오고 세이프가드 시한을 2002년 말까지 줄이기로 합의했다.

한편 2002년부터 2007년 2월까지 진행된 중국의 동북공정[6]은 한국 내에서 한중관계 발전의 한계를 드러내었고 '중국은 우리에게 무엇인가'라는 부정적 여론을 불러일으켰다. 더구나 동북공정이 지닌 정치적 민감성 때문에 한중 간 외교갈등이 나타났고 한중의 민족주의 정서를 자극하면서 이러한 갈등은 정치화되었다. 한국 언론이 동북공정문제를 최초

---

6 이희옥, "중국의 동북공정의 논리와 추친체계", 「동북공정과 중화주의」, 고구려연구재단, 2005.

로 제기한 시점은 고구려사 왜곡이 본격화되던 시기인 2004년이었다. 이것은 한국 내 민족주의 열기를 고조시켰고 노무현 정부도 이러한 대중의 여론을 수용하면서 역사와 학술 문제는 한중 간 외교문제로 비화되었다. 그 결과 2004년 3월에는 정부가 출연한 '고구려연구재단'이 출범했고 외교문제로 비화된 한중 간 견해차는 중국 정치협상회의 주석 자칭린, 우다웨이 외교부 부부장 등의 방문을 계기로 2004년 8월 23일, 5개항의 구두 합의를 통해 일단락되었다. 즉 "① 고구려사문제에 대해 양국 간 중대 현안문제로 대두된 것에 대해 중국이 유념하겠다는 의사를 표시한다. ② 양국은 역사문제로 인해 한중 간 우호협력관계 손상방지를 위해 노력한다. 1992년 8월 한중수교성명, 2003년 7월 양국 정상 간 공동성명에 따라 전면적 협력동반자관계 발전을 위해 노력한다. ③ 양측은 한중협력관계라는 큰 틀 안에서 고구려사문제의 공정한 해결을 도모하고 필요한 조처를 위해 고구려사문제가 '정치화되는 것을 방지'한다는 데 인식을 같이한다. ④ 중국 측은 중앙정부 및 지방정부 차원의 고구려사 관련 기술에 대한 한국 측 관심에 이해를 표명하고 필요한 조처를 취해나감으로써 문제가 복잡해지는 것을 방지한다. ⑤ 양측은 학술교류의 조속 개최를 위해 노력하며, 학술교류가 양국 국민의 우애와 이해 증진에 도움이 되는 방향으로 노력한다"[7]는 것이다.

　　그러나 2006년 9월 북한의 미사일 발사와 북핵위기 국면에서 한중협력이 본격화되면서 동북공정 이슈는 수면 아래로 잠복했다. 그리고 동북공정 문제가 한중 외교현안으로 다시 등장한 것은 2006년 관련 연구 결과물이 출판되면서부터였다. 중국사회과학원 변강사지 연구소는 인터넷 홈페이지와 출간물을 통해 동북공정의 일환으로 수행한 고구려사, 발

---

7 『한겨레신문』(2004.8.25).

해사를 비롯한 한국 고대사 연구결과들을 소개하기 시작했다. 이에 대해 한국 언론은 중국이 2004년의 구두합의를 무시하고 역사왜곡을 진행하고 있다고 보도했다. 더구나 중국이 '민족의 영산' 백두산에서 아시안게임의 성화를 채화한다거나 스키장을 건설하고 심지어 인삼개발까지 한다고 기획기사를 보도하기도 했다. 여기에 공교롭게도 한국 고대사를 다룬 드라마들이 한꺼번에 한국에서 방영되면서 중국도 한국의 고구려 열풍에 우려를 제기하는 등 역사갈등은 새로운 국면에 접어들었다. 이에 따라 한국의 역사단체와 국학단체들을 중심으로 중국을 비판하는 시위를 벌이고 한국 국회도 여야 합의로 〈고구려사 왜곡 및 역사 편입 시도 중단 촉구 결의안〉을 채택하고 특별위원회를 구성했다. 그 결과 2006년 8월, 고구려연구재단을 흡수하여 재조직한 '동북아역사재단'이 출범했다. 이처럼 동북공정은 한국 언론의 보도 → 한국 내 민족주의 여론의 환기 → 한국 정치권의 자의적 해석과 수용 → 외교문제화 → 협상을 통한 문제해결이라는 경로를 밟으면서 일단락되었다.

2) 경성이슈: 천안함·연평도 사건과 사드배치

2010년 3월 26일 백령도 서남방 2.5km 해상에서 경계임무 수행 중이던 해군 제2함대사 소속 천안함(PCC-772)이 북한의 공격으로 침몰해 승조원 104명 중 46명이 사망하는 사건이 발생했다. 이어 4월 30일 상하이 엑스포 개막식을 계기로 열린 한중 정상회담에서 한국정부는 천안함 사건에 대한 조사과정을 중국 측에 설명하면서 중국의 협력을 요청했다. 이에 대해 중국은 "천안함 사건 희생자에 대해 애도를 표시하는 한편 향후 과학적이고 객관적인 조사결과에 따라 중국의 입장을 취한다"는 기존 입장을 고수했으며, 며칠 후 예정된 김정일 위원장의 중국방문 소식도 통보해주지 않았다. 이와는 달리 후진타오 국가주석은 상하이를 방문한 북한의 김영남 의장과 회담한 후, "중요한 국제적·지역적 문제에서 상호 지지하고 중대한 국제현안에서 소통과 협력을 강화하자"고 제안했다.

이처럼 중국은 이 사건이 한반도 안정을 저해하지 않도록 하는 방어적 자세를 취하면서 '관망모드'로 돌입했다. 5월 28일 서울에서 열린 한중 정상회담에서 원자바오 총리가 "한국과 각국의 반응을 중시하고 조사결과에 따라 누구도 비호하지 않겠다"고 밝혔지만 다분히 중립적인 것이었고 오히려 무게중심은 "한반도 안정을 파괴하는 어떠한 행위도 규탄한다"는 데에 있었다. 또한 6월 27일 G20 정상회담 기간에 이명박 대통령을 다시 만난 후진타오 주석도 "한국의 입장을 충분히 이해하며 유엔 안보리 대응 과정에서 긴밀히 협의해나가자"고 밝혔지만 북한책임론이 빠진 정치적 수사에 불과했다. 한미 양국이 주도하고 있는 유엔 안보리에서의 규탄결의안에 대해서도 중국은 '북한'의 연루를 단정적으로 언급하거나 사건의 원인이 '어뢰에 의한 침몰'이라는 입장에 명확히 동의하지 않고 편의적으로 해석할 수 있는 여지를 남겼다.

천안함 사건이 발생하고 한국의 조사결과 발표가 임박한 상태에서 5월 3일에서 7일까지 김정일 위원장이 중국을 방문했다. 중국은 김 위원장의 방문기간 동안 최고의 의전을 제공했다. 이러한 분위기에서 열린 양국 정상회담에서 고위층 교류의 유지, 전략적 소통의 강화, 경제무역협력의 심화를 포함한 북중관계의 새로운 준칙에 합의했다. 이 중에서도 경제협력을 강조했다. 실제로 김 위원장이 동북 지역의 주요 항구도시인 다렌(大連)과 톈진(天津)을 방문한 것도 이 도시를 '역할 모델'로 삼아 나진-선봉뿐 아니라 신의주 개발 등을 하기 위한 포석이었다. 이와 함께 북중 경협의 방식을 바꾸기 시작했다. 즉 과거와 같은 단기적 원조에서 벗어나 사업 연계와 사회 인프라 구축 등 중장기적 발전계획을 논의한 것이다.

김 위원장이 직접 해외자본 유치를 환영한다고 밝힌 것도 이러한 맥락이었다.

또한 6자회담의 동력을 살리고자 했다. 북한은 한반도 비핵화에 대한 입장에는 변함이 없으며, "관련 당사국들과 함께 6자회담 재개를 위한 유리한 조건이 조성되기를 바란다"고 밝혔다. 제2차 핵실험 이후 중국은 북한문제와 북핵문제를 분리해 접근했고, 이 과정에서 김정은 후계문제도 대체적으로 정리되었다. 이것이 이후 북중관계를 회복할 수 있는 모멘텀으로 작용했다. 북중관계는 천안함 사건에 북한이 연루되지 않았다고 밝힌 상황에서 관성에 의해 굴러가고 있었다.

2011년 11월 23일 북한의 연평도 포격도발은 한반도가 여전히 화약고이며 '휴전 중'이라는 사실을 일깨워주었다. 사실 NLL은 1953년 정전협정을 체결한 직후인 8월 30일, 남북한의 해상충돌을 막기 위해 유엔군사령부가 군사비밀지도에 일종의 충돌방지선을 설정한 데에서 유래했다. 이후 이를 둘러싼 크고 작은 충돌이 있었으나 무차별 포사격으로 공격하는 일은 정전 이후 처음 있는 일이었고 그만큼 충격적이었다. 당시 연평도 사건에 있어 열쇠를 쥐고 있는 것은 강력한 대북 영향력을 지닌 중국이었다. 국제사회의 발 빠른 대북비판에도 불구하고 중국은 의도적으로 신중한 태도를 보였다. 천안함 사건과는 달리 연평도 사건은 무차별 포격과 민간인 희생 사건이라는 점에 비추어 보면 중국의 태도는 한반도의 긴장이 단순히 북한의 군사적 행위에서 비롯된 것이 아니라, 미국이 곳곳에 흩어진 전선을 닫고 동아시아로 복귀하는 것과 맞물린 미국의 대중국 봉쇄전략의 맥락에서 그 원인을 찾았기 때문이다. 따라서 중국은 북한의 일방적인 군사행동에 대해 불쾌감을 가지고 있었음에도 불구하고 대북한 압박을 통한 북한체제의 위기보다는 북한의 전략적 자산을 활용하는 전략적 선택을 했다. 오히려 중국의 관심은 난항에 빠진 6자회담의 의장국으로서 그 모멘텀을 살리고자 했다. 중국이 비록 '우려한다'는 입장을 밝혔지만, 연평도 사건의 책임소재 규명과 비판보다는 미국이 동아시아로 복귀하는 데 한국이 그 길을 열어주고 있음을 강조했다. 그 결과 연평도 사건에도 불구하고 북한과 중국 관계에는 표면적 갈등이 나타나지는 않았다. 12월 8-9일에는 다이빙궈(戴秉国) 국무위원이 평양을 방문하여 김정일 위원장과의 회담에서 "북중관계와 한반도 정세에 대해 솔직하고 깊이 있는 대화를 나누고 공동인식에 도달했다"고 밝혔다. 이와는 달리 한중관계는 다소 불편해졌다. 한국은 연평도 사건 직후 중국의 책임 있는 행동을 지속적으로 요구했고 미국도 중국이 대북한 영향력을 행사할 것을 강도 높게 주문했다.

천안함·연평도 사건은 남북관계뿐 아니라 한중관계에 깊은 영향을 미쳤다. 사실 중국은 미국의 금융위기 이후 미국에 대한 인식이 변화했다. 이에 따라 한반도와 동북아 문제에 대한 '중국식 해법'을 제기했고, 제3차 핵실험 직후에는 북핵문제와 북한문제를 구분해 접근하기도 했다. 이것은 한반도의 지정학적 위상을 다시 제기하고 검토하는 과정으로 볼 수 있다. 2009년 핵실험 이후 북중관계가 점차 균열되면서 어려움을 겪을 것이라는 예상과 달리 원자바오 총리의 북한방문을 계기로 관계개선이 이루어졌고 실제로 다양한 경제협력의 모멘텀이 나타나기도 했다. 이러한 상황에서 천안함·연평도 사건이 발생했지만, 중국은 김정일 위원장의 중국방문을 허용했으며 북중관계가 '재정상화'되기도 했다. 이것은 한국정부가 북한붕괴론, 북한급변사태를 배경으로 한 대북압박정책을 추진하면서 북한의 전략적 가치를 재주목한 상황과 무관하지 않다. 다시 말해 중국은 한반도를 미중관계의 큰 틀에서 사고하기 시작했으며, 북한을 '정상국가 대 정상국가'로 간주하면서도 북한의 전략적 가치를 활용하고자 했다.

2016년 한미 양국이 주한미군에 사드를 배치하기로 결정하면서 한중관계가 어려운 상황에 놓였다. 박근혜 정부가 사드배치를 결정한 배경은 다음과 같다. 첫째, 북한 비핵화 속도보다 북한 핵무기와 미사일 기술발전이 빨라진 상태에서 안보불안감이 크게 고조되었고 이에 따른 자위적 조치가 필요했다. 둘째, 안보취약성을 보강하고 주한미군의 안정적 주둔 여건을 보장하는 등 한미동맹의 방기(abandonment)에 대한 위험관리가 필요했다. 셋째, 레이더 유효 탐지거리가 한반도에 국한되고 북한의 탄도미사일을 탐지하기 위해 북쪽으로만 지향되어 운용되는 등 제3국을 겨냥한 것은 아니다. 넷째, 안보주권에 해당하기 때문에 주변국과의 관계를 고려하지만, 최종적으로는 국가이익에 따라 독자적으로 결정하는 것이다. 다섯째, 사드배치가 미국의 탄도미사일방어체제(BMD)에 그대로 편입된다는 것은 기우이며, 킬체인(Kill-Chain)과 한국형 미사일방어체제(KAMD) 운용에는 변함이 없다.

여기에 대해 중국이 강력하게 반발한 배경은 다음과 같다. 첫째, 하나의 사드 포대로는 북한을 군사적으로 억제(deterrence)하거나 북한의 행태를 바꾸는 강압(compellence)수단이 될 수 없다. 둘째, 사드의 탐지범위는 미국의 필요에 의해 얼마든지 변경가능하며 결국 중국의 안보 딜레마를 심화시킬 것이다. 셋째, 미국의 아시아 재균형의 일환으로 한미일 안보협력을 통해 중국을 견제하거나 봉쇄하기 위한 장기전략이 투사된 결과이다. 넷째, 사드 시스템이 현재를 위한 방어체계라는 것은 위장이며 미래시점을 위한 전략적 무기이며, 사드 시스템은 향후 요격 시스템으로 발전할 수 있다.

이런 점에서 사드문제는 중국에게는 전략적 안보이익을 침해하는 사안으로 양보가 불가능하고 한국도 북한의 현존하는 위협에 대해 안보적 조치를 취해야 한다는 입장 차이 때문에 대화를 통해 문제를 해결하기는 어려웠다. 여기에 한중 양국 모두 청중비용을 지불해야 한다는 국내 정치가 작용했고, 여기에 일종의 감정외교(sensibility in diplomacy)도 작동했다. 나아가 중국은 비관세장벽 등을 활용하는 방식으로 한국 기업을 압박하면서 정부교류와 민간교류도 크게 위축되었다.

4. 미래 한중관계의 도전과 과제

미래 한중관계는 보다 내실 있게 발전할 것이다. 그러나 한 단계 높게 발전하기 위해서는 양국의 인식 차이를 줄여나갈 필요가 있다.[8]

첫째, 한반도 통일에 대한 인식 차이이다. 한반도 통일에 대한 중국의 기본원칙은 자주적·평화적 통일이며 이를 위한 방법론은 대화, 신뢰, 협상을 통한 남북관계의 개선이었다. 반면 한국은 한반도 통일은 '중립화'보다는 자유민주주의적 가치에 따라 이루어져야 한다는 점을 분명히 했다. 특히 북한이 사실상 '두 개의 한국' 정책을 추진하고 있고 남북관계가 경색된 상황에서 중국이 한국과 함께 한반도 통일에 대한 최종상황(end state)에 합의하고 동일한 방식을 추진하기는 어렵다. 특히 중국은 한반도 통일이 자국의 이익에 유리할 것인가에 대한 확신이 부족하기 때문에 남북한이 구체적 통일과정에 진입하기까지 선제적으로 움직일 가능성은 크지 않다. 이런 점 때문에 한중관계의 발전에도 불구하고 중국은 한국 주도의 통일논의에 공식적으로 참여하거나 지지하지는 않았고, 북한급변사태에 대한 한국의 고위급 전략대화 요청에도 응하지 않았다.

---

8 이희옥, "동아시아 판의 변화와 한중관계의 동태적 전환", 「동향과 전망」99호, 2017, 63-68쪽.

실제로 2015년 한국정부가 중국 지도부와 한반도 통일문제에 대한 전향적 의견을 교환했다고 밝힌 바 있지만, 이에 대해 중국이 공식적으로 확인해준 바가 없고 또한 양국 간 후속조치도 없었다.

둘째, 한미동맹에 대한 인식 차이이다. 한국은 한중관계에 대한 상관성을 높여왔음에도 불구하고 기본적으로 한미동맹의 기본축을 유지해왔고 사실상 한미관계와 한중관계에는 현실적으로 전략적 차등화가 있었다. 이러한 상황에서 한미군사동맹을 '냉전의 유산'으로 보는 중국의 인식이 강화되었다. 사실 중국은 미국의 역외균형자(offshore balancer)의 역할을 현실적으로 수용해왔으나 중국의 부상과 미중 간 지역 수준의 세력전 양상이 나타나면서 한국의 대미경사정책이 강화되고 남북관계가 단절될 경우 동맹을 문제 삼는 경향이 나타났다. 예컨대 이명박 정부 출범 초기 한미 FTA 타결과 함께 한미관계를 가치에 기반한 복합동맹으로 발전시키자, 중국은 천안함·연평도 사건 이후 미군의 한반도 인근해역 진입을 강력하게 비판하기도 했다. 한미의 사드배치 과정에서 한중관계가 악화된 것도 한미동맹환원론에 대한 중국의 문제제기라고 볼 수도 있다. 이것은 한미동맹을 강화해 중국을 견인하고자 할 경우, 미중 세력 경쟁을 한반도 통일과정에 끌어들이는 의도하지 않은 결과를 초래할 수 있다는 것을 의미한다.

셋째, 북핵과 북한 문제 해결에 대한 목표와 방법의 차이이다. 한국은 남북관계에서 '햇볕정책'과 엄격한 상호주의 정책을 모두 실시한 바 있다. 그 결과 일정한 성과가 있었지만, 동시에 한계도 있었다. 그러나 북한이 핵과 미사일 실험을 지속하면서 한국의 제재가 강화된 대북정책이 나타났다. 특히 한국의 보수정부는 북핵문제에 대한 중국의 소극적 역할을 비판하고 최소한 북한의 '성의 있는 조치'가 있을 때까지 압박과 제재에 집중해야만 북한이 협상과 도발을 반복하는 악순환을 끊을 수 있다고 보았다. 나아가 북한이 비핵화를 선택하지 않는 한, 정권변화전략도 배제하지 않았다. 반면 중국은 한반도 비핵화정책을 유지하면서도 북한문제에 대해서는 '북한체제의 안정'을 통한 변화를 추구했다. 즉 북한의 핵무기 발전은 주변지역의 핵도미노 현상을 가져오고 한반도에서 미중 간 전략적 균형을 깰 뿐 아니라, 중국의 안전(safety)에도 영향을 준다고 보았다. 그러나 다른 한편 북한의 '이유 있는 안보우려'를 고려해 한반도 비핵화와 한반도 평화체제를 함께 다루는 '표본겸치(標本兼治)'를 강조했다. 또한 유엔의 대북제재의 목표도 '제재는 대화를 위한 수단'이 되어야 하며, 북핵 동결을 전제로 6자회담으로 복귀해야 한다는 입장을 유지해왔다.

넷째, 양국의 분업구조가 보완적 관계에서 경쟁적 관계로 변모하는 과정에서의 협력 필요성이다. 사실 경쟁이 강화되면 정부 간 경제협력의 방향도 달라질 수밖에 없다. 정부가 기업들에게 공정한 경쟁환경을 제공하고 경쟁과정에서 나타나는 갈등을 관리하는 것이 중요해질 것이다. 여기에 중국식 보호주의, 위안화 환율제도의 공정성, 일대일로(一帶一路) 등 한중 양자관계를 뛰어넘는 글로벌 경제이슈가 양자경제에도 영향을 줄 것이다. 특히 사드문제로부터 학습한 바와 같이 정치적 갈등은 갈등의 이유가 사라지면 회복될 수 있지만, 정치적 리스크에 대한 기업들의 우려는 정치적 갈등이 해소된 다음에도 오랫동안 지속될 수 있다는 점이다. 따라서 좀 더 미래지향적인 맥락에서 신산업에서 양국 기업이 협력할 수 있는 공동의 플랫폼을 양국 정부가 만들면서 기업들에게 더 큰 잠재 시장을 제공할 필요가 있다.

다섯째, 한중 경제관계를 내실화하고 고도화하는 일이다. 향후 동아시아에서 중국 중심의 새로운 가치사슬의 형성, 중국을 중심으로 하는 지역경제 일체화, 제4차 산업혁명과 새로운 분야의 협력 증대 가능성, 보호무역주의 확산에 따른 세계 교역 위축 가능성, 한중 FTA 등이 영향을 주고받으면서 나타날것이다. 여기에 대비하여 한중 양국은 핵심 정책 어젠다 분야에서 협력을 강화하여 인프라 건설, 물류, 자원개발, 신산업 분야의 협력을 확대해야 한다. 또한 향후 한중 간 무역과 투자 협력에서 한국의 대중 무역적자로 전환되고 한중 간 투자 불균형도 해소될 것이지만, 중국의 대한국 투자가 확대되면서 투자 불균형의 해소나 중국의 대한국 투자의 역전 현상이 나타나는 상황에도 대비해야 한다.

여섯째, 사회문화적 관계이다. 한중관계는 광범위한 사회문화적 교류에도 불구하고 사안별로 갈등이 발생할 가능성이 있다. 한중교류의 하나의 상징으로 여겨졌던 중국 내 '한류'에 대한 이미지도 점차 악화되고 있다. 이미 문화주권안보론이 등장했고 실질적으로 공격적 한류마케팅에 대한 부정적 반응도 나타나고 있다. 또한 인터넷에서의 네티즌을 둘러싼 논쟁은 이러한 한국문화의 중국진출을 막는 요소로 나타나고 있다. 향후 한국문화의 일방적인 중국진출은 갈수록 어려워질 것임을 말해주고 있다. 따라서 문화교류에 대한 쌍방향적 소통과 사회문화적 차이의 정치화를 방지하기 위한 제도를 만드는 노력이 필요하다.

5. 미래 한중관계 50년을 위해

중국과 일본은 다른 서방국가들에 비해 비교적 이른 시기인 1972년 수교했고 2017년으로 45주년을 맞이했다. 이를 크게 전반기와 후반기로 나눠보면 전반기는 대체적으로 상호이해를 모색하는 과정에서 우호관계를 유지해왔으나 하반기에는 서로에 대한 이해가 깊어지면서 역설적으로 갈등이 빈발하는 경향을 보였다. 수교 25년을 기점으로 한중관계를 본다면 현재까지는 여러 가지 갈등에도 불구하고 건실한 관계를 유지해왔다.

그러나 향후 25년은 새로운 도전이 나타날 것이다. 중일관계를 참고해 한중관계의 지속적인 발전을 위해 무엇을 해야 할 것인지를 면밀하게 검토할 필요가 있다. 수교 25주년의 성과와 한계를 동시에 검토하면서 한중관계가 무엇을 지양하고 무엇을 계승해야 할 것인지를 파악해야 하는 이유도 여기에 있다. 즉 온고지신(溫故知新)과 법고창신(法古創新)의 지혜가 필요하다.

한중수교 50주년을 맞이할 무렵 한반도는 통일을 달성했거나 지금보다 더욱 평화로운 상태를 유지할 것이라고 희망적으로 전망해볼 수도 있다. 중국도 2050년 '중화민족의 위대한 부흥'을 실현하고자 하는 건국 100년의 목표를 준비하기 위한 마지막 피치를 올릴 때이다. 양국을 둘러싼 동북아질서는 물론이고 세계질서도 지금과는 전혀 다른 양상으로 전개되어 있을 것이다. 제4차 산업혁명, 심지어 제5차 산업혁명을 거치면서 세계는 좁은 국경의 울타리를 벗어나 보다 주권적 의무(sovereign obligation)가 강화되고 초국적 협력이 고도화될 것이다. 이 속에서 한중관계에도 새롭고 까다로운 도전이 나타날 것이지만, 창의적 해법도 여기에 상응해 나타날 것이다. 한중관계도 한중 양국의 국민들이 자유롭게 소통하고 경제관계도 보다 긴밀해질 것이고 양자관계를 넘어 지역문제와 국제문제에서도 깊이 논의하는 깊은 전략적 관계로 발전되어 있을 것이다.

한중양국은 25주년을 계기로 나타난 '일련의 문제'로 일종의 성장통을 겪었다. 그러나 양국관계를 점검하고 새로운 관계를 모색하기 위해서는 반드시 거쳐야 할 과정으로 볼 수도 있다. 이런 점을 고려할 때, 향후 한중관계는 다음과 같은 준칙이 필요하다. 첫째, 공진(共進: co-evolution)이다. 한중 양국이 함께 가야 멀리 갈 수 있고 멀리 가기 위해서는 함께 가야 한다는 인식이 필요하다. 둘째, 지혜이다. 이것은 고정관념을 깨고 낡은 생각을 넘어서는 용기와 능력을 의미한다고 볼 때, 우리 사회에 공고한 미국과 중국에 대한 고정관념을 넘어서는 것이 필요하다. 셋째, 트리플 윈(triple win)이다. 한중관계가 양자관계의 윈윈전략을 넘어 지역의 국제문제 해결도 지향하는 상상력이 필요하다. 넷째, 복합적 사고 이다. 한반도는 지정학적으로 해양세력과 대륙세력이 각축하는 이른바 림랜드(Rimland)이고 지경학적으로도 북한을 통해 세계와 연결하는 전략 적 요충지이다. 이러한 한반도의 전략적 가치를 높이는 복합적 사고가 필 요하다. 중국의 동북지역으로의 진출을 경쟁의 심화가 아니라 한반도 경 제권을 확대하는 기반이라 보는 인식도 여기에 해당한다.

그리고 중국의 변화에 대응하는 우리의 대응방식과 한중관계의 위상(positioning)을 정립하는 일도 게을리할 수 없다. 무엇보다 미중 간 중첩이 현실로 촉발되기 전에 북핵문제를 해결하기 위한 적극적이고 선 제적인 조치가 필요하다. 북핵문제를 북한의 체제붕괴와 연계하는 전략 은 한계가 분명하다. 그리고 한중 양국이 실질적 협력동반자관계를 구축 하기 위해서는 한반도경제에 대한 새로운 사고가 필요하다. 중국의 일대 일로 이니셔티브에 북한문제와 관련해 한국형 아이디어를 낼 필요도 있 다. 또한 미중갈등이 한반도로 파급되는 것을 최소화하기 위해 다자안보 체제를 적극적으로 기획할 필요가 있다. 이미 동북아에서는 동맹 네트워 크만으로 지역의 문제를 해결하는 것이 어렵다는 것이 입증되었다. 사실 한국의 글로벌화는 중간국가의 위상을 가진 국가가 스스로의 전략지도 를 그리는 데에서 출발하는 것이다. 그리고 중장기적으로는 한국이 국가 이익을 넘어 보편적 국제사회의 이익에 기여하고 있다는 이미지를 축적 할 필요가 있다. 이를 통해 한국외교의 중심성과 지속가능성 그리고 예 측가능성을 높여야 한다. 구체적으로는 대중국정책라인의 확충과 정비가 필요하며, 전문가 조직의 활용이나 대중국정책의 투입과정에서 개방적 태도도 필요하다. 그리고 한중 지도자 간의 셔틀외교, 잦은 대화, 전략대화의 내실화, 대중국 공공외교의 혁신도 필요하다.

　　이를 통해 한중 양국이 한반도와 지역안보에 공동의 책임을 지는 책임공동체, 양자 간 경제이익의 선순환뿐 아니라 지역협력에 기여하는 이익공동체, 사람과 문화의 교류를 통해 진정한 상호이해에 도달할 수 있는 인문공동체라는 목표를 향해 나아갈 때 한중 양국이 구동존이(求同存異)를 넘어 구동화의(求同化異)의 길에서 아름다운 접점을 찾을 수 있을 것이다.

제2장

정치외교

이동률(동덕여자대학교)

1. 개관

한중관계는 지난 25년간 눈부신 발전을 이루었다. 우선, 한중관계의 괄목할 만한 발전은 기본적으로 불가분의 역사적·지정학적 특징으로 형성된 구조적 원인, 경제협력이라는 기능적 동인, 그리고 양국의 환경변수 즉 미국요인과 북한요인이 복합적으로 작용한 결과다. 경제적 동기가 양국관계의 외형적 급성장의 주된 동력이었다면 북한 및 미국 요인은 양국 간 '특수한 밀월관계'의 배경이 되었다. 중국은 1990년대 초반부터 미국과의 제한적 경쟁관계에서 선린외교(睦隣外交)를 적극적으로 추진하였고, 그 과정에서 한국과의 관계발전도 모색하였다. 한국 역시 북핵위기 국면에서 중국의 영향력과 역할을 기대하면서 중국과의 관계발전을 적극적으로 전개하였다. 요컨대 중국의 부상, 미중관계, 그리고 한중관계는 상호연동되어 왔으며, 이들 삼자관계는 2008년 이전까지는 큰 틀에서 선순환과정, 즉 중국의 부상, 그에 따른 미중 간의 제한적 경쟁과 협력의 공존, 그리고 한중관계의 비약적 발전으로 진행되어왔다.[1]

둘째, 한중관계의 발전은 거시적으로 볼 때 중국의 강대국으로의 부상과 그에 따른 외교전략의 조정과정과 궤를 같이해왔다. 중국이 강대국으로 부상함에 따라 중국의 다극화 및 대국화 전략에서 차지하는 한국

---

1 이동률, "한중정치관계의 쟁점과 과제", 전성흥 · 이종화 편, 『중국의 부상: 동아시아 및 한중관계에의 함의』, 오름, 2008, 231-237쪽.

의 전략적 비중 또한 단계적으로 증대해왔다. 특히 중국에게 한국은 미국과 동맹관계에 있었기 때문에 여타의 인접 국가들과는 다른 특별한 전략적 함의를 갖고 있었다. 즉 중국의 부상이 진행됨에 따라 중국 외교전략에 있어서 대미전략의 비중이 증대되는 것에 비례하여 그 종속변수로서의 한국의 전략적 중요성 또한 증대되었다.

중국의 부상에 가속도가 더해질수록 중국의 대한반도정책과 한중관계는 중국의 대미전략과 미중관계에 더 많은 영향을 받게 되었다. 결국 한중관계는 양자 차원보다는 국제적 역학관계 등 구조적 환경에 민감한 관계로 변화해왔다. 예컨대 2012년 이후 한중관계가 짧은 기간에 급격한 기복을 보인 배경에는 중국의 가파른 부상, 미국의 아시아 재균형전략, 미일동맹의 강화, 그리고 중일관계의 악화라는 아시아 지역에서의 중요한 세력관계의 변화가 자리하고 있었다.

셋째, 중국이 부상하는 과정에 비례하여 한국의 전략적 가치에 대한 평가가 제고되었다는 것은 한국에 대한 중국의 영향력 확대의 필요성이 커졌다는 것을 의미하는 것이기도 하다. 실제로 한중관계 발전은 일정 정도 한반도에 대한 중국의 영향력 확대 의지가 반영된 결과라 할 수 있다. 그 연장선상에서 최근에는 아시아 지역을 대상으로 미국과 중국의 '대리경쟁' 양상이 뚜렷해지면서 한국은 다양한 이슈에서 미중 양국으로부터 선택의 압박에 직면하게 되었고 그에 따라 한중관계의 유동성도 커졌다.

넷째, 한중관계에서 미국요인 등 구조적 요인의 영향이 강화되면서 한중관계의 가장 중요한 전통적 변수였던 북한요인은 그 비중이 상대적으로 감소하는 경향을 보이고 있다. 반면에 2003년 이후 북핵문제가 불거지면서 전통적인 북한요인과는 다른 차원과 내용으로 한중관계에 작용하고 있다. 즉 중국은 북핵문제를 전통적인 북중관계 차원에서 인식, 접근하고 있기보다는 중미관계, 그리고 동아시아 안보질서에 영향을 주는 현안으로 파악하고 있다. 이에 따라 북핵문제 역시 한중관계의 주요 현안임에도 불구하고 양자 차원의 협력을 통한 해법을 모색하는 것은 점차 어려워지고 있다. 결국 한중관계는 짧은 역사에도 비약적인 발전을 했지만 양자 차원의 질적 성장, 내실화가 정착되기 이전에 외부 구조와 변수에 취약한 관계로 변화되고 있다. 이 과정에서 미중관계, 북핵문제 등이 양국 정치외교관계를 주도하게 되면서 한국은 독자적인 전략 가치와 역할을 확보해야 하는 난제에 직면하고 있다.

2. 발전과정

1) 우호협력관계

1992년의 한중수교는 소련 및 동유럽 사회주의 국가의 해체에 따른 탈냉전시대의 도래라는 국제환경의 변화에서 노태우 정부의 적극적인 북방외교와 천안문 사건 이후 외교적 고립에서 탈피하고자 전개한 중국의 주변지역 정책인 이른바 '선린외교(睦隣外交)' 추진이 조우한 결과였다. 그리고 1994년 리펑(李鵬) 총리의 한국방문을 계기로 중국의 한반도정책은 기존의 '북정남경(北政南經)'의 정경분리정책에서 실리외교로 전환되기 시작하였다. 1992년과 1994년 한국의 노태우, 김영삼 두 대통령의 연이은 중국방문이 있은 이후, 비로소 성사된 최초의 중국 총리의 한국방문에서 당시 리펑 총리는 남북한에 대해 자주독립의 원칙을 견지할 것을 강조하면서 한반도에서 실리외교 추진 의지를 내비쳤다.

　　중국의 한반도 실리외교는 기존의 한반도 관련 정치·안보 쟁점에서의 북한에 대한 일방적 지지 태도의 변화를 의미하는 것이다. 중국이 한반도 평화체제전환 문제와 관련하여 공개적으로 북한과는 다른 입장을 표명한 것이 대표적인 사례다. 1994년 11월 리펑 총리는 한국방문 기자회견에서 "새로운 평화체제가 수립되기 전까지는 기존의 정전체제가 유효하며, 따라서 정전협정이 준수되어야 한다"고 밝힘에 따라 당시 정전협정 자체를 무력화시키고 미국과 직접 평화협정을 논의하려던 북한과 다른 입장에 있음을 분명히 했다.

그뿐만 아니라 북한은 기존의 한반도 정전체제에서 평화체제로 전환하는 과정에서 북미 양자회담을 고집하면서 한국을 대화상대국으로 인정하지 않으려 했던 반면, 1996년 중국의 첸치천(錢其琛) 당시 외교부장은 오히려 한국은 정전협정의 서명국은 아니지만 직접적인 이해당사국임을 분명히 하면서 한국의 '적절한 역할'의 필요성을 공식 표명했다. 이는 사실상 한국이 평화체제 수립의 주체가 되어야 함을 인정한 것으로, 비록 완곡하지만 분명하게 다시 한 번 북한과는 상반된 입장을 표명한 것이다.[2]

2) 동반자관계로의 발전

한중관계는 1998년 11월 김대중 대통령의 중국방문을 계기로 이른바 '동반자관계'라는 새로운 형태로의 관계발전이 이루어졌다. 김 대통령의 방중기간 '21세기 협력동반자관계(面向21世紀合作伙伴關係)'로 발전을 공식

---

2 이 내용은 북한이 계속해서 북미 양자 간 회담을 통한 정전협정의 평화협정으로의 이행을 고집하고 있던 시점인 1996년 8월 26일에 당시 중국 외교부장이었던 첸치천이 한국의 외무부 차관 이기주를 만난 자리에서 언급한 것으로 당시 중국이 이례적으로 북한의 주장과 정면으로 다른 견해를 표명한 것인 동시에 중국이 이전과 달리 한반도문제의 개입 의지가 있음을 보여준 것으로 주목되는 부분이다. 『人民日報』(1998. 8. 27).

선언한 데 이어서 2000년 10월 주룽지(朱鎔基) 총리 방한 시 한중 양국은 군사·안보 분야를 포함하는 협력분야의 다변화에도 합의하였다. 이 시기 중국은 15차 공산당 당대회를 통해 장쩌민(江澤民) 체제를 공고화하고, 경제발전과 국제적 지위향상에 대한 자신감을 바탕으로 '책임대국론', '신안보관'을 통해 미일 신안보조약 체결로 강화된 중국의 부상에 대한 미국의 견제에 대응하였다. 즉 중국의 국제적 위상과 영향력을 제고하고 미국의 일방주의를 견제하기 위한 다극화전략의 일환으로 다양한 형태의 동반자외교를 적극적으로 전개하였다.

동반자관계는 기존의 경제협력 위주의 양국관계를 정치·안보 분야를 포함하는 보다 다양한 영역으로 발전시켜야 함을 강조하였던 것이다. 이에 따라 1999년, 2000년 한중 국방장관의 상호방문회담 개최에 이어서 2001년 10월과 2002년 5월에 각각 한국 군함의 상하이 기항과 중국 군함의 인천 기항, 그리고 2002년과 2003년의 공군 수송기 상호방문으로 확대되었다. 이처럼 한중관계는 군사·안보 분야로까지 교류의 영역이 확대되는 진전이 이루어졌다. 특히 군사 분야의 교류는 중국이 그동안 한중관계 발전의 주된 제약요인으로 거론했던 '북한요인'으로부터 상당히 자유로워지고 있거나, 아니면 현실적으로 한중관계의 발전에 더 비중을 두고 있음을 시사하는 것이라 해석할 수 있다.

그러나 다른 한편 한중 정치관계는 이러한 전반적인 외형적 발전 추세 속에서 적지 않은 문제들이 수교 10년을 즈음하여 불거지기 시작했다. 예컨대 탈북자문제, 조선족문제, 달라이 라마 방한 문제, 어로분쟁, 마늘분쟁, 그리고 2004년 동북공정 등 기왕에 잠복되어왔던 현안들이 양국의 특수한 밀월관계에 미묘한 파장을 불러일으키기 시작했다. 양국관계가 다변화하면서 양국의 국내요인들이 새롭게 변수로 등장하게 된 것이다. 이들 갈등요인들이 양국관계의 발전 필요라는 대세 앞에서 관계발전의 걸림돌로까지 확대되지는 않았지만 그동안 양적 성장 일변도의 양국 관계에 간과되어왔던 내적 취약성에 대한 각성을 불러오기에는 충분한 사례들이었다.

한중 양국은 2003년 7월 노무현 대통령의 중국방문을 통해 2000년 이후 사실상 진행되어온 양국 협력 및 교류의 확대를 '전면적 협력동반자관계(全面合作伙伴關係)'로 발전시키기로 합의했다. 이 시기 중국은 후진타오 체제가 출범하면서 '평화굴기(和平崛起)'론을 통해 중국의 부상을 공식화하고 북핵문제 해결을 위한 3자 및 6자 회담을 주도하는 등 국제사회에서의 '책임대국'으로서의 역할을 과시하기 시작하였다. 특히 이 시기 한국정부의 대북포용정책이 중국의 한반도 안정정책기조와 조응하면서 양국관계 발전의 중요한 동인이 되었다.

이후에도 양국은 2005년 11월 후진타오 국가주석의 부산 APEC 회의 참석, 2006년 10월 노무현 대통령 실무 방중, 그리고 2007년 4월 원자바오(溫家寶) 총리의 방한에 이르기까지 정상급 상호방문이 이어지면서 긴밀한 관계를 유지해왔다. 특히 원 총리의 방한을 계기로 한중 해상수색구조협정을 체결하고 양국 해공군 간 직통통신망을 구축하기로 한 것은 주요한 실질적 진전이라 할 수 있다.

3) 전략적 협력동반자관계

한중관계는 2008년 5월 이명박 대통령의 중국 방문을 계기로 기존의 '전면적 협력동반자관계'에서 '전략적 협력동반자관계(戰略合作伙伴關係)'로 '격상'되었다. 그리고 같은 해 8월에 있었던 후진타오 국가주석의 방한을 통해 양국 정상은 '전략적 협력동반자관계'를 구체화하는 내용의 공동성명을 발표하였다. 이에 따르면 전략적 협력동반자관계는 첫째, 협력의 범위를 지역적·세계적 차원의 현안으로 확대한다는 것이고, 둘째, 양국 간 협력분야를 군사·안보 분야까지 포괄하는 다양한 영역으로 확대해간다는 것이다. 셋째, 양국관계가 당면한 현안과 더불어 중장기적 비전을 갖고 발전을 지향해간다는 것이다.

중국은 2008년 후진타오 2기 체제가 출범하면서 베이징 올림픽과 상하이 엑스포를 연이어 개최하고 평화굴기에 이어 평화발전론을 제시하며 강대국화 일정을 구체화시켜갔다. 이 과정에서 중국은 주요 외교 대상 국가들과 연이어 기존의 동반자관계를 전략적 동반자관계로 '격상' 시켜갔다. 예컨대 프랑스, 영국 등 유럽강국, 인도, 파키스탄, 베트남 등 지역 미들파워, 그리고 나이지리아, 남아프리카공화국 등 남미와 아프리카 자원부국들과 연이어 전략적 동반자관계로의 격상을 추진했으며 한국과도 전략적 협력동반자관계로 진전이 이루어졌다. 중국은 동반자관계가 동맹관계를 대체할 수 있는 탈냉전기의 이상적 양자 간 협력관계임을 강조했다. 즉 중국이 한국과 전략적 협력동반자관계로의 '격상'을 추진한 것은 그해 4월 한미 전략동맹관계 강화에 대한 대응의 성격을 지니고 있었던 것이다.

그런데 한중관계는 2008년 전략적 협력동반자관계로 '격상'된 이후 오히려 한미동맹, 북핵문제 등 중요한 전략적 이슈를 둘러싸고 갈등이 노정되는 역설적 상황이 전개되었다. 중국은 이명박 정부의 '비핵개방 3000'이 사실상 대북압박정책이라 인식하고 이러한 대북정책이 한반도를 포함한 중국 주변정세의 긴장을 고조시켰으며, 아울러 한미동맹의 강화가 부상하는 중국을 견제하려는 의도가 있는 것으로 인식하고 강한 우려와 경계를 표시했다. 반면에 한국은 북핵 및 북한 문제에 대한 중국의 이중적 정책에 대해 불만을 표출하였다.

특히 한중관계는 2010년 천안함 및 연평도 포격사건 이후 중국의 모호한 입장 표명으로 인해 양국 간의 북핵문제와 한미동맹을 둘러싼 전략적 간극은 더욱 확대되었다. 그뿐만 아니라 중국 어선의 불법 조업, 탈북자문제, 김영환 고문사건 등 다양한 현안들이 연이어 불거지면서 양국 간 갈등은 증폭되었다. 특히 북한의 핵실험 등 연이은 도발 공세, 남북한 관계의 경색, 중국의 예상 외의 가파른 부상과 공세적 외교의 전개, 미국의 동아시아 재균형전략, 동아시아 국가 간 역사 및 영토 분쟁의 격화, 그리고 동아시아에서의 미중 간 경쟁 등으로 인해 동아시아 정세의 불안정성과 불확실성이 고조되는 상황이 한중 간 전략적 불일치와 중첩되면서 양국 간 긴장관계는 점차 구조화되는 경향을 보였다.

그런데 2013년 한중 양국에 새로운 정부가 출범하면서 새롭게 관계개선 의지들이 표출되었으며 2013년 6월 양국 정상회담을 통해 구체화되었다. 양국은 기존의 전략적 협력동반자관계를 '내실화'하는 데 합의했다. 실제로 청와대, 정부, 정당, 전문가 등 다층적인 전략적 소통채널 마련을 통해 전략적 관계의 '내실화'를 위한 다양한 소통 및 협력 기제를 창출하였다. 예컨대 청와대 국가안보실장과 중국 외교담당 국무위원 간의 전략대화를 비롯하여 외교장관 간 상호방문의 정례화, 그리고 기존의 차관급 전략대화 연 2회로 확대, 정당 간 정책대화, 국책연구소 간 합동전략대화 등 상당히 촘촘한 소통채널을 구성하였다.

2015년 3월에 한국은 중국이 주도한 아시아인프라투자은행(AIIB)에 가입했고, 9월에는 박근혜 대통령이 전승절 행사에 참석했으며, 그리고 12월에는 마침내 한중 자유무역협정(FTA)이 비준되면서 한중관계는 '역대 최상의 관계'라고 평가되었다. 그런데 '최상의 관계'라던 양국관계는 2016년 이후 북한의 연이은 핵과 미사일 도발, 그리고 이어진 사드배치와 보복조치 문제로 급격히 악화되었다.[3] 내실화를 기치로 구성한 전략대화조차 제 기능을 하지 못하면서 양국관계의 경색국면은 지속되었다. 요컨대 한중관계에 내재된 북핵과 한미동맹이라는 전략적 이슈가 수면 위로 다시 불거지면서 양국관계는 급전직하하는 구조적 취약성을 노출하였다.

3. 쟁점

1) 북핵과 북한 요인

한중수교 이후 지난 25년간 북한 및 북핵 문제는 양국의 정치외교관계 전반을 압도하는 핵심 쟁점이었다. 수교 직후 한국은 북중관계를 능가하는 한중관계의 실질적 발전을 기대, 요구한 반면에 중국은 북중관계의 '혈맹'적 특수성을 유지하려는 줄다리기가 이어졌다. 그런데 전통적 북한요인은 한중관계 발전의 걸림돌로서의 의미는 점차 퇴색되어갔다. 반면에 북핵문제는 시간이 갈수록 양국 간 정치관계에 미치는 영향이 확장되고 있다.

　　　김대중·노무현 정부 시기 대북포용정책은 기본적으로 중국의 대북정책 기조인 북한체제 유지, 남북 당사자 간의 평화적 해결, 그리고 한반도의 안정과 평화 지향과 원론적인 차원에서 수렴하는 경향을 보였다. 이를 기반으로 양국은 6자회담과 한중 양자 간 협상 등을 통해 그 어느 때보다도 북핵정책에서 긴밀한 협력관계를 유지했다. 반면에 이명박·박근혜 정부에서는 대북압박정책 기조로 전환하면서 양국 간 북한 및 북핵 문제를 둘러싼 균열이 발생했다. 특히 2010년 3월 천안함 사건과 11월

3　2016년 한중관계의 기복에 대해서는 이동률, "2016년 한중관계 평가와 전망", 외교안보연구소 중국연구센터 편, 「2016 중국정세보고」, 국립외교원, 2017, 120-135쪽 참조.

연평도 포격과 관련해서 중국은 원인제공자인 북한에 대해 모호한 태도를 취하면서 한국정부와 내재된 전략적 불신이 확대되었다.

그런데 돌이켜 보면 한중 양국이 대북정책에서 수렴하든 균열이 발생하든 결과적으로 북핵문제는 해결되지 않았을 뿐만 아니라 북한의 핵무기는 더욱 고도화되어왔다. 2008년 이후 중국의 가파른 부상과 미국의 아시아재균형전략으로 인해 역내에서의 미중 간의 경쟁이 고조되는 등 국제환경과 구조에 변화가 발생하면서 북핵문제는 한중 양자 차원의 협력을 통해서 해법을 찾기 어려운 과제로 변화되었다. 이미 경험했듯이 한중관계가 '최상의 관계'라고 해서 중국의 대북정책, 북핵정책에 긍정적 영향을 미치지는 않았다. 그런데 반대로 한국이 중국의 의도대로 견인되지 않을 경우, 중국에게 북한의 전략적 가치는 제고되었다. 예컨대 사드(THAAD)배치, 한일 정보보호협정 체결 등 한미일 안보협력 강화는 중국에게 북한의 전략적 가치를 재인식케 하는 계기가 되었다.

그리고 중국의 북핵정책은 국내정치와 미중관계에 영향을 받는 종속변수가 되었다. 즉 미중 간 갈등 고조 가능성, 한미일 안보협력의 강화, 한중관계 경색 그리고 북한체제의 불안정성 고조 등의 상황에서는 한미가 요구하고 기대하는 강도 높은 대북제재에 중국은 유보적인 입장을 유지하고 있다. 특히 역내에서 미국과의 '편가르기식 영향력 경쟁'이 치열해질 개연성이 있는 상황에서 중국은 대북제재에 참여는 하겠지만, 그로 인해 김정은 체제에 심각한 위기를 초래하거나 북한과의 관계가 더 냉각되어 북한에 대한 중국의 영향력이 약화되는 것은 여전히 경계하고 있다.

북핵문제가 양국관계를 압도하면서 한중 양국관계 자체의 내실화는 간과된 측면이 있다. 그리고 그 과정에서 북핵문제는 해결의 실마리를 찾지 못한 채 오히려 중국에 대한 기대와 의존이 만성화되어왔다. 북한에 대한 중국의 영향력은 분명히 존재하고 북핵 해법을 모색하는 데 있어 중국의 역할 또한 부정하기 어려운 것이 현실이다. 그럼에도 이제는 북핵문제가 과연 중국의 역할을 통해 해결될 수 있는 것인지 그리고 만일 북핵문제가 중국의 역할로 인해 해결된다면 그것이 최선의 결과라 할 수 있는지 소위 '중국역할론'에 대해서 냉철하게 검토해볼 필요가 있다. 한미와 중국 사이의 북핵 해법에 대한 간극은 미래 한반도전략 지형에 대한 근본적인 이해관계 불일치에 기인하고 있기 때문에 조율이 쉽지 않은 것도 현실이다. 따라서 이러한 현실적 한계를 인정하고 그 범주에서 중국 역할을 견인할 수 있는 방안을 모색해야 한다. 그동안 북한이 도발하면 곧바로 중국역할론이 제기되고 기대했던 역할이 견인되지 않으면 중국책임론을 통해 중국에 대한 압박을 시도하고 그래도 효과가 없으며 다시 한미일 안보협력이라는 전통적인 카드를 꺼냈다. 그리고 다시 '중국 뒷문'의 현실을 직시하게 되는 악순환이 이어졌다.

한국이 기대하는 중국 역할을 견인하기 위해서는 우선 한국의 역할이 확보되어 있어야 한다. 한국 역할이 취약한 상황에서 중국 역할에 대한 과도한 기대는 북핵 해결에도 도움이 되지 않을 뿐만 아니라 한국의 대중외교가 북핵문제에 인질이 되는 결과를 초래한다. 한국의 방안과 역할이 없는 상황에서 북핵과 통일이라는 중장기 과제의 성과를 집권기간 내에 실현하려고 하는 과정에서 '중국 역할'에 대한 의존만이 증대하고 그 결과 북핵문제는 미중 간 경쟁의 수단으로 변질된다. 따라서 한국 정부가 보다 주도적 입장에서 북핵해결방법론을 제시하여 한국 역할을 확장하고, 이러한 한국의 시도에 대해 중국이 지지하고 전향적으로 협조해주는 방식으로 '중국 역할'을 재설정할 필요가 있다.

2) 한반도 통일

한중수교 공동성명을 필두로 이후 모든 한중 정상회담의 공식문서에서 중국은 사실상 일관되게 한반도 통일에 대한 지지 입장을 표명해왔다. 한반도 통일에 대한 중국의 공식적인 입장은 '남북한 당사자 간의 대화와 협상을 통한 평화통일에 대한 원칙적 지지'라 요약할 수 있다. 즉 중국은 한반도 통일 실현 자체보다는 통일의 방식과 과정에 초점을 맞추고 있다. 중국은 남북한 당사자 간의 협상을 통한 평화적인 방식이 아니면 한반도 통일을 지지하지 않는다는 의미이며 사실상 한반도 현상유지의 입장이다.

중국이 공식적으로는 지지하는 한반도의 통일에는 두 가지 중요한 조건이 제시되어 있다. 즉 한국 주도의 통일과정에서 북한체제의 붕괴와 같은 불안정이 중국에 부정적 영향을 미쳐서는 안 된다는 것이다. 그래서 중국은 반드시 평화적인 방식으로 통일이 진행되어야 한다고 주장하고 있는 것이다. 그리고 통일된 한국이 미국과의 동맹체제, 주한미군을 유지할 경우 중국은 사실상 미국과 국경을 접하는 상황에 직면할 수도 있다. 이러한 우려 때문에 중국은 남북한 당자자들 간의 대화와 협상을 통한 통일을 강조하고 있다. 특히 중국이 지금처럼 부상 일정을 진행하고 있는 상황에서는 불안정과 불확실성의 변수가 될 수 있는 한반도 통일에 대해서 내부적으로 더욱 부정적인 입장을 취하게 될 것이다. 아울러 중국의 부상에 따라 미중 간의 경쟁은 갈수록 심화되고 한국은 한미동맹을 유지 또는 강화하고 있는 상황에서는 중국의 한반도 통일에 대한 협력을 얻어내기는 현실적으로 어려운 구조적 한계를 지니고 있다.

한중 양국이 공식적으로는 한반도 통일에 대해 공감대를 형성하고 있는 것으로 포장되어 있지만 내면적으로는 입장 차이가 있는 것이 현실이다. 즉 한국은 궁극적으로는 한반도의 통일을 지향하고 있는 반면에 중국은 통일을 포함한 한반도의 현상변화 자체를 지역불안 요소로 인식하며, 북한의 체제 유지에 우선순위를 두고 있다는 측면에서 장기적으로는 갈등의 소지를 안고 있다. 따라서 이러한 한반도 통일에 대한 분명한 입장 차이는 한국이 통일을 적극적으로 추진할수록 부각될 개연성을 내재하고 있다. 예컨대 박근혜 정부에서 이른바 '통일대박론'을 제기하며 중국을 향해 적극적인 통일외교를 전개한 결과 오히려 한중 간에 내재된 전략적 불신이 노정되었다.

그런데 중국의 한반도 현상유지 선호라는 선택의 보다 핵심적인 내용은 무조건적인 한반도 통일의 반대라기보다는 한반도 통일로 인해 야기될 수 있는 중국 주변정세의 불안정성 증대와 중국의 한반도에 대한 영향력 약화 또는 상실에 대한 우려에 있다고 할 수 있다. 따라서 통일이 분명한 하나의 추세로 등장할 경우, 양국 간의 최대공약수를 찾는 절충이 전혀 불가능한 것은 아니다. 즉 우선 통일과정이 가능한 한 안정적이고 점진적으로 완만하게 진행되고, 통일한국이 최소한 중국에 적대적인 세력이 되거나 또는 적대적인 세력의 배타적인 영향권에 들어가지 않을 것이라는 상호 간의 이해와 신뢰를 형성하려는 양측의 노력이 전제된다면 통일에 대한 공감대를 확대해갈 수 있다.

다른 한편 이러한 구조적 한계를 인식하고 한국은 한반도 통일을 추진하는 과정에서 중국의 협력 필요성을 강조하기보다는 오히려 한반도 통일 과정에서 중국의 개입과 간섭을 최소화할 방안을 강구하는 것이 보다 현실적이다. 즉 한반도 통일을 위한 대중국외교는 한반도 통일을 진행하는 과정에 중국의 협력을 모색하기보다는 오히려 중국이 반대할 수 없도록, 또는 묵인할 수밖에 없도록 하는 상황을 조성해가는 데 초점을 맞출 필요가 있다.

3) 미중관계와 한미동맹

1990년대 중미의 제한적 경쟁관계는 한중수교와 그 이후의 한중관계 발전에 오히려 순기능적으로 작용했다. 우선 1992년의 한중 양국의 수교와 경제협력 활성화는 1989년 천안문 사건과 미국의 경제제재에 직면하여 중국이 대미외교의 한계와 곤경을 극복하기 위해 전개한 외교 및 경제협력 대상의 다변화 노력, 특히 인접국에 대한 적극적인 선린외교의 추진이 당시 한국의 북방외교와 시기적으로 조우하면서 현실화된 것이다. 이후 1990년대 중반까지 중미 간의 갈등관계가 지속적으로 심화되고, 중국에 대한 미국의 압력과 일방주의 기조가 강화되면서 중국은 보다 적극적으로 세계다극화전략을 추진하게 되었다. 이러한 중국의 다극화전략 추진은 중국의 선린외교 또한 경제협력 다변화와 주변정세 안정이라는 기존의 목표 외에 미국의 중국에 대한 압력과 견제에 대항할 수 있는 지역기반의 확보, 그리고 다극화의 지역연대 모색이라는 보다 적극적이고 전략적 차원의 목표가 추가되었다.

이러한 맥락에서 중국이 다극화 추진과 외교 영역의 전방위화를 위한 구체적인 방법론으로 다양한 형태의 '동반자관계'를 전개해가게 되었고 1998년 이후부터 한중 간에 이루어진 이른바 '협력동반자관계'나 '전면적 협력동반자관계'의 설정도 그 연장선상에 있었던 것이다. 중국에서는 동반자관계가 냉전시기의 동맹관계를 대체할 수 있는 탈냉전기의 이상적 양자 간 협력관계인 점을 강조하고 있다. 이는 아시아지역에서 미국이 5개 국가(일본, 한국, 호주, 태국, 필리핀)와의 양자 간 동맹관계를 바탕으로 '패권적 지위'를 유지하려는 것에 대한 암묵적·우회적 견제의 의미를 담고 있는 것이다. 요컨대 1990년대 중국은 객관적 힘의 열세 속에서 미국의 견제에 대응하기 위해 한국의 전략적 가치를 인식하고, 한미동맹에 대해서도 원론 차원 이상의 문제를 제기하지 않았다. 사실상 한미동맹의 현실을 인정한 바탕에서 한국과의 관계 발전을 모색해왔다.

그런데 2008년 미국발 세계 경제위기 이후 미중 역학관계에 중요한 변화가 초래되면서 양국 간 경쟁은 다른 양상으로 확장되어갔다. 중국은 부상이 진행될수록 국제사회에서의 세력관계의 변화에 민감해지고 있다. 중국의 부상을 견제하려는 역학구조의 변화가 일어나고 이것이 중국의 부상에 장애가 될 수 있다는 우려를 하고 있다. 따라서 중국은 한반도를 포함한 동북아의 세력관계 변화에 민감하며 이러한 맥락에서 한국과의 관계에서는 북한체제의 변화, 한반도 통일문제와 더불어 한미동맹 관계가 가장 핵심적인 관심대상이 되고 있는 것이다.

미중은 아시아에서 영향력 확장을 둘러싼 '대리 경쟁'과 제도와 규범의 경쟁을 전개하고 있다. 중국은 미국의 아시아재균형전략을 사실상 중국의 부상을 견제하려는 것으로 인식하고 있다. 특히 중국은 한미동맹과 미일동맹과의 연계를 통해 한미일동맹이 형성되어 중국 견제에 나설 가능성을 예민하게 경계하고 있다. 중국은 최근 미일동맹의 강화와 일본의 군사대국화가 명확하게 중국을 정조준하고 있다고 판단하고 있으며 결국은 한국이 이러한 미일동맹에 참여하는가에 관심을 집중하고 있다. 그러면서 중국은 한국 등 동아시아 국가들이 미국의 대중국 견제에 동참하는 것을 저지하는 한편 중국 방식으로 자신의 세력권을 확장시켜가고자 하는 소위 '대리 견제'와 '대리 경합'의 동학이 자리하고 있다. 중국의 한국에 대한 적극외교의 배경 역시 한국이 미일동맹의 중국견제연대에 참여하는 것을 저지하려는 시도의 일환이다. 중국이 주한미군의 사드배치문제를 한국의 미일동맹체제 참여 의지를 가늠하는 신호탄이라고 정치적으로 해석하는 이유이다.

2013년 이후 한중관계의 극적인 회복과 연이은 정상회담을 통한 관계발전 과시에도 불구하고 한중 간에는 한미동맹문제가 내재적으로 잠복되어 있었으며 언제든 국제환경과 구조의 변화에 따라 수면 위로 부각될 소지를 안고 있었다. 특히 최근 중국은 미국과의 국제규범과 제도를 둘러싼 경쟁은 회피하지 않겠다는 입장에 있기 때문에 한국이 미중 양국이 경쟁하는 규범 사이에서 선택의 기로에 서게 될 상황이 빈번해질 가능성이 커지고 있다.

한국은 이미 2014년 이후 다양한 영역과 이슈에서 미국과 중국 사이에서 원하지 않는 선택의 압박에 직면해왔다. 예컨대 2014년 5월 아시아 교류 및 신뢰구축회의(CICA)에서 중국은 '신아시아 안보관'을 제시하면서 공동성명에 한국의 서명을 요청했으나 한국은 미국의 반대를 의식하며 참여하지 않았다. 그리고 중국이 2013년 10월 아시아인프라투자은행(AIIB) 설립을 제안한 이후 2014년 7월 한중 정상회담에서 한국의 가입을 공식 요청했고 한국은 8개월의 유보 끝에 영국이 가입을 신청한 후인 2015년 3월 26일에야 비로소 신청하였다. 2015년 3월 중국이 전승절 행사 계획을 수립한 이후 지속적으로 박근혜 대통령의 참석을 요청해왔고 마침내 8월 20일 참석 결정을 발표했다. 박 대통령은 미국 동맹국 정상으로는 유일하게 전승절 행사에 참석했다. 그리고 미국의 환태평양경제동반자협정(TPP) 참여 요청이 계속되었고, 특히 주한미군의 사드배치 결정으로 한국은 미국과 중국의 기대와 요구로부터 심각한 선택의 딜레마를 겪게 되었다. 심지어 한국은 역외이슈라 볼 수 있는 남중국해에서 미중 간 갈등이 고조되면서 입장표명의 딜레마에 빠졌다.

한국은 비안보 영역이라 할 수 있는 역내포괄적경제동반자협정(RECP), AIIB, 그리고 전승절 행사 참석에서는 사실상 중국을 선택했고, 반면에 전통 안보이슈들 예컨대 CICA와 사드에서는 미국을 선택했다. 결과만을 놓고 보면 한국은 '경제는 중국, 안보는 미국'(安美經中)의 전략적 선택을 한 것으로 보인다. 그렇지만 작금의 국제 정세가 안보와 경제가 명확히 분리되지 않은 현실임을 감안할 때 합리적 정책 선택 기준이라고 보기는 어렵다. 예를 들어 사드배치는 본래 안보문제지만 중국이 경제보복 조치를 단행하면서 결국 한국은 안보와 경제 이슈 사이에서 선택의 딜레마에 처하게 되었다. 남중국해 문제 역시 그 성격에 대한 해석이 복잡하고 실제로도 다양한 쟁점을 포함하고 있는 복합적 이슈이다. 일단 외형상 영토분쟁의 성격을 띠고 있지만 미중 사이에서는 해양에서의 세력 경쟁의 양상을 보이고 있어 전통 안보이슈라고 할 수도 있다. 아울러 자원 획득과 해상 운송로 확보와도 관련되어 있으며 특히 중국에게는 해양실크로드 구상과도 연계되어 있어 경제이슈이기도 하다. 아울러 미국이 중국에게 '항행의 자유'라는 국제규범의 준수를 압박하면서 국제법 내지는 국제규범 경쟁의 성격으로까지 확장되었다.[4]

한중 간 한미동맹문제는 매우 민감하고 복잡한 사안이라 쉽사리 드러내기 어려운 이슈임이 분명하지만 역설적으로 양국 간 전략적 이해의 폭을 증진하고 나아가 신뢰관계를 확보하기 위해서는 그 어떤 사안보다 긴밀한 소통과 이해가 필요하다. 사실 궁극적으로 타협의 접점을 찾기가 쉽지 않은 이슈이지만 그럴수록 정상회담에서 합의한 중요한 대화채널을 십분 활용하여 지속적인 전략적 논의와 협의를 통해 상호 간 이해의 폭과 깊이를 확대시켜가는 것이 한반도 통일을 포함하여 장기적인 미래를 겨냥할 때 바람직할 수 있다.

아울러 한국외교가 직면한 현실은 미중의 협력, 경쟁, 갈등의 복합적 특성이 한반도에 투영되지 않도록 해야 하는 것이다. 그러나 실제로

---

4 이동률, "남중국해 갈등과 한국의 선택", 서울대학교 아시아연구소 미중관계연구센터 편, 『미·중 사이 한국의 딜레마: 사례와 평가』, 코보, 2017, 86-88쪽.

강대국 간 게임에서 한국이 할 수 있는 역할은 제한적이다. 그럼에도 한국이 할 수 있는 최소의 역할은 스스로가 미중의 복합적 관계가 한반도에 투영되도록 하지 않는 것이다. 한국의 입장에서는 가능한 한 미중의 대리 경쟁 구도 틈바구니에서의 전략적 가치가 아닌 한국의 독자적인 전략 가치와 위상을 구축해가야 한다.

4. 전망과 과제

한중관계 25년의 역사에 비하면 짧은 시간에 비약적인 성장을 이루었다. 짧은 기간의 압축 성장은 그 자체가 한중관계의 중요성을 상징하는 것인 동시에 한국과 중국 모두 관계발전에 대한 강한 의지와 동기를 가지고 있다는 것을 의미한다. 반면에 압축 성장이 야기한 한중관계의 내재된 구조적 문제 또한 적지 않다. 특히 2008년 이후 단기간에 이루어진 다양한 구조적 변화들, 예컨대 중국의 가파른 부상, 미국의 아시아로의 재균형전략, 북한체제의 위기와 도발, 역내 국가 간 역사 및 해양 영유권 갈등(중일, 한일 갈등) 등이 동시다발적으로 전개되면서 지정학적 특수성을 지닌 한반도와 한중관계에 중첩적으로 영향을 미치게 되었다. 그런데 한중관계는 신뢰를 만들어가는 관계의 축적 과정이 생략된 채 미성숙한 급성장이 진행되었다. 수교 25년을 맞이한 이 시점에 한중 양국이 '성숙한' 관계로 재도약하는 기회를 포착하기 위해서는 양국관계에 내재된 구조적 문제들을 직시하는 데서부터 출발할 필요가 있다.

첫째, 한중관계의 눈부신 발전은 중국의 부상과 궤를 같이해왔다. 그런데 2008년 이후 중국의 가파른 부상의 결과 예상보다 빠르게 한중관계가 양자 차원을 넘어서 국제환경과 구조에 취약한 관계로 전이되었다.

양국 관계진전이 '역대 최상의 우호관계'와 '중국경사론'으로 서로 상충된 의미로 해석되었던 자체가 양국관계가 직면한 구조적 취약성의 현실을 반증해주고 있다. 한국은 중국과 최상의 관계를 강조하면서 다른 한편으로는 '최상의 한중관계'에 대한 미국과 일본의 우려와 경계를 해소시키려는 노력도 병행해야 하는 모순적 상황에 직면했다.

2013년 이후 한중관계 발전의 이면에는 중일갈등과 미중 간 대리(代理) 세력경쟁이 있었다. 미국은 한국 등 아시아 동맹국을 동원해 중국을 견제하려는 시도를 하고 있는 반면에 중국은 한국 등 동아시아 국가들이 미국의 대중국 견제에 동참하는 것을 저지하고자 자신의 경제적 영향력을 확장시켜가는 '대리 경합'의 동학이 심화되고 있었다. 그 결과 중국에게 한국의 지정학적 가치는 제고되었지만 오히려 한국의 독자적 입지와 위상은 위축되었다. 한국의 의지와는 무관하게 미중관계의 맥락에서 한중관계는 다시 긴장 국면으로 전환될 가능성도 커져왔다.

미국 트럼프 정부의 출범 이후에도 미중 양국은 상호 세력권 확장과 '대리 견제와 대응'이라는 경쟁 양상을 지속할 가능성이 크다. 미중은 2017년 4월 정상회담에서 북핵이 초래하는 안보불안의 심각성에 대해 그 어느 때보다도 공감을 확인했으면서도 정작 구체적인 해법에서는 여전히 이견을 좁히지 못하고 있는 현실이 이를 반증하고 있다. 반면에 중국 산업의 고도화, 내수중심 성장으로의 전환, 그리고 새로운 성장동력 확보를 위한 '서진전략'(一帶一路) 등으로 인해 기존의 한중관계 발전의 주요한 동력이었던 한국의 지경학적 가치와 입지는 약화 내지 모호화되는 추세에 있다. 요컨대 한중관계는 협력의 경제적 기반은 빠르게 약화되고 강대국 관계의 변화에 취약한 관계로 변화하고 있다.

따라서 한국의 대중국전략 가치를 새롭게 구성할 필요가 있다. 실제로 한국은 북핵과 통일 문제 이외에 중국과 논의할 협력의제가 많지 않다. 그런데 두 사안은 공히 중국에 대한 전략적 의존의 문제를 초래하고 미중의 경쟁을 한반도에 소환할 가능성이 높다. 중국이 한국과 협력의 동기를 갖게 하는 새로운 전략의제들을 개발해야 한다. 그러기 위해서는 한국의 독자적 전략 가치를 확장하기 위한 외교의 다변화가 필요하다. 미중 등 강대국에 집중된 한국의 외교지형에 근본적인 변화가 필요한 것이다. 한국과 마찬가지로 미중 사이에서 선택의 압박을 받고 있는 지역 중견국들과의 협력 기반을 확장하는 것도 한국의 새로운 전략 가치를 제고하는 대안이 될 수 있다.

둘째, 한중관계의 취약성은 양자관계 발전과정에서 상호 동상이몽(同床異夢)적 전략 가치에 대한 자의적 판단과 그에 따른 착시와 과잉 기대를 초래했다. 시진핑 정부는 한국이 최소한 미일동맹의 대중국 견제에 동참하게 해서는 안 된다는 판단하에 한국의 전략적 가치를 재인식하고 한국에 대한 적극 외교를 펼쳤다. 반면에 한국은 중국과의 관계발전을 통해 북핵문제 해결과 한반도 통일환경 조성에 있어 중국의 적극적인 협력과 역할을 기대하게 되었다. 이러한 양국의 동상이몽의 민낯은 2016년 1월 이후 북한의 연이은 핵과 미사일 도발, 그리고 이어진 사드배치 문제로 노출되었고 양국관계의 취약성도 드러나게 되었다.

따라서 한국이 기대하는 중국 역할을 견인하기 위해서는 우선 한국의 역할이 확보되어야 한다. 그리고 한국 역할을 확보하기 위해서는 우선 '한반도 평화와 안정'에 대한 한국정부의 의지를 명확히 해서 흡수통일에 대한 중국의 우려를 적극적으로 해소하고 이를 기반으로 중국과의 협력기반을 강화해가야 한다. 그리고 이 과정에서 한반도의 평화적 비핵화 달성에 대한 한국의 확고한 의지와 역할의 중요성을 강조하고 이에 대한 중국의 지지를 적극 유도해야 한다.

셋째, 양국관계는 지난 25년의 비약적인 양적 발전에 비해 상대적으로 충분한 내실화가 동반되지 않은 내재적 취약성을 안고 있다. 사드 사태가 주는 또 하나의 교훈은 양국 간 갈등이 발생했을 때 이를 해결하는 기제로 작동할 수 있는 대화채널의 제도화가 여전히 미비하다는 것이다. 예컨대 박근혜 정부에서 양국 정상회담은 상호방문을 포함하여 7차례나 이루어진 반면에 한중관계의 '내실화'를 기치로 정상 간 합의로 전략적 문제를 논의하기 위해 구축된 고위급 전략대화는 상견례만 하고 사실상 휴업상태에 있다. 양국 정상의 긴밀한 유대와 정상회담에 의존해왔던 양국관계를 정권을 넘어 국가 차원으로 발전시켜, 제도화 단계로 안착시킬 필요가 있다. 양국이 갈등과 위기에 직면하여 교착상태에 빠졌을 때 이를 돌파하기 위해 가동될 수 있는 대화채널이 구축되어야 할 뿐만 아니라 갈등을 본격적으로 대화를 통해 해결하는 경험도 축적되어야 한다.

서울대학교 아시아연구소 미중관계연구센터 편,『미·중 사이 한국의 딜레마: 사례와 평가』, 코보, 2017.

이동률, "중국 주변외교의 진화와 한중관계", 외교안보연구소 중국연구센터 편,「2014 중국정세보고」, 국립외교원, 2015.

이동률, "2015년 한중관계의 현주소와 대중국외교의 과제", 외교안보연구소 중국연구센터 편,「2015 중국정세보고」, 국립외교원, 2016.

이동률, "2016년 한중관계 평가와 전망", 외교안보연구소 중국연구센터 편,「2016 중국정세보고」, 국립외교원, 2017.

전성흥·이종화 편,『중국의 부상: 동아시아 및 한중관계에의 함의』, 오름, 2008.

정재호,『중국의 부상과 한반도의 미래』, 서울대학교출판문화원, 2011.

정재호 외,『중국을 고민하다』, 삼성경제연구소, 2011.

劉金質, 楊淮生 編,『中國對朝鮮和韓國政策文件匯編 5 (1974-1994)』, 北京: 中國社會科學出版社, 1994.

　　　　　　　　　　　　　　　　　　　　　　　　제2장 정치외교

제3장

국방·군사

이상국(한국국방연구원)

1. 개관

한중 군사관계는 한중관계 전반의 영향을 받으며, 한중관계는 1990년대 양국 간 외교 수립 이후 2016년 중반까지 비교적 안정적 발전 추세를 유지하였다. 그러나 2016년 7월 주한미군의 사드(THAAD)배치 추진이 공식화되고 중국이 이에 대해 자국의 전략안보이익을 해친다고 비판하면서, 양국 군사관계는 급속히 냉각됐다.

    한중수교 이래 한중관계가 전반적으로 확대, 강화하는 가운데 양국 간 군사관계는 정치·경제·사회 분야에 미치지 못했지만 다른 분야와 마찬가지로 확대, 강화되는 추세를 보여왔다. 구체적으로 한중 군사관계는 한중 군사관계 탐색기(1992-1997년), 한중 군사교류 확대기(1998-2015년), 한중 군사관계 시련기(2016년-현재)로 구분할 수 있다. 구체적으로 1992년 한중수교와 관련해 한국군 합참의장이 당시 노태우 대통령을 수행 방중하면서 처음으로 한중 간 군사관계가 개시된 이래, 1998년 김대중 정부 수립 이전까지 양국 간 군사관계는 군사관계 정립을 위한 탐색 과정에 있었다. 이 시기 양국 군사관계는 고위층 중심의 비정례화 교류를 주요 특징으로 하고 있다. 이후 1998년 이후 박근혜 정부 중반인 2015년까지 한중 군사관계는 고위층 인적 교류를 넘어서 부대, 부서 등이 교류의 주체가 되면서 양국군 간 군사교류의 내용이 크게 다양화하고 증가했다. 동시에 이러한 교류를 점차 제도화·정례화함으로써, 양국간 군사관계는 전반적으로 안정, 확대, 발전의 기조를 유지해왔다. 그러나 앞서 언급한 것처럼 2016년 7월 주한미군의 사드배치 추진이 공식화된 이후 한중 군사관계는 사실상 전면적인 중단 사태에 이르게 됐고, 미래를 예측하기 힘든 상황에 있다.

한편 일반적인 군사관계의 발전 단계가 〈표 1〉과 같이 군사교류, 군사협력, 군사동맹으로 구분되는 가운데, 한중 군사관계는 2016년 사드배치 논란 직전 시점을 기준으로 군사관계의 가장 낮은 발전 단계인 군사교류 단계에 머물러 있는 것으로 평가할 수 있다.

표 1. 군사관계의 발전 단계

구분	목적	주요 내용
군사교류	국가 간 상호이해 및 신뢰 제고	인적 교환방문, 상호 훈련참관, 항공기 및 함정 교환방문, 군사교육교류, 문화 예술 체육 교류, 군사학 연구 학술 교류
군사협력	국가 간 공동의 안보목표 달성	안보정책 공조, 정보 및 첩보 교환, 군수방산협력, 연합훈련 연습, 군사기지 제공
군사동맹	현실적, 잠재적 안보위협에 대한 공동 대응	상설안보협의기구 설치, 연합군사훈련, 공해상 우연적 사고방지협정, 국경에서의 신뢰구축, 지역 내 다자간 안보협력체 창설, 특정 안보이슈에 대한 전략적 공조 등

향후 한중 군사관계의 회복 여부는 사드배치문제의 해결방식과 중국의 이에 대한 평가에 크게 영향을 받을 것으로 예상된다. 아울러 국제구조와 한반도 안보 상황, 중국의 군사외교정책 기조를 놓고 볼 때, 한중 군사관계는 점차 군사관계 발전 단계의 군사협력 단계의 일부 내용을 포함시키는 방향으로 발전할 수는 있으나, 양국 군사관계의 전반적인 수준은 상당 기간 군사교류 단계 수준에서 크게 벗어나기 힘들 것으로 전망된다.

2. 역사

1) 탐색기(1992-1997년)

1992년 9월 노태우 대통령이 한중수교협정을 체결하기 위해 한국 대통령 최초로 중국을 방문할 당시, 대통령 수행인사에 이필섭 합참의장이 포함되면서 한중수교와 더불어 한중 간의 첫 군사교류가 시작되었다.

1993년 12월 한국은 베이징 주중한국대사관 무관부를 설치했고 이듬해인 1994년 3월 중국이 주한중국대사관 무관부를 설치하면서 양국군은 공식적 대화 창구를 갖게 되었다.

1994년 3월 김영삼 대통령의 중국방문 시 이양호 합참의장이 수행하면서 양국 간 고위층 교류가 이뤄졌다. 당시 한국의 합참의장은 중국 총참모장과 공식회담이 아닌 단순한 대담을 나누는 수준의 접촉만을 가졌다.

이후 한국 측에서 1994년과 1996년 국방보본부장의 비공식 방문, 1995년 국방부 정책실장 공식 방문, 1996년 국방부 제1차관보의 방중, 1997년 국방 정책차관보와 국방차관의 공식 방중 등 중국과의 군사교류 추진을 위한 적극적인 노력이 있었다. 한편 중국 측에서 1996년 12월 국방부 외사국방이 제2차 한중 국방정책 협의차 공식적으로 한국을 최초로 방문하였다.

이 밖에 1992년 한국국방연구원과 중국국제전략학회 간 국방학술회의가 개시되었으며, 1990년대 중반에 들어 매년 상호방문을 통해 개최하는 형식으로 정례화했다. 한편 양국군 간 체육교류는 1992년부터 시작되었다.

2) 확대기

(1) 김대중 대통령 재임기(1998–2002년)

한중관계의 탐색기 양국군 간의 초보적 방문 교류는 1998년 김대중 정부 출범 이후 크게 활성화됐다. 구체적으로 1998년 8월 슝광카이(熊光楷) 중국인민해방군 부총참모장을 단장으로 한 군사대표단이 한국을 방문하였다. 1999년 7월에 조성태 국방부 장관이 한국전쟁 이후 최초로 중국을 방문하여 양국 군사관계의 새 장을 열었다. 그리고 이에 대한 답방으로 2000년 1월에 츠하오톈(遲浩田) 중국 국방부장이 한국을 방문했다. 이후 양국군 수뇌부 간의 교류가 크게 증가하면서, 1999년 이래 2015년까지 한국 국방장관은 총 6회에 걸쳐 중국을 방문하였으며, 같은 기간 중국 국방장관은 총 3회에 걸쳐 한국을 방문하여 양국 국방장관 간 회담을 개최하였다. 그리고 2000년 9월에는 조영길 합참의장(육군대장)이 푸촨유(傅全有) 중국군 총참모장 초청으로 중국을 공식 방문하였다. 한국군 현역 최고위직인 합참의장이 군사사절단을 이끌고 중국을 공식 방문한 것은 1992년 한중수교 이후 처음이다. 한편 1998년 9월에는 슝광카이 부총참모장의 방한 이래 2002년 9월 푸촨유 총참모장이 방한해 한중 군수뇌부 간 회담을 개최했다. 이에 따라 1998년 이래 2013년까지 한국군 합참의장은 총 6회에 걸쳐서 중국을 방문하였고, 중국 측에서는 같은 기간 총 참모장 3회, 부총참모장 6회에 걸쳐 한국을 방문하였다. 이 밖에 이 기간 한국군의 육군, 해군, 공군 총장의 방중 형식을 위주로 해서 양국군의 각 군종 최고 수뇌부 간 인적교류도 개시되었다. 구체적으로 총장급 교류는 2000년 4월에 이수용 해군총장, 2001년 3월에 길형보 육군총장, 2002년 2월에 이억수 공군총장 등이 방중했으며, 중국 측에서는 2001년 3월에 류순야오(劉順堯) 공군사령원이 방한했다.

이와 함께, 국방부 실무급 차원에서는 1999년 양국군 간 정보교류회의를 정례화했다. 2002년에는 외교안보대화(2+2: 외교부 국장, 국방부 차장/과장)가 개최되기도 했다. 군 교육기관 간 교류로는 1999년에 최초로 중국군 뤄양 외국어학원에 3명의 장교를 파견하여 교육시킨 이래 매년 육·해·공군 장교 3명을 파견해 중국 군사전문가 양성을 위해 노력하고 있으며, 중국 국방대학 단기과정 및 군의대학 연수를 통해 한중 군사교류의 다변화를 추진하고 있다.

그리고 1998년 11월에는 한국 해군사관생도 순항분대가 최초로 홍콩에 기항했고, 2002년 한국 공군 수송기가 중국을 방문하였다. 이 밖에 국방학술교류 차원에서는 한국국방연구원과 중국국제전략학회 간 정례 학술회의가 안정화되었다.

(2) 노무현 대통령 재임기(2003-2007년)

고위급 인사교류 차원에서 한국에서는 2005년 윤광웅 국방장관과 2007년 김장수 국방장관이 중국을 각각 방문하였으며, 2006년 차오강촨(曹剛川) 국방장관이 한국을 방문하였다. 한편 2005년과 2007년 한국 합참의장이 중국을 방문하였고, 중국 측에서는 2007년 총참모장, 2003년과 2007년 부총참모장이 한국을 각각 방문하였다.

군종 차원에서는 2006년 이래 한국군 육군 3군 사령관과 지난군구 사령관 간 상호방문이 정례화되었으며, 해군의 경우 2007년 이래 한국군 2함대와 중국군 북해함대 간 교류가 활발하게 진행되는 한편 한국군 3함대와 중국군 동해함대 간 교류가 처음으로 진행되었다.

국방부 실무급 회의 차원에서는 그동안 비정기적으로 추진됐던 국방정책실무회의를 2004년 들어 정례화했다. 한편 실무급 차원에서는 1995년부터 비정기적으로 진행돼왔던 국방정책실무회의가 2004년부터 정례화되었으며, 같은 해 공군 간 회의도 정례화했다. 그리고 2006년과 2007년에 외교안보대화(2+2)가 개최되었다. 2005년 한국군 순항함대의 방중을 계기로 양국군은 처음으로 수색구조훈련을 실시하였으며, 이 훈련은 2011년까지 네 차례에 걸쳐 진행되었다.

2004년 양국 국방대학 간 학술교류협정을 통해 양국 간 국방학술교류가 확대되었다. 이 시기 해군 수상함대, 공군 수송기 상호방문이 안정적으로 진행되었다.

(3) 이명박 대통령 재임기(2008-2012년)

고위급 인사교류 차원에서는 2009년 이상희 국방장관, 2011년 김관진 국방장관의 중국방문이 있었다. 그리고 한국 측에서는 2009년과 2011년 합참의장의 중국방문, 중국 측에서는 2011년 부총참모장의 한국방문이 있었다.

군종 차원에서는 2009년과 2011년 한국 3군 사령관이 중국을 방문하였고, 2010년과 2012년에는 중국 지난군구의 군수 사령원이 한국을 방문하였다. 그리고 2008년, 2011년, 2012년에 한국 2함대와 중국 북해함대 간 교류가 진행되었고, 2009년과 2011년에는 한국 3함대와 중국 동해함대 간 교류가 진행되었다.

2008년 해군과 공군의 군종 간 핫라인 설치와 국방교류 확대를 위한 협정이 체결되었다. 2011년 들어서 한국 국방차관과 중국군 부총참모장 사이의 국방전략대화가 개시되었다.

한편 학술교류 영역에서는 한국국방연구원과 중국국제전략학회 간 학술회의가 안정적으로 진행되는 가운데 2008년 한국국방연구원과 군사과학원 간 학술교류도 개시되었다. 그리고 2009년에는 예비역 장성 모임인 성우회와 중국국제전략학회 간 학술회의가 개시되었다. 2012년에 들어서는 2005년 이후 중단됐던 중국 위탁 어학교육이 재개되었다.

(4) 박근혜 대통령 재임기(2013-2015년)

우선 고위급 군 인사교류 차원에서는 2015년 창완취안(常萬全) 국방장관의 방한이 있었는데, 이는 노무현 대통령 재임기인 2006년 차오강촨 중국 국방부장의 방한 이후 9년 만의 일이다. 군종 차원에서는 2013년과 2015년에 한국 3군 사령관이 중국을 방문하였고, 2014년에는 중국 지난 군구 사령원이 한국을 방문하였다. 한국 국방차관과 중국 부총참모장 간 국방전략대화가 2013년과 2014년 실시되었으며, 국방정책 실무회의도 정상적으로 진행되었다.

한편 그동안 중단되었던 한중 외교안보대화(2+2), 정보교류회의 등 일부 정례회의가 복원돼 실시되기 시작했다. 2014년부터는 한국군의 제안에 따라 중국군 유해 송환사업이 개시되었다. 이 밖에 이 기간 한중 군사교육기관과 국방 싱크탱크 간 학술 및 교육 교류가 정례적으로 실시되었다.

그러나 2016년 3월 중국군 유해 송환사업, 6월 중국 해군 제22차 호항편대 함정 한국 우호 방문 등과 상반기 예정된 일련의 사업은 진행됐으나, 7월 8일 사드배치 공식화 이후에는 중국 측이 일방적으로 취소해 핫라인은 물론 모든 교류가 완전히 중단되었다. 심지어 2016년 예정됐던 한민구 국방부 장관의 방중 요청에 중국이 응답하지 않아 핫라인이 끊겼고, 2011년 이후 매년 열렸던 차관급 국방전략대화도 중국이 응하지 않아 회의 자체가 무산되었다.

표 2. 한중 군사 교류 및 협력 현황

구분		현황	
		한국	중국
인사 교류	국방장관	• 국방장관 방중 1999년/2001년/2005년/2007년 2009년/2011년	• 국방부장 방한 2000년/2006년/2015년
	합참의장, 군 총장급	• 합참의장 (1999년/2001년/2005년/2007년 2009년/2011년) • 육군총장 (2001년/2008년/2015년) • 해군총장 (2000년/2004년/2006년/2008년 2009년/2013년/2015년) • 공군총장 (2002년/2005년/2008년/2009년 2013년)	• 총참모장 (2002년/2007년/2009년) • 부총참모장 (1998년/2003년/2007년 2008년/2011년/2013년) • 해군사령원(2008년) • 공군사령원(2001년) • 총참모장조리(2014년 2015년)
부대 교류	육군	• 한국 3군 사령관-중국 지난군구 사령원 상호방문 정례화 한국 측 방중: 2006년/2007년/2009년/2011년/2013년/2015년 중국 측 방한: 2007년/2008년/2010년/2012년/2014년	
	해군	• 한국 2함대-중국 북해함대: 2007년/2008년/2011년/2012년 2013년/2014년/2015년 • 한국 3함대-중국 동해함대: 2009년/2011년	
주요 정례 회의	국방전략 대화	• 한국 국방차관-중국 부총참모장(2011년/2012년/2013년/2014년)	
	국방정책 실무회의	• 1995년부터 비정기적으로 개최, 2004년 정례화	
	외교안보 대화(2+2)	• 한중 외교부 국장급과 국방부 차장급(과장급) 간 회의 (2002년/2006년/2007년/2013년/2014년)	
	정보교류 회의	• 1999년 정례화 이후 2000년대 후반 중단, 2013년 재개	
교육교류		• [중국위탁] 1999년부터 어학교육 시작해 2005년 이후 중단, 2012년부터 재개(매년 3명), 2015년부터 합동지휘참모대(3명) • [한국위탁] 2013년부터 어학교육 개시(9명), 2014년 합동지휘참모대 교육(1명)	

국방학술교류	• 1992년 개시, 1996-2015년 한국 국방연구원-중국국제전략학회 학술회의 매년 실시 • 2008-2015년 한국국방연구원-중국군 군사과학원 상호 학술교류 매년 실시(2010년 미실시) • 2004년 한중 국방대학 간 학술교류 협정 체결 • 2009-2015년 한국 성우회-중국국제전략학회 학술회의 매년 실시
체육교류	• 1992년부터 각 종목별(유도, 축구 등) 대표단 비정기적 상호방문 (한국 특전사와 중국 공군 간 2001년부터 매년 친선 고공강하 경연대회 개최)
수색구조훈련 (SAREX)	• 한중 순항함대 등 상대국 방문 실시(2005년/2007년/2008년/2011년) 1차: 한국 측 순항함대 방중 계기 실시(2005년 9월, 하이난섬 근해) 2차: 한국 측 순항함대 방중 계기 실시(2007년 9월, 상하이 근해) 3차: 중국 측 함정 부산 국제관함식 참석 방한 계기 실시(2008년 10월, 부산 근해) 4차: 한국 측 순항함대 방중 계기 실시(2011년 11월, 링포 및 상하이 근해)
함정/수송기 방문	[순항함대] • 한국 측 방중(1998년/2001년/2003년/2005년/2007년 2009년/2011년/2012년) • 중국 측 방한(2002년/2008년/2009년/2013년/2016년) [공군 수송기] • 한국 측 방중(2002년/2003년/2004년/2005년) • 중국 측 방한(2003년/2014년)
중국군 유해 송환사업	중국군 유해 송환 대표단 방한(2014년/2015년/2016년)
국방 관련 협정 체결	• 해/공군 간 직통전화 양해각서(2008.11.24) • 국방교류협력 양해각서(2012.7.31) • 국방부 간 직통보안전화 구축 양해각서(2014.7.23) • 한국 국군통신사령부-중국 전신국 직통 보안전화 기술의정서 (2015.6.24)

3. 이슈와 쟁점

1) 탐색기

1991년 소련의 붕괴와 탈냉전시대의 도래, 한국의 북방외교 노력 등을 배경으로 1992년 한중수교가 이뤄지면서, 한중 양국 간 군사관계도 새로운 국면을 맞이하였다.

이후 김영삼 대통령 재임기간인 1997년까지의 한중 군사관계는 대체로 양국 군사관계 발전방향을 탐색하고 모색하는 시기였다고 할 수 있다. 이 시기 양국 간 군사관계의 주요 특징은 무엇보다도 양국이 냉전체제의 영향으로 오랜 기간 적대적 관계에 있으면서 이뤄지지 않았던 군사관계가 수교를 통해 개시되었다는 점이다. 다음으로 양국 간 군사 교류와 협력에 대한 필요성이 높지 않은 상황에서 양국 군사관계는 군 고위층 인사교류와 실무급 차원의 비정례회의가 개최되는 정도에 그쳤다는 점이다. 고위층 인적교류의 경우도 한국군 합참의장의 대통령 방중 수행을 위한 것으로 양국군 간의 직접적인 교류는 아니었다.

2) 확대기

1998년 이후 미중관계의 안정, 김대중 대통령의 '햇볕정책' 등을 배경으로 김대중 대통령이 중국을 방문, 양국관계를 '21세기를 향한 협력동반자관계'로 격상시킨 이후 제반 영역에서 다양한 군사교류와 군 협력이 추진되기 시작했다. 곧 한중 군사관계도 과거 탐색기의 한국 측 인사의 중국방문을 계기로 한 양국군 간의 단순한 인사교류를 넘어서 비로소 군사관계의 모습을 형성하기 시작했다.

이 시기 한중 군사교류의 주요 특징은 우선 군 고위급 인사교류의 활성화 가운데 중국군 고위급 인사의 방한이 이루어졌다는 것이다. 동시에 외교안보대화, 양국 군사 및 싱크탱크 기관 간 회의가 정례화되기도 했다. 한편 이와 같은 성과에도 이 시기에는 군사협력이나 전략적 차원의 대화체의 안정적인 운영은 존재하지 않았다.

2003년 노무현 정부 출범 이후 한중관계는 전면적 협력동반자관계로 격상됐고, 이에 따라 한중 군사관계도 진일보했다. 이 시기에 들어서 중국과 한국의 군사교류는 한중 군사관계 탐색기의 군 고위급 인사교류와 체육교류 중심에서 벗어나, 함정 상호방문, 군사교육교류, 외교안보대화 및 군사부문의 안보포럼 개최 등 기존에 비해 크게 진일보했다.

구체적으로 이 시기 한중 군사관계의 주요 특징을 보면, 우선 육군과 해군을 중심으로 양국 군종 간 교류의 개시와 함께 정례화했다는 점이 주목된다. 다음으로 국방부 실무급 회의 차원에서는 그동안 비정기적으로 진행됐던 국방정책 실무회의를 2004년 들어 정례화함으로써 적어도 형식적으로는 국방 영역에서 양국 간의 실무적 논의가 가능하게 되었다.

한편 2004년 한국의 군사훈련에 대한 중국군의 참관 거부를 이유로 양국군의 합동참모부급 회의가 더 이상 열리지 않게 됐지만, 2005년 들어 한중 해군이 연합 수색구조훈련을 실시한 점은 주목된다. 이는 비록 비전통안보 영역의 협력이긴 하지만 양국군이 작전 영역의 협력을 추진함으로써 군사교류를 벗어나 군사협력도 추진할 수 있다는 점을 보여주고 있다.

2008년 한중 간 '전략적(戰略的) 협력동반자관계'가 형성된 것을 계기로 일부 전략 차원의 교류와 협력이 이루어졌다. 우선 2011년 7월부터는 한국의 국방차관과 중국군 부총참모장 사이의 국방전략대화가 정례화되었으며, 국방전략대화는 2014년까지 4회에 걸쳐 진행되었다. 이 시기에는 양국군 간 다양한 국방협정이 체결되었다. 구체적으로 2008년 해/공군 간 직통전화 양해각서가 체결됐고, 2012년에는 국방교류협력에 관한 양해각서가 체결되었다. 이 가운데 해/공군 작전사 간 개통된 군사 직통전화(핫라인)의 경우 설치에 대한 논의는 2000년부터 시작되었다. 처음에는 양국 국방부 장관의 직통전화 설치 제의가 있었으나 2005년 제4차 한중 국방장관회담시 해/공군 직통 통신망 구축 제의로 전환되었다. 이후 제5차 한중 국방장관회담시 재차 제의가 있었으나 가시적인 성과를 거두지는 못했다. 결국 2007년 한중수교 15주년을 맞아 개통 직전까지 진행되었으나 중국 측의 보류로 성사되지 못했다. 결국 2008년 5월 한중 양국 정상이 '전략적 협력동반자관계'에 합의한 2008년 연말에 군사적으로 민감한 직통전화 설치에 관한 협정이 체결되었다. 이를 계기로 한중 군사관계가 단순한 군사교류 차원에서 군사협력 차원으로 한 단계 격상되었다고 평가할 수 있다. 곧 한중이 '전략적 협력동반자관계'로 격상되었기 때문에, 이와 같은 민감한 군사적 사안이 성사될 수 있었다는 것이다. 한편 이 시기 들어 중국 국방장관의 한국방문이 없었으며, 그동안 진행됐던 외교안보대화, 정보교류회의는 중단되었다.

2013년 박근혜 정부는 중국과 '전략적 동반자관계의 내실화'를 위해 정치·경제·사회 등 제 분야에서 한중관계를 더욱 강화하는 데 합의했다. 이와 함께, 양국은 국방·군사 영역에서도 전략적 동반자관계 형성을 위해 노력하기로 함에 따라 2015년 초까지 한중 군사관계는 기존에 비해 더욱 강화하는 추세를 보였다.

이 시기의 주요 특징적인 군사 교류 및 협력 사항을 보면, 첫째, 2014년에는 국방부 간 직통보안전화 구축에 관한 양해각서가 체결되는 한편, 양국 국방부 간 직통전화실무회의가 개최되기도 했다. 국방부 간 직통전화(핫라인) 설치는 2005년 한중 국방장관 회담에서 최초로 제기됐었다.

둘째, 2013년에는 이명박 정부 시기 중단되었던 한중 외교안보대화가 재개됐을 뿐만 아니라, 회의의 격도 높아졌다. 구체적으로 한중 외교안보대화는 2013년 6월 한중 정상회담 합의에 따른 것으로, 2013년 12월 중국 베이징에서 1차 회의가 열린 데 이어 2105년에는 2차 회의가 서울에서 개최되었다. 국방부에서 과장급 인사가 참여했던 1차 회의와 달리 2015년 2차 회의에서는 양측 국방부의 부국장급 인사가 자리했다.

셋째, 군사교육기관 교류도 활성화해 2013년 들어 2005년 중단되었던 한국군 장교의 중국 위탁 어학교육이 재개됐을 뿐만 아니라 중국군 장교의 한국 위탁 어학교육이 개시되었다. 한편 2014년과 2015년에는 양국군에 상호 의탁하는 방식으로 합동지휘참모대 교육이 개시되었다.

넷째, 중국군 유해 송환사업이 2013년 6월 중국을 방문한 박근혜 대통령의 제안에 중국이 화답하면서 2014년 시작돼 2016년 초까지 세 차례 진행되었다. 중국군 유해 송환사업의 경우 2005년 한중국방장관회담 등에서 한국 측이 제기하기 시작했다.

2016년 7월 8일 미군과 한국군이 사드배치 추진을 공식화한 이후 그동안 확대일로에 있던 한중 군사관계는 급속히 냉각기에 진입했다. 이는 중국이 주한미군의 사드배치를 자국의 전략안보이익의 손상 행위이자 전략균형 파괴 행위로 인식하면서 한중관계가 크게 악화된 것과 관련된다. 이와 같은 한중관계의 악화로 2016년 7월 이후 중국군 유해 송환사업을 제외한 제반 영역에서 한중 양국군 간 교류와 협력이 사실상 전면적으로 중단되었다.

4. 평가와 과제

한중 군사관계는 1992년 수교 이래 양국관계의 진전과 함께 지속적으로 발전해왔다. 한중 군사관계는 한중수교 이후 일정 기간 고위층 인사교류나 체육교류와 같은 상당히 낮은 수준에 머물렀으나 점차 고위층 및 실무급 교류, 비전통 영역의 연합작전 수행 수준으로 발전했다. 특히 한중관계가 전략적 동반자관계에 들어선 이후 한중 군사관계는 전략적 차원의 국방·외교 대화 활성화, 국방장관 간 핫라인 설치, 해/공군 핫라인 운용 등으로 발전하였다. 이 중 군사 핫라인의 경우 일본도 중국 측에 오랜 기간 설치를 요구해왔으나 중국 측이 수용하지 않고 있다는 점에서 상당한 의미를 지니고 있다.

한편 이와 같은 지속적인 발전에도 한중 군사관계는 군사관계의 3단계 발전 과정을 놓고 볼 때 여전히 군사교류 위주로 진행되고 있고, 안보정책 공조, 정보 및 첩보 교환, 군수방산협력, 전통안보 영역의 연합훈련 등을 포함하는 군사협력 단계에 완전히 진입하지는 못하고 있다.

현재 한중 군사관계는 주한미군의 사드배치 추진을 이유로 사실상 중단 상태에 있는 가운데 이 문제의 해결 방식과 중국의 이에 대한 평가 방식에 따라 한중 군사관계의 회복 여부가 결정될 것으로 보인다. 한편 향후 한중 군사관계가 회복 국면에 진입한다고 할지라도 단기간에는 2016년 이전 수준에서 크게 변화할 가능성은 없을 것으로 보인다. 이는 한중 군사관계의 발전 수준이 전통 강국인 미국과 신흥 강국인 중국의 전략 경쟁이 구조화되고 있는 국제정치의 현실, 남북의 군사적 대치라는 한반도 안보 상황, 북한과 중국과의 관계, 한국과 미국과의 관계 등의 영향을 받고 있기 때문이다. 아울러 남북 간 군사적 대치 상황과 중국의 제3자를 겨냥한 군사동맹 반대 노선으로 한중 간 폐쇄된 군사동맹은 불가능하다.

그럼에도 불구하고 북핵문제를 포함한 북한문제의 합리적 해결, 한반도 평화와 안정, 지역 및 글로벌 차원의 다양한 안보문제(사이버, 해적 소탕 등), 한국과 중국의 지속 가능한 발전 환경 구축 차원에서 한중 군사 관계를 건강하고 안정적으로 발전시키기 위해 한국과 중국 양국은 적극적으로 노력할 필요가 있다. 이와 관련, 새롭게 출범한 문재인 정부가 한중 간의 실질적 전략적 협력동반자 관계를 위해서도 한중 간 국방교류가 강화될 필요가 있다고 인식하고 있는 점은 긍정적으로 평가할 수 있다.

이러한 점을 종합해볼 때 향후 한중 군사관계는 군사동맹과 같은 높은 수준의 발전을 지향하기보다는 주요 강대국의 전략적 이해관계를 존중하고 한중 간의 실질적 전략적 협력동반자 관계를 지원하는 방향으로 지속적으로 발전시킬 필요가 있을 것이다. 현시점에서 한중 군사관계의 건강한 발전을 가로막는 최대의 장애물은 주한미군의 사드배치문제를 둘러싸고 한중 간 전략적 신뢰가 크게 후퇴한 것으로, 향후 한국과 중국은 무엇보다도 양국 간 전략적 신뢰 회복을 위한 노력을 우선시해야 할 것이다.

| 참고문헌 |

김순수, 『중국의 한반도 안보전략과 군사외교』, 양서각, 2013.

김태현, "탈냉전기 중국의 대한반도 군사외교: 개념, 전략 및 특징", 「아태연구」 제17권 제
   2호, 2010.

정철호, 『한-중 군사협력의 전략적 접근: 유용성과 한계』, 세종연구소, 2015.

최영종, "우리나라 군사외교의 이론과 실제", 「전략연구」, 2004.11.

万发扬, 『中国军事外交理论与实践』, 北京: 时事出版社, 2015.

储永正, 『军事外交学』, 北京: 国防大学出版社, 2015.

张芳, 『当代中国军事外交 : 历史与实践』, 北京: 时事出版社, 2014.

周从保等, 『军事外交战略研究』, 北京: 国防大学出版社, 2015.

郭新宁, 『论军事外交与当代中国实践』, 北京: 国防大学出版社, 2011.

제4장

무역·투자

양평섭(대외경제정책연구원)

1.개관

한중수교 이후 25년간 한중 간 무역과 투자 협력은 성장과 조정의 과정
을 거치며 발전해왔다. 중국은 한국의 최대 교역대상국으로 한중교역 규
모는 수교 시점에 비해 48배로 늘어났으며, 최대 투자대상국으로 한국의
대중국 투자 잔액은 수교 시점에 비해 790배로 증가하였다.

1) 무역

한중교역 규모는 1992년에 64억 달러에서 2016년에 2,114억 달러로 과
거 25년간 연평균 16.7%의 증가율을 유지하였다. 한중교역은 1994년에
100억 달러를, 2005년에는 1,000억 달러를, 2011년에는 2,000억 달러를
넘어섰고, 2014년에는 2,354억 달러(중국 통계 2,905억 달러)로 확대되었다.
그러나 2015년에는 2,274억 달러, 2016년에는 2,114억 달러로 2012년
수준으로 후퇴하였다.

　　　　양국의 무역에서 상대방의 위상에도 변화가 나타났다. 중국은
1992년 한국의 5위 교역대상국에서 2004년 이후 최대 교역대상국으로
자리 잡았다. 1992년 중국은 한국의 5위 교역대상국에서 2003년에 일본
을, 2004년에 미국을 제치고 최대 교역대상국으로 부상하였고, 수출에서
는 1992년 6위 수출대상국에서 2001년에 일본을, 2003년에 미국을 제
치고 최대 수출대상국으로 부상하였다. 수입에서는 1992년 5위 수입대

상국에서 2004년에 미국을, 2007년에 일본을 제치고 최대 수입대상국으로 올라섰다. 한국은 1992년 중국의 7위 교역대상국에서 1996년 이후 4위 교역대상국으로 자리 잡고 있다. 중국 수입시장에서는 1992년 6위 수입시장에서 2002년에 미국을, 2005년에 대만을, 2013년에 일본을 제치고 최대 수입대상국의 자리를 차지하였다. 중국 수출에서 한국의 위상은 1992년 5위 수출 시장에서 1995년에 독일을 넘어선 이후 4위 수출 시장의 위치를 유지하고 있다.

수교 이후 한중교역은 성장과 조정의 과정을 거치며 확대되어왔다. 1990년대 후반 외환위기가 발생하기 이전까지 양국 간 무역은 초고속 성장세를 유지하였다. 양국 간 무역이 홍콩을 통한 간접교역에서 한국과 대륙 간 직접교역으로 전환되었고, 한국기업들의 중국에 대한 투자에 따른 교역이 활성화면서 연평균 32.2%의 높은 성장률을 유지하였다. 한국이 외환위기를 겪으면서 둔화되었던 한중교역은 2001년에 중국이 WTO에 가입한 이후부터 글로벌 금융위기가 발발하기 이전까지 급증하였다. 2001년에 315억 달러에서 2012년에는 2,151억 달러로 연평균 22.0%의 높은 증가율을 유지하였다. 그러나 글로벌 금융위기 이후 △ 중국의 수입대체와 내수 중심의 성장전략에 따른 중고속 성장기 진입 △ 글로벌 경기 침체와 교역 둔화 △ 국제 자원가격의 하락 △ 중국 진출 한국기업의 현지화 강화 등 다양한 요인으로 인해 2009년부터 2016년까지 연평균 2.9% 증가한 데 그쳤으며, 특히 2015년과 2016년에는 마이너스 증가율을 유지하였다.

2) 투자

수교 이후 투자협력은 한국기업의 중국에 대한 투자를 중심으로 확대되어왔다. 한국의 중국에 대한 투자액(잔액 기준)은 1992년 말 2억 달러에서 2004년 말에는 100억 달러를 넘어섰고, 2014년 말에는 500억 달러를 넘어섰으며, 2016년 말에는 565억 달러로 과거 25년간 연평균 30.6%씩 증가하였다. 중국에 투자한 신규 법인 건수는 1992년 말 277건에서 2004년 말에 10,000건을 넘어섰고, 2008년 말에는 20,000건을 넘어섰으며, 2016년 말에는 26,303건으로 증가하였다. 중국 상무부의 외국인 직접투자 통계에 따르면 한국은 중국의 4대 외국인 투자국으로서 1995-2016년 기간 중 한국기업의 대중국 누계 투자액은 674억 달러로 같은 기간 전 세계로부터 중국으로 유입된 외국인 투자액의 3.8%를 차지하였다.

한국의 대중국 투자는 한중수교 이후부터 외환위기가 발생하기 이전에는 연평균 64%씩 증가하였고, 중국의 WTO 가입 이후부터 글로벌 금융위기가 발생하기 이전까지는 28.5%씩 증가하였다. 그러나 대중국 투자의 77%를 차지하고 있는 제조업 분야의 투자는 성숙단계에 진입한 반면, 서비스 분야의 투자가 활성화되지 못함으로써 한국의 대중국 투

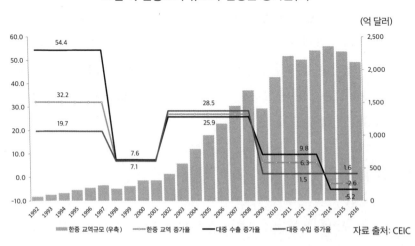

그림 1. 한중교역 규모와 연평균 증가율(%)

자료 출처: CEIC

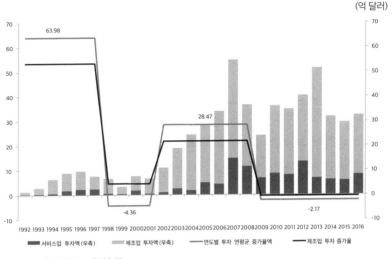

그림 2. 한국의 대중 투자의 기간별 연평균 증가율(%)

(억 달러)

자료 출처: 한국수출입은행

자의 증가세가 둔화되고 있다. 글로벌 금융위기 이후 제조업 분야의 대중국 투자의 감소세가 지속됨으로써 한국의 대중국 투자는 -2.2%의 감소세를 유지하고 있다.

한국의 해외투자 대상국으로서 중국의 위상이 2000년대 중반까지 크게 제고되었으나 이후 점차 낮아지고 있다. 2002-2007년 중국은 미국을 제치고 최대 투자대상국으로 부상하였으나, 2008년 이후에는 다시 역전되어 미국에 이어 2위를 차지하고 있다. 한국의 해외투자 중 중국이 차지하는 비중은 2000년대 초반의 40% 수준에서 2015년에는 9.6%로, 다시 2016년에는 한 자릿수인 9.4%로 하락하였다. 제조업 분야의 해외투자에서 중국이 차지하는 비중은 2000년대 초반 60% 이상을 차지하였으나, 2015년에는 29.7%로, 2016년에는 28.8%로 하락하였다. 최근 중국 내 비즈니스 환경이 악화되면서 미국 등 선진국에 대한 투자가 다시

확대되고, 노동집약적 산업을 중심으로 베트남 등 동남아 국가로 투자 대
상지역이 전환되고 있다.

중국의 해외투자(주출거)전략 추진으로 중국기업의 한국에 대한
투자가 증가하고는 있으나, 중국 해외투자 대상지역으로서 한국의 위상
은 여전히 낮은 수준을 머물러 있다. 중국의 한국에 대한 직접투자액(한
국 통계)은 1992년 말 400만여 달러에서 2016년 말에는 95억 달러로 증
가하였다. 그러나 2015년 말 한국에 대한 중국의 직접투자 누계액은 37
억 달러로 중국 해외투자의 0.4%를 차지하고 있다.

3) 변화추이

글로벌 보호무역주의 강화와 세계 교역의 둔화, 중국 경제의 성장 둔화
등 한중 경제협력 환경이 급변하면서 양자 간 무역과 투자 협력도 새로
운 전환기를 맞이하고 있다. 과거 25년 중국이 한국 경제와 한국기업에
게 '황금알을 낳는 거위'였다면 향후 25년은 한국 경제와 한국기업에 중
국의 부상이 위기가 될 수 있다는 우려가 나타나고 있다. 대표적인 예로
서 한국의 대중국 무역흑자 규모가 빠르게 줄어들고 있다. 중국이 추진하
고 있는 신성장산업에서 한국의 산업과 중국의 산업 간 연계성이 약화되
면서 중간재의 제공자로서 한국의 역할이 취약해지고 있기 때문이다. 특
히 미래 25년의 한중 간 무역과 투자 협력은 동아시아 경제의 일체화가
이루어진 가운데 제4차 산업혁명의 소용돌이 속에서 지금과는 전혀 다른
양상을 보일 것으로 전망된다. 과거 25년에 한국과 중국 간 상호보완적
협력자의 입장에서 무역과 투자 협력이 이루어졌다면, 향후 25년에는 상
호보완적 경쟁자 간의 협력으로 변해갈 것이다.

2. 발전과정

1) 발전단계

과거 25년간 한중 양국의 무역과 투자는 한중수교(1992년 8월) → 한국의 외환위기(1998년 말) → 중국의 WTO 가입(2001년 11월) → 글로벌 금융 위기(2009년) → 한중 FTA 발효(2015년 12월) 등의 협력 환경의 변화에 따라 확대와 조정 과정을 거치면서 발전해왔다. 한중 무역과 투자는 협력 기반 구축 단계(1992-2001년), 협력의 심화·확대 단계(2002-2012년), 협력의 내실화 단계(2013년-현재) 등 세 단계에 걸쳐 발전해왔다.

한중 간의 무역과 투자의 발전에 따라 양국 간 협력관계도 변화해왔다. 한중 양국의 협력관계는 1992년 8월 한중수교 당시의 '선린우호

표 1. 한중 경제협력의 발전 단계

	협력기반 구축 단계 (1.0시대)	협력 심화·확대 단계 (2.0시대)	협력 내실화 단계 (3.0시대)
시기	• 1992-2001	• 2002-2012	• 2013-현재
한중관계	• 선린우호 협력(1992-) → 협력동반자(1994-) → 21세기를 향한 협력동반자(1998-)	• 전면적 협력동반자(2003-) → 전략적 협력동반자(2008-)	• 전략적 협력동반자 관계의 내실화 (2013-)
환경변화	• 한중수교(1992) • 외환위기(1998-1999) • 중국 경제 고속 성장기	• 중국 WTO 가입과 고속 성장(2001-2008) • 글로벌 금융위기와 내수 중심 성장 전략 (2009-)	• 한중 FTA 발효 (2015.12), 사드배치 발표(2016.7) • 공급 측 구조개혁, 중국제조 2025, 중속 성 장기 진입
교역 규모	1992-2001	2002-2012	2013-2016
	64억 달러(1992) (연평균 증가율 21.6%)	412억 달러(2002) (연평균 증가율 22.0%)	2,114억 달러(2016) (연평균 증가율 1.9%)

	협력기반 구축 단계 (1.0시대)	협력 심화·확대 단계 (2.0시대)	협력 내실화 단계 (3.0시대)

교역 특징	• 무역불균형
	
	• 상품무역 중심 교역
	• 가공무역
	• 소비재 수입대체
		• 무역불균형 확대
		
		• 상품+서비스
		  무역 확대
		• 가공무역→일반무역
		• 중국 중간재 수입 대체
			• 무역불균형 축소
			
			• 서비스 무역 성장
			• 일반 무역 확대
			• 중국 부품·소재 수입
			  대체

대중투자 (잔액)	1992년 말 1.2억 달러(상무부) 2.1억 달러(EXIM BANK)	2001년 말 128억 달러(상무부) 65억 달러(EXIM BANK))	2016년 말 624억 달러(상무부) 565억 달러 (EXIM BANK)

투자 특징	• 중소기업 중심
	• 연해 중심
	• 단독 투자
		• 대기업 중심, 대기업과
		  중소기업의 동반 진출
		• 연해, 중서부 진출 확대
		• 합자 진출 확대
			• 대기업+ 기술 집약형
			  중소기업
			• 중서부 지역
			  투자 확대
			• 첨단 부품과 소재,
			  R&D 및 신산업,
			  서비스업 투자
			• 합자, 지분 인수 등

	• 한국의 일방적 대중국
	  직접투자
		• 중국 기업의 한국 진출	• 상호 직접투자 확대
			• 상호 자본시장 투자
			  확대

산업협력	• 전통 제조업 (경공업,
	  전기전자, 철강, 석유화
	  학)
	• 소비재 수출산업화
		• 전통 및 첨단 제조업
		  (ICT, 자동차, 반도체,
		  무선통신)
		• 중간재 수입대체 추진
			• 신성장동력 산업
			• 중국 전통 산업의 수
			  입대체 및 해외투자
			  확대

협력모델	• (한)자본과 기술+(중)
	  노동력
	• 보완적 협력자
		• (한)기술+(중)시장
		• 보완적 협력자
			• (한)기술+(중)자본,
			  기술, 시장
			• 경쟁적 협력자

자료 출처: 저자 정리

협력' 관계로 시작하여 무역액이 100억 달러에 도달한 1994년에는 '협력
동반자'로, 200억 달러에 달한 1998년에는 '21세기를 향한 협력동반자'
로, 500억 달러에 도달한 2003년에는 '전면적 협력동반자'로, 1,500억 달

러를 넘어선 2008년에는 '전략적 협력동반자'로 격상되었고, 2013년에는 전략적 협력동반자관계의 내실화를 추진하기로 합의하였다.

2) 협력기반 구축 단계

첫 번째 협력기반 구축 단계(1.0시대)는 1992년 수교 이후부터 2001년 중국의 WTO 가입이 이루어진 2001년까지의 기간으로 한중 경제협력이 무역과 투자를 중심으로 고속 성장이 이루어진 시기이다.

　이 시기에는 양국 간의 무역과 투자 확대를 위한 제도 정비와 함께 산업협력기반이 조성되었다. 1992년 수교를 계기로 양국은 '선린 우호' 관계를 구축하기로 합의하였고, 당해 연도 9월에 노태우 대통령의 방중을 계기로 양국 간 무역과 투자 확대를 위한 기본적인 제도가 마련되었다. 1991년 12월에 양국의 민간 협정으로 체결된「무역협정」을 정부간 협정으로 전환하여 체결(1992년 9월)하였고, 1992년 5월에 민간 협정으로 서명한「투자보호 및 장려 협정」도 정부간 협정으로 전환하여 체결(1992년 9월, 2007년 9월 수정)하였으며,「한중 과학기술협력협정」을 체결(1992년 9월, 10월 30일 발효)하였다. 이어 1994년 6월에는「이중과세 방지 협정」을 체결(2006년 3월 제2의정서 체결, 2007년 7월 발효)함으로써 양국 간 무역과 투자 확대를 위한 기초 제도를 마련하였다.

　1994년 6월에는 김영삼 대통령의 방중을 계기로 '협력동반자관계'를 구축하기로 합의하고, 한중 양국은 산업협력 확대를 목표로 하는 '한중 산업협력위원회'를 설립하였으며 자동차부품, HD TV, 중형 항공기 및 전전자교환기 등 4개 품목의 공동 개발, 공동 생산, 공동 판매에 합의하였다. 1997년 11월에는 기술산업화, 산업정책, 에너지자원 등 3개 분과위원회와 품목별 4개 소분과위원회로 확대, 개편하였다.

1998년 김대중 대통령의 방중(1998년 11월)을 계기로 한중 양국은 '21세기 향한 협력동반자관계'를 구축하기로 합의하고 CDMA 상용화, 은행·보험업 인가, 완성차 생산 협력, 고속철도 건설 협력, 원전 건설 협력 등 5대 협력 사업을 추진하였다. 동시에 교역 확대를 통해 무역불균형을 개선하기 위한 노력과 함께 한국정부의 조정관세 축소, 새로운 무역상품 발굴 및 반덤핑제도 등 무역제한조치 완화 협력을 강화하기로 합의하였다.

이 시기의 한중 간 경제협력은 중국이 한국기업의 기술과 자본을 필요로 했던 시기로서 한국의 중간재와 자본, 중국의 노동력을 결합한 가공무역을 중심으로 추진되었다. 동 시기에 중국은 1992년 '남순강화' 전략을 발표하고 '대규모 수입과 대규모 수출(大進大出)'이라는 무역정책 기조 아래 중간재 수입을 통한 소비재의 수출 산업화를 추구하였다. 이에 따라 한중간 교역은 중간재를 중심으로 이루어졌고, 한국의 대중국 투자는 전기전자 이외에 섬유와 의류, 플라스틱, 기타 제조업 등 노동집약적 분야에 대한 투자가 주류를 이루었다.

3) 협력 심화·확대 단계

두 번째 협력의 심화·확대 단계(2.0시대)는 중국의 WTO 가입이 이루어진 2001년 이후부터 2008년 국제금융위기가 발발하기 전까지의 제2의 확대기와 글로벌 금융위기가 발생한 2009년 이후부터 2012년까지의 단계로서 한중 경제협력의 구조적 전환기로 나누어 볼 수 있다.

한중 양국관계가 한중 무역 500억 달러 달성 시점인 2003년에는 '전면적 협력동반자관계'를 구축하기로 합의(2003년 7월)하고 미래지향적 경제협력을 추진해나가기로 하였다. 2005년 11월에 개최된 정상회담에서 「한중 무역·투자협력 확대 양해각서」를 체결하고 △ 한중수교 20주년인 2012년 한중 무역액 2,000억 달러 달성 △ 중국에 대한 시장경제지위 부여 △ 무역마찰 사전예방체제 구축 △ 한중 양방향 투자협력 확대를 위한 한중 양국의 노력 강화 등을 합의하였다. 양국 간의 중장기 경제협력 방향을 담은 「한중 경제통상협력 비전 공동연구」 보고서를 채택하여 차세대 IT, 생명공학, 신소재 등 첨단 분야, 에너지, 환경 분야의 협력을 강화하기로 합의하였다. 한중 교역액이 1,500억 달러에 달한 2008년 5월에 개최된 정상회담에서는 '전략적 협력동반자관계'를 구축하고, 「한중 투자보장협정」을 개정하여 투자자 보호를 강화하는 동시에 양국 간 무역의 확대 균형을 위해 노력하기로 합의하였다.

이 시기에는 교역 확대 과정에서 양국 간 통상마찰이 확대되면서 양국 간 공정한 무역을 위한 협력기반이 마련되고, 투자 급증에 따라 투자 보장을 강화하는 조치와 함께 한중 FTA 체결을 위한 연구와 협상이 이루어진 시기이다. 첫째, 양국 간 무역 확대에 따른 통상마찰을 완화하기 위한 노력도 강화되었다. 한국은 중국의 주요 교역대상국으로는 처음으로 2005년 11월에 중국을 시장경제 국가로 인정하였다. 2005년 11월에는 「한중 무역구제협력 비망록」을 체결하여 △ 업계 간 무역대화채널 구축 지원 △ 수입급증품목 조기경보체제 구축 △반덤핑조사 사전협의 강화 등을 위해 양국이 협력하기로 합의하였고, 2012년 5월에도 양국 간 「공평무역 협력에 관한 양해각서」를 교환하고 「한중 공평무역협의회」를 설립하기로 합의하기도 하였다. 둘째, 투자 보장 및 사회보장금 면제 조치가 강화되었다. 한국의 대중국 투자가 급증하면서 투자자와 지적재산권 보호 필요성이 커지면서 2007년 9월에는 「투자 촉진과 보호에 관한 협정」을 수정하였고, 2012년 6월에는 「한중일 투자보장협정」을 체결 (2014년 5월 발효)함으로써 내국민 대우, 지적재산권 보호, 투자자 자산 보호를 강화하였다. 동시에 2012년 10월에는「한중 사회보장협정」을 체결 (2013년 1월 16일 발효)함으로써 중국에 파견된 우리 근로자와 자영업자들의 중국 연금보험 가입이 면제되고, 파견근로자에 대해서는 고용보험 가입을 면제하는 조치를 취하였다. 셋째, 한중 FTA 추진을 위한 논의가 시작되었다. 한중 양국은 2004년 9월에 개최된 아세안+3 경제장관회의에서 한중 통상장관회담을 통해 민간 공동연구를 추진하기로 합의하고, 같은 해 11월에 대외경제정책연구원과 국무원발전연구중심이 민간 공동연구를 개시하였으며, 민간 공동연구 결과를 바탕으로 2006년 11월부터 산관학 공동연구를 개시하였다.

    이 시기에는 중국이 WTO 가입과 함께 내수시장을 개방하면서 중국의 시장과 한국의 기술을 결합하여 중국 내수시장을 타깃으로 하는 협력이 확대되었다. 특히 중국 내수시장을 타깃으로 하는 투자(자동차, 휴대전화의 중국 진출)가 본격화되었다. 한중 간 협력 분야에서도 노동집약적인 업종에서 하이테크산업을 중심으로 고도화가 이루어지기 시작하였다. 중국의 수출이 급증하면서 수출용 중간재 교역이 증가하고, 중국의 내수시장 개방과 더불어 중국 내수시장을 타깃으로 하는 한국계 기업의 대중투자가 확대되었다. 그러나 2009년 글로벌 금융위기 이후 중국이 내수 중심의 성장전략을 추구하면서 한국의 대중국 투자에도 큰 변화가 나타나게 된다. 글로벌 금융위기로 중국의 수출이 둔화되면서 중국을 가공무역 기지로 활용하기 위한 노동집약형 중소기업 투자가 크게 위축되었다. 반면 중국정부가 내수 중심 성장전략으로 전환하면서 중국 내수시장을 타깃으로 하는 대기업과 중소기업의 동반진출이 증가하였다.

4) 협력 내실화 단계

세 번째 협력의 내실화 단계(3.0시대)는 한중 협력의 내실화와 신협력의 확대 시기로서 2015년 한중 FTA의 발효를 기반으로 양국 간 경제협력이 이전의 무역과 투자에서 금융·통화, 서비스, 전자상거래 등 새로운 분야로 확대되는 전환기를 맞이하였다.

2013년 6월 박근혜 대통령 방중을 계기로「한중 미래비전 공동성명」을 채택하여 △ 정치·안보 분야에서 포괄적·다층적 전략 소통 체제 구축 △ 양국 간 경제협력기반 제도화 및 협력 범위 확대에 합의 △ 양국 국민 간 다양한 형태의 교류 촉진, 특히 인문유대 강화 적극 추진 △ 2015년 양국 간 교역 규모 3,000억 달러 달성 등「한중 전략적 협력동반자관계 내실화를 위한 행동계획」을 채택하였다. 행동계획에서는 △ 2015년 무역 규모 3,000억 달러 달성 △ 높은 수준의 포괄적 한중 FTA 추진 △ 지방정부 간 협력 확대 및 한중 산업단지 설립 △ 정보통신(5세대 이동통신기술, 표준 협력), 인터넷 안전, 국가 정보화, 클라우딩 등 미래지향적 분야에서 협력을 강화하기로 합의하였다. 특히 2015년 12월 한중 FTA가 발효됨으로써 한중 간 경제협력의 새로운 제도적 기반이 마련되었다. 아울러 2015년 10월에는 양국 간 무역과 투자의 편리화, 산업협력 및 지방정부 간 협력 강화, 제3국 공동진출 등 다양한 분야의 협력을 강화하기 위한 17개 분야의 미래지향적 협력 MOU를 체결하는 등 양국의 국가전략을 연계하기 위한 기반도 마련되었다.

협력 분야와 패턴에도 변화가 나타나고 있다. 전통 제조업에서 한국의 대중국 투자가 성숙단계에 진입하면서 대중국 투자는 줄어든 반면, 투자 분야는 첨단 소재와 부품 산업으로 고도화되었다. 중국이 수출 중심의 성장전략에서 내수 중심의 성장전략으로 전환하면서 한중 경제협력이 이전의 가공무역을 탈피하여 내수형 교역 구조로 전환되고, 투자 협력도 중국 내 최종재 조립형 투자에서 중국의 중간재 내수시장을 확보하기 위한 투자로 확대되어가고 있다. 이에 따라 무역에 있어서도 첨단 부품과 소재 교역의 확대로, 투자에 있어서도 LCD, 반도체, 석유화학 등 첨단 부품 및 소재 관련 분야의 투자 확대로 이어지고 있다.

중국기업의 한국에 대한 투자가 확대되면서 투자 불균형이 점차 축소되고 있다. 중국기업의 해외진출전략 추진과 함께 시작된 중국기업의 한국에 대한 투자는 2004년 상하이자동차의 쌍용자동차 지분인수 건의 실패로 인해 소강상태에 진입하였다. 그러나 2014년 이후 중국기업의 한국에 대한 직접투자는 3년 연속 증가세가 이어지는 가운데, 미국에 이어 두 번째 외국인 투자국으로 부상하였다. 중국기업의 한국에 대한 직접투자 신고액은 2014년에 11억 9,000만 달러로 전년대비 14.5% 증가하였고, 2015년에는 19억 8,000만 달러로 전년대비 66.3% 증가하였으며, 2016년에는 20억 4,900만 달러로 3.6% 증가하였다. 투자 분야도 이전의 도소매 및 무역업 중심의 소규모 투자에서 부동산, 금융, 문화콘텐츠, 전기자동차, 로봇, 관광, 식품, 고급소비재 등으로 다양화되고 있다.

3. 이슈와 쟁점

1) 한중 FTA 체결

한중 경제협력에 있어 가장 중요한 사건은 한중 FTA 체결이라 할 수 있다. 한중 FTA는 2004년 11월 민간 공동연구를 개시, 2006년 11월 산관학 공동연구 개시, 2012년 5월 협상 개시, 2014년 11월 10일 협상의 실질적 종료 선언, 2015년 6월 1일 협정 서명, 2015년 11월 30일 한국 국회 승인, 2015년 12월 20일 발효 및 1차 관세인하, 2016년 1월 1일 2차 관세인하, 2017년 1월 1일 3차 관세 인하 등의 과정을 거쳐왔다. 한중 FTA를 통해 향후 한중 경제협력이 전면적인 협력 단계로 진입할 수 있는 제도적 기반이 마련되었다.

한중 FTA는 포괄적이고도 높은 수준을 유지하면서 양국의 민감 분야를 보호한다는 기본 원칙에서 추진되었다. △ 상품 분야에서 무역을 확대할 수 있는 기반을 마련하게 되었다. 전체 품목에서 FTA 발효 후 20년 내에 관세가 철폐되는 품목의 비중은 품목 수 기준으로 한국 92.2%, 중국 90.7%이며 수입액 기준으로는 한국 91.2%, 중국 85%이다. △ 건설, 유통, 환경, 엔터테인먼트 등 중국 유망 서비스 시장에 대한 양허를 확보하고, 통신 분야의 규범을 강화하기로 하였다. 또한, 협정 발효 후 2년 내 서비스와 투자 분야에서 네거티브 방식의 후속협상을 개시하기로 합의하였다. △ 한중 FTA에서는 철강, 중소기업, 정보통신, 섬유, 에너지, 과학기술, 해상운송, 관광 및 문화, 의약품·의료기기, 화장품 등 다양한 분야에서 한중 간 산업협력을 확대할 수 있는 기반을 마련하였다. △ 한중 FTA에서는 지방 간 협력을 중시하여 인천자유구역과 웨이하이시를 한중 FTA 시범협력구로 지정하였으며, 한국의 새만금과 중국의 옌타이시, 옌청시 및 광둥성을 한중산업단지 설립지구로 지정하였다.

2) 무역 불균형과 통상마찰

한중수교 이후 25년간 한국은 중국에 대해 무역수지 흑자를 유지해왔으며 흑자 규모도 점진적으로 확대되어왔다. 한국의 중국에 대한 무역흑자 규모는 1993년 12억 달러에서 2003년에는 132억 달러로 확대되었고,

2013년에는 628억 달러로 증가하였다.

중국의 입장에서 대한국 무역적자는 가장 중요한 통상 이슈가 되었고, 1990년대 말과 2000년대 초반에 걸쳐 한중 간 통상마찰로 이어졌다. 중국은 1997년 11월 한국산 신문용지에 대한 반덤핑 조사 개시이후 2002년까지 한국산 제품에 대한 반덤핑 조사를 강화해왔고, 특히 2002년에는 한국산 제품에 대해 7건에 달하는 반덤핑 조사를 개시하였으며, 한국 역시 중국산 제품에 대해 반덤핑 제소를 강화하였다.

한중 통상마찰의 대표적인 사례는 마늘분쟁과 김치파동이다. 2000년 6월 한국정부가 중국산 냉동마늘과 제조마늘의 관세를 기존 30%에 잠정긴급관세 285%를 추가해 총 315%로 인상하며 긴급수입제한(safe guard) 조치를 취하였다. 이에 대해 중국정부가 한국산 휴대전화와 폴리에틸렌의 수입을 금지하는 조치로 맞대응하였다. 결국 양국은 재협상을 통해 한국은 2002년까지 매년 3만 2,000-3만 5,000kg의 냉동마늘, 제조마늘에 대해서는 기존의 30-50% 관세율로 수입하기로 했으며, 중국은 한국산 휴대전화 수입 중단을 풀기로 했다. 2005년 7월에 한국정부가 중국산 김치에서 납 성분 및 기생충 알 검출을 발표하였고, 같은 해 11월 중국도 한국산 김치에서 기생충 알이 검출되었다고 발표하면서 통상문제로 비화되기도 하였다.

한중 간 통상마찰은 2005년 11월 한국이 중국을 시장경제(market economy) 국가로 인정하고, 2006년 7월 31일에 한국과 중국이 세이프가드를 연장하지 않기로 하고, 중국도 한국산 휴대전화와 폴리에틸렌에 대한 수입금지 조치를 해제하기로 하면서 마늘분쟁은 종결되었다. 이후 중국의 한국산 제품에 대한 반덤핑 제소 건수는 급격히 줄어들었으며, 최근 한국의 대중국 무역흑자가 감소세로 전환되면서 무역불균형을 둘러싼 통상마찰은 더욱 줄어들 것으로 전망된다. 2016년에는 한국의 대중국

무역흑자는 375억 달러로 축소되었고, 한중교역에서 흑자비율도 1993년 13.5%에서 2004년에는 25.4%로, 2013년에는 27.4%까지 확대되었으나 2016년에는 17.7%로 대폭 축소되었다.

3) 재중 투자기업의 비정상적 철수

한국의 대중국 투자 역사에서 비정상적 철수라는 아픈 경험을 가지고 있다. 수교 이후부터 2000년대 초반까지 한국 중소기업의 중국에 대한 투자가 꾸준히 증가해왔다. 중소기업들은 중국의 외국인투자 우대정책(세제 및 토지 등)과 중국의 저임금 노동력을 활용하기 위한 가공무역형 투자가 대부분이었다.

　　2004년 이후 중국 내에서는 가공무역에 의한 무역흑자가 선진국과의 통상마찰을 야기하고, 가공무역 방식에 의한 무역구조가 중국산 브랜드의 육성을 저해하고 중국기업을 외국기업의 단순한 하청공장으로 전락시킨다는 인식에서 가공무역에 대한 규제를 강화하기 시작하였다. 또한 중국이 2005년 이후 외자기업의 이전가격에 대한 조사를 강화하고, 2007년 이후 선별적인 외국인투자 유치정책을 추진하였으며, 2008년에는 외자기업과 내자기업에 대한 소득세를 25%로 통일함과 동시에 외자기업에 대한 소득세 우대 조치를 취소함으로써 중소기업의 대중국 투자 위축을 가속화시켰다.

　　특히 글로벌 금융위기, 중국의 인건비 상승, 환경 규제 강화 등으로 중국 연해 지역에 진출한 피혁, 봉제, 의류, 완구, 액세서리 등 노동집약적 가공무역형의 한계기업들이 중국 내 청산 절차를 거치지 않고 철수하는 비정상적인 철수('야반도주')가 발생하면서 한중 간 외교문제로 비화되기도 하였다. 청도시 대외무역경제합작국이 발표한 자료에 따르면 2003-

2007년 기간 중 206개 한국기업이 무단으로 철수하였으며, 2007년 한 해 동안에만 87개 기업이 비정상적으로 철수한 것으로 나타났다.

이에 한중 양국은 한계기업의 정상적인 철수를 지원하기로 합의하였고, 한국정부가 2013년 12월 해외진출기업의 국내복귀 지원에 관한 법률(유턴기업지원법)을 제정하여 조세 및 보조금 지원 확대, 인력·입지·R&D분야 지원 및 해외청산 지원 등을 핵심으로 하는 유턴기업지원법 및 시행령을 제정하기도 하였다.

4) 한국 내 중국 리스크론 제기

최근 한중 무역이 급격히 둔화되는 가운데 경제 외적요인에 의해 경제협력이 영향을 받게 되면서 △ 한국 수출의 중국에 대한 과도한 의존 △ 중간재 중심의 구조 △ 가공무역 중심의 구조가 중장기적으로 한중 경제협력에 걸림돌로 작용할 것이라는 우려가 커지고 있다.

한국의 중국에 대한 수출의존도는 한중수교 이후부터 2014년까지 지속적으로 상승세를 유지한 이후 소폭 하락하는 추세를 유지하고 있다. 한국 수출의 중국에 대한 의존도는 1992년 3.5%에서 외환위기 발생 직전인 1997년에는 두 자릿수인 10.0%로 상승하였다. 이는 중국의 WTO 가입을 계기로 재상승하여 2003년에는 미국과 유럽을 제치고 1위 수출시장으로 부상하였으며, 2005년에는 20%를 넘어섰고, 2014년 26.1%로 최고점에 도달한 이후 25% 선을 유지하고 있다. 이처럼 중국에 대한 의존도가 급상승한 것은 중국이 세계 공장으로 자리 잡아가는 과정에서 가공용 중간재의 공급처 역할을 담당해왔고, 이에 더하여 중국에 대한 우리기업의 투자가 확대되면서 필연적인 결과였다고 할 수 있다.

가공무역을 위한 중간재 중심의 한국의 대중국 수출 구조로 인해 한중 무역이 세계 교역의 영향을 받고 있다. 한국의 대중국 수출에서 가공무역이 차지하는 비중이 2005년 57.7%에서 2016년에 44.9%로 낮아지기는 하였으나 중국의 평균 수준(25.0%)에 비해 여전히 높은 수준을 유지하고 있다. 이러한 한중교역 구조는 중간재 중심의 한중교역 구조가 지속되는 원인이 되고 있다. 한국의 대중국 수출에서 중간재가 차지하는 비중은 1990년대와 2000년대 초반의 80% 이상에서 최근에는 70% 중반 수준으로 낮아졌으나 중국이 내수 중심의 성장전략으로 전환했음에도 불구하고 여전히 높은 수준을 유지하고 있다.

중국시장에 대한 과도한 의존 현상은 한국 내에서 중국리스크론을 불러일으키고 있다. 최근에는 중국의 경제성장률이 둔화되는 가운데 대중국 수출이 급격히 둔화되면서 중국 의존적 수출구조에 대한 비판적 시각이 증대되고 있다. 특히 중국이 중간재의 국산화에 박차를 가하고 있고, 중국의 입장에서도 한국은 과거와 같은 협력의 파트너가 아니라 경쟁자라는 인식이 확산되고 있어 중국에 대한 의존도를 낮추어야 한다는 논의가 확대되고 있다.

4. 전망과 과제

향후 25년간 한중 경제협력은 △ 동아시아에서 중국 중심의 새로운 밸류 체인 형성 △ 중국을 중심으로 하는 지역경제 일체화 △ 세계적인 4차 산업혁명과 신무역 확대에 따른 새로운 분야의 협력 증대 가능성 △ 보호무역주의 확산에 따른 세계 교역 위축 가능성 △ 한중 FTA 등에 영향을 받게 될 것이다.

첫째, 중국 중심의 동아시아 밸류 체인이 형성되는 과정에서 한중 경제 협력은 양자 간 협력을 넘어서 다자 체제에서의 협력이 확대되어갈 것으로 전망된다. 현재는 미국 중심의 북미 밸류 체인과 독일 중심의 유럽 밸류 체인의 양대 글로벌 밸류 체인에 중국 등 동아시아 국가 중간재와 소비재를 공급하는 형식으로 참여하고 있다. 그러나 중국이 생산대국에서 소비대국으로 전환되어가면서 중국을 중심으로 하는 동아시아의 밸류 체인이 형성되어갈 것이다. 특히 역내포괄적경제동반자협정(RCEP)을 중심으로 하는 동아시아 지역의 경제통합이 이루어지고, 중국의 '일대일로' 이니셔티브가 본격적으로 추진되면서 동아시아 밸류 체인형성이 가속화될 것이다. 이러한 과정에서 역내 시장에서 한중 간 협력이 확대되어갈 것이다. 이에 대비하여 한중 양국은 두 나라의 핵심 정책 어젠다 분야에서 협력을 강화하여 인프라 건설, 물류, 자원개발, 신산업 분야의 협력을 확대해야 한다.

둘째, 4차 산업혁명의 시대에는 한중 간 협력이 보완적 협력관계에서 경쟁적 협력관계로 변화될 것으로 전망된다. 지금까지 한중의 분업은 전통 제조업에서 한국이 중간재를 제공하고, 중국이 이를 가공·조립하여 제3국에 수출하는 분업관계를 유지하여왔으나, 세계 교역의 둔화로 이러한 분업관계가 어려움에 직면하고 있다. 중국의 제조업 구조조정, 기초 소재의 자급도 제고, 인터넷 융합정책 등을 통해 제조업 전 분야에서 중국의 경쟁력이 강화될 것으로 예상되며, 신성장동력 산업에서는 많은 분야에서 중첩되고 있어 한중 양국의 경쟁적 구도 형성이 불가피해질 것이다. 특히 중국이 전통 산업의 해외진출을 통해 국내의 공급과잉을 해소하려 하면서 해외시장에서 한국과의 충돌도 불가피해지고 있다. 또한 중국은 기초 원료, 기초 부품, 기초 소재, 기초 가공기술 등 4대 공업기초 공정 강화 전략을 추진함으로써 2020년까지 핵심 기초부품, 기초소재의 자급률 대폭 제고한다는 전략을 추진하고 있다. 또한 중국 제조 2025의 10

대 산업의 23개 세부 프로젝트와 한국 신성장동력(3대 분야 17개 산업)의 많은 부분이 중첩되고 있어 신성장동력 산업에서 양국 간 경쟁도 불가피 해지고 있다. 따라서 향후 한중 양국은 중국 제조 2025, 4차 산업혁명 시대의 협력에 대비한 신산업에서의 공동의 기술 개발과 표준 제정 협력을 강화해갈 필요가 있다.

셋째, 향후 한중 간 무역과 투자 협력에서 한국이 대중 무역적자로 전환되고 한중 간 투자 불균형도 해소되어갈 것으로 전망된다. △ 중국의 중간재 수입대체 가속화에 따른 중간재 중심의 대중국 수출이 한계에 봉착하고, 핵심 부품 분야에서 현지 생산 체제가 구축되면서 한국의 대중국 수출이 이미 중저속 성장기에 진입하였다. 이에 따라 반도체, 디스플레이, 자동차 부품 등 전통적인 대중국 흑자 분야에서 중국의 경쟁력이 강화되고, 소비재 분야의 대한국 수출이 늘어나면서 한중 무역 불균형이 점차 축소될 것으로 전망된다. 특히 한국이 신에너지, 환경, 바이오, 스마트 제조 및 로봇 등 신산업과 신소재 분야에서 중국에 대한 핵심 부품과 중간재 공급능력을 확충하지 못할 경우 한중 교역에서 무역 적자로 전환될 가능성도 배제할 수 없다. △ 한국의 핵심 부품과 소재 분야에서 중국에 대한 투자가 완료되면서 한국 대중국 투자는 이미 성숙기에 진입하였다. 중국을 가공무역기지로 활용하기 위해 진출한 한국기업의 중국 사업에 대한 구조조정도 이루어질 것으로 전망된다. 그러나 중국의 대한국 투자가 확대되면서 투자 불균형의 해소 또는 중국의 대한국 투자의 역전 현상이 나타날 것으로 예상된다. 특히 향후 한중 간 투자 협력은 상호 연계성 강화에 따라 이전의 그린필드형 투자에서 M&A형 투자로 투자 형태가 변화되고, 신산업과 서비스 분야의 상호 투자가 확대될 것으로 전망된다.

넷째, 한중 교역과 투자가 성숙 단계에 진입하고 있고, 한중 관계가 과거에 비해 경쟁적 관계로 변화하고 있으며, 글로벌 경제 환경도 급변하면서 양국 간 경제협력이 새로운 국면에 진입하게 될 것이다. 경제 외적요인에 의한 영향을 최소화할 수 있는 구조를 정착시킴으로써 한중 무역과 투자의 안정적이고도 지속가능한 발전 전략을 수립하는 것이 매우 중요하다. 먼저 △ 중국 중심의 동아시아 밸류 체인의 형성 과정에서 양국의 협력 강화 △ 4차 산업혁명 시대를 대비한 신산업에서의 협력 강화를 통한 새로운 분업체계 구축 △ 양국 국가 정책 어젠다 간 협력 강화 △ 양자 간 협력에서 제3국에서의 공동 협력 강화 등 미래지향적인 협력을 강화해나가야 한다. 아울러 한중 FTA를 핵심으로 하는 정책 및 제도적 협력 메커니즘 구축 등을 위해 노력해야 한다. △ 한중 FTA 발효에도 불구하고 무역에서 한중 FTA 활용률이 낮은 수준에 머물러 있다. 한중 FTA의 후속 협상(서비스 및 투자 협상의 조속 개시 및 타결), 한중 산업단지의 협력의 추진, 한중 양국의 산업과 무역구조의 변화를 반영한 상품 분야의 추가적인 개방을 위한 협상이 필요하다. △ 향후 양국의 국가 전략 연계 협력, 통상 현안 논의, 한반도와 동북아 경제협력 등을 종합적으로 다루기 위한 대화 채널(한중 전략경제대화)을 구축할 필요가 있다.

| 참고문헌 |

양평섭 외, 『한국의 대중국 교역 특성과 한중 FTA에 대한 시사점』, 대외경제정책연구원,
    2007.
양평섭, "무역특화지수로 본 중국의 산업발전단계 변화와 시사점", 「KIEP 오늘의 세계경
    제」, Vol. 16 No. 19. 대외경제정책연구원, 2016.
이봉걸, "한중수교 20주년 대중국 수출의 성과와 과제", 「Trade Focus」, 한국무역협회 국
    제무역연구원, 2012.
이희옥·먼홍화 편저, 『동북아 정세와 한중 관계』, 성균관대학교 출판부, 2016.
이희옥 외, 『한중 FTA와 동아시아 지역주의』, 풀빛, 2009.
이희옥·차재복, 『한중관계 어디까지 왔나(1992-2012) 성과와 전망』, 동북아역사재단,
    2012.
최필수 외, "한중 경제관계 20년: 회고와 향후 과제", 「KIEP 오늘의 세계경제」, Vol. 12
    No. 16, 대외경제정책연구원, 2012.
포스코경영연구소, "한중 수교 20주년 회고와 전망", 「친디아저널」 2012년 5월호.
현대경제연구원, 「한중수교 24주년 의미와 과제-중국 서비스 시장 공략이 필요하다!」,
    2016.

제5장

경제협력

지만수(한국금융연구원)

1. 개관

1992년 수교 이후 양국 정부는 다양한 정부 간 경제협력사업을 통해 민간의 무역과 투자를 뒷받침해왔다. 무엇보다 1992년 양국 수교 자체가 양국의 경제협력의 문을 연 역사적 결정이었다. 이후 25년간 양국 정부는 무역, 투자, 해운, 항공, 어업 등 다양한 분야에서 민간의 경제협력을 제도적으로 뒷받침하기 위한 노력을 전개해왔다. 특히 2014년 5월 발효된 한중일 투자보호협정, 2014년 7월 합의된 원-위안 직거래 체제, 2015년 12월 발효된 한중 FTA 등을 통해 수교 25년을 맞이하는 2017년 8월 한국과 중국 사이에는 무역, 투자, 금융 면에서 한국이 맺고 있는 어떤 양자관계보다도 밀접한 경제협력 플랫폼이 구축되어 있다.

수교 이후 양국의 민간의 무역과 투자가 비약적으로 성장할 수 있었던 가장 중요한 이유는 글로벌 분업구조 안에서 양국이 선발 개도국과 후발 개도국 사이의 이상적인 보완관계를 오랫동안 안정적으로 형성하였기 때문이다. 이에 양국 정부가 자국의 경제성장과 산업육성을 위해 실시한 다양한 정책들은 상호 충돌하지 않고 오히려 양국 경제협력을 촉진하는 상승작용을 만들어냈다.

특히 한중수교가 이루어진 1992년은 양국 모두에게 중요한 해였다. 중국은 1989년 천안문 사태의 상처를 딛고 덩샤오핑의 '남순강화(南巡講話)'와 '사회주의 시장경제' 선언을 통해 1992년부터 개혁개방정책을 더욱 가속화하기 시작하였다. 특히 이 시기부터 광둥, 상하이, 산둥 등 동부 연해지역에 대규모 수출산업단지를 육성하기 시작하였다. 한국에서도 1980년대 말부터 제조업 임금이 빠르게 상승하면서 1990년대 들어서면서부터 노동집약적 수출산업의 해외이전을 적극적으로 모색하기 시작하였다. 특히 1992년 4월 한국은 국내기업의 국제화를 촉진하기 위해 해외투자 승인절차를 대폭 완화하고, 지금까지 규제에 치중했던 해외투자 관리제도에서 벗어나 기업의 해외투자를 촉진하는 방향으로 정책방향을 전환하였다. 즉 중국이 글로벌 경제의 새로운 생산기지로 부상할 수 있는 제도적 출발점을 마련하고, 한국이 기업들이 해외로 나가 글로벌 가치사슬을 적극적으로 이용할 수 있도록 허용한 해가 바로 한중수교가 이루어진 1992년이었다.

한중수교 직후, 1990년대에 양국 정부는 이러한 양국 시장의 경제적 요청을 빠르게 경제적 성과로 전환시키기 위해 신속하게 정부 간 경제협력사업을 추진했다. 수교 초기에 무역협정, 투자보장협정 등을 통해 오랜 기간 단절되어 있던 양국 경제교류를 정상화할 제도적 기반을 구축하였다. 또 각 분야별로 양자 간 정책협의 및 소통채널을 만들어 민간의 경제협력을 지원하였다.

2000년대 들어 양국은 그동안의 협력 성과를 바탕으로 한층 더 안정적인 경제협력 구조를 만들기 위해 다양한 협력 논의를 전개하였다. 동시에 양국 차원을 넘어 동아시아 역내 경제통합이라는 새로운 협력 공간을 만들어내기 시작했다. 1990년대 말 외환위기를 경험한 한국은 동남아시아연합(ASEAN) 각국 및 한중일 사이의 역내 경제협력 논의를 적극적으로 시작하였다. 특히 외환위기 직후 한국이 제안한 동아시아 비전그룹(EAVG)은 이후 ASEAN 10개국과 한중일을 포함하는 경제협력 구조가 형성되는 출발점이 되었다. 중국 또한 2001년 12월 WTO에 가입에 성공함으로써 글로벌 경제체제 내의 시민권을 획득한 이후, 동아시아 경제협력에 적극적으로 참여하기 시작하였다. 중국은 ASEAN과 FTA를 체결하고 한국에게도 양자 FTA를 제안하는 등 역내 경제협력 구조를 만드는 데 적극적으로 나섰다. 이 속에서 한국과 중국 사이의 경제협력 공간도 양자협력에서 동아시아 지역협력으로 확대되었다.

2008년 미국발 금융위기와 2010년 유럽 재정위기가 발발하면서 2010년대 한중 간 경제협력의 공간은 글로벌 차원으로 확대되었다. 즉 글로벌 금융위기의 극복과 세계경제의 회복을 위기 당사자인 선진국과 경제적 발언권이 커진 신흥국들이 함께 논의하는 자리인 G20 체제가 출범하였다. 여기서 한국은 선진국과 신흥국 사이의 가교국가로서, 중국은 신흥국을 대표하는 경제대국으로서 상호 협력하였다.

또한 양자관계에서도 10년 이상 논의된 한중 FTA가 2015년에 결실을 맺었고 투자보장협정도 한층 강화되었다. 글로벌 금융위기 이후 중국이 전개한 위안화 국제화 노력에 호응하여 2014년에는 한국과 중국이 원-위안 직거래 체제 구축에 합의하였다. 이로써 한국은 중국 금융시장에 폭넓게 접근할 수 있는 통로를 확보했다. 양국 간 통화스와프 규모도 확대되었다. 수교 25년을 맞는 시점에서 한중 양국 정부는 무역, 투자, 금융 등 전 방면에서 높은 수준의 협력채널을 구축하여 민간의 경제협력을 뒷받침하고 있다.

그렇지만 2012년을 전후하여 양국 경제협력의 바탕이 되었던 동북아 국제분업구조에 변화가 나타나기 시작했다. 우선 중국은 2010년부터 중국의 성장전략의 중점을 수출과 투자에서 내수소비로 전환하는 이른바 '성장전략 전환'을 실시하였다. 중국의 산업고도화가 진행되면서 특히 중화학 및 전기전자 산업에서 기존의 보완적 분업관계가 약화되고 한국은 중국기업들과 원자재 및 부품 시장을 놓고 경쟁해야 하는 상황에 직면하였다. G2로 성장한 중국은 한국기업들이 해외수출을 위해 활용하는 중간 생산기지가 아니라, 적극적으로 개척해야 하는 최종시장이 되기 시작했다. 지난 25년간 보완적 분업관계를 기초로 구축되었던 정부 간 경제협력의 구조와 제도들 역시 새로운 경제상황에 맞게 변모해야 하는 과제에 직면했다. 동시에 2016년 발생한 사드분쟁과 같은 복잡한 국제정치적 변수들이 양국의 경제협력에 영향을 미치기 시작했다.

2. 역사

정부 간 경제협력의 변화를 시기적으로 나누어 보면 1992년 수교 이후 중국이 WTO에 가입하는 2001년까지는 기본적으로 수십 년 동안 단절되었던 양국의 경제협력의 제도적 기반을 새롭게 구축함으로써 급증하는 양자 간 무역과 투자를 뒷받침했던 협력체제 구축의 시기였다.

2001년 이후 글로벌 금융위기(2008-2011년) 시기까지는 한편으로는 양국 간 경제협력 구조를 공고화하면서 장기적인 경제협력의 비전을 제시하기 위한 노력이 전개되었다. 동시에 동북아 경제통합 등 새롭게 등장한 경제협력 영역에서도 정부 간 경제협력이 활발하게 추진되었다. 즉 정부 간 경제협력의 체계화 및 협력 영역의 확대기였다.

글로벌 금융위기 이후 양국의 경제협력은 한편으로는 글로벌 경제위기에 대한 공동 대응으로까지 정부 간 경제협력의 공간이 확대되었고, 다른 한편으로는 한중 FTA 타결, 한중일 투자협정, 원-위안 직거래 체제 도입 등 제도적 협력구조가 구축됨으로써 무역·투자·금융을 포괄하는 경제협력 플랫폼의 완성단계에 접어들었다.

1) 경제협력 체제 구축(1990년대)

수교 당시 양국 정부가 당면한 일차적인 과제는 수십 년 동안 단절되었던 양국 간의 무역과 투자를 제도적으로 뒷받침할 수 있는 구조를 시급히 구축하는 것이었다. 더욱이 1992년 개혁개방의 가속화를 선언한 중국은 외국기업의 투자 유치가 절실한 상황이었고, 한국은 새로운 수출시장과 생산기지가 절실한 상황이었다. 즉 수교 당시 이미 양국 시장에는 한중 경제협력을 활용할 수 있는 에너지가 축적되어 있었다. 비록 수교 이전에도 민간기업들의 중국 방문이 빈번했고 홍콩을 경유하는 형태로 소규모 교역과 투자가 이루어졌으나, 무역과 투자가 본격적으로 확대되려면 민간의 경제활동에 대한 충분한 제도적 보장이 양국 정부에 의해 이루어져야 했다.

이러한 상황에서 정부 간 경제협력은 이미 1992년 8월 수교에 앞서 진행되었다. 1991년 1월 한국은 주베이징 무역대표부를 개설하였다. 또한 제1차 한중 경제회담이 1991년 8월 26-28일에 베이징에서 개최되어 시급한 무역 및 투자보장협정 체결을 논의하였다. 시장의 기대를 반영한 경제협력 논의는 빠른 결실을 맺었다. 즉 양국은 해가 바뀌기 전인 1991년 12월에 2차 경제회담을 속개하고 양국 간 무역협정에 가서명한 후 1992년 2월 1일 동 협정을 발효하였다. 한중 경제회담에서 논의된 투자보장협정은 1992년 5월에 서명되어 12월부터 발효되었다. 수교 이전부터 양국은 사전적인 경제협력 논의를 통해 수교의 정지작업을 한 셈이다.

수교 직후에는 더욱 다양한 협력 및 논의 채널이 만들어졌다. 오랜 외교관계 단절로 인해 산적한 양국 간의 경제현안을 처리하기 위하여 우선 기존의 경제회담을 경제무역 및 기술협력 공동위원회 체제로 발전시켜 더욱 긴밀한 논의를 시작하였다. 동 공동위원회는 '한중 경제공동위원회'로 전환되어 2016년(21차)까지 지속되면서 정부 간 경제협력의 상위 창구 역할을 수행하고 있다. 또한 1992년 중 한중 어업회담, 항공회담, 해운회담, 조세협의, 특허권 협의, 통신실무, 통상장관회담 등 부문별 논의채널을 구축하였으며, 이러한 논의는 1990년대 내내 다양한 분야별 공동협정이 체결됨으로써 결실을 맺었다.

이러한 경제협력 체제의 제도화를 바탕으로 한중수교 이후 10년 간 양국 민간의 무역과 투자가 급증하였다. 1991년 44억 달러에 불과하던 양국 간 교역은 2001년에는 315억 달러로 7배나 늘어났다. 한국의 중국에 대한 수출은 같은 기간 10억 달러에서 182억 달러로 18배나 증가하여 중국은 2001년에 이미 미국에 이어 한국의 2대 수출시장이 되었다. 1991년까지 누계기준 1억 달러에도 미치지 못하던(6,500만 달러) 한국기업의 대중투자 역시 2002년 상반기에는 58억 달러로 90배나 늘어났다. 투자기업의 이윤을 현지에서 재투자하는 것 등까지 포함하는 중국 측의 통계로는 한국기업의 대중투자 누계가 2001년 125억 달러에 달했다. 이기간 중 노동집약적 산업에 종사하는 많은 한국의 중소기업들이 산둥, 랴오닝, 지린 등 한국에 인접한 중국의 동부 연해지역으로 생산기지를 옮겼다. 이들은 한국의 원자재나 부품을 수입하여 중국의 저렴한 노동력과 토지를 활용하여 제품을 생산한 다음, 이를 다시 세계시장에 수출하였다.

한편 이 기간 중 한국은 1997-1998년 외환위기를 경험하였다. 당시 중국은 한국을 포함한 동아시아 각국의 환율이 대폭 절하되었음에도 불구하고 위안·달러화 환율을 8.3위안 선에서 안정적으로 유지함으로써 결과적으로 한국이 외환위기의 충격을 완화하는 데 도움을 주었다.

그렇지만 양국의 교역에 증가함에 따라 무역분쟁도 발생하기 시작하였다. 한국 무역당국은 1993년 2월 중국산 정제인산에 대한 반덤핑 관세 부과를 시작으로 중국산 저가 제품의 수입을 규제하기 시작하였다.

중국 무역당국도 1997년 11월 한국, 미국, 캐나다산 신문용지에 대한 반덤핑 조사를 시작으로 한국산 제품에 대한 반덤핑 조사를 다수 제기하기 시작하였다. 특히 1999년 한국이 중국산 냉동마늘과 초산마늘에 대해 고율의 관세를 부과하는 '긴급수입제한(safe guard)' 조치를 취하자 중국이 한국산 폴리에틸렌과 휴대전화의 통관을 두 달간 불허하는 매우 강격한 보복조치를 취함으로써 수교 이후 최대의 무역분쟁이 발생하였다. 즉 1990년대를 거치면서 양국 간 경제협력의 기반이 제도화되고 실제로 무역과 투자가 급증하였으나, 경제교류의 양적 확대에 따라 발생하는 마찰을 관리하면서 안정적인 미래 경제협력 구조를 구축하는 과제도 등장하였다.

2) 협력의 체계화와 역내 경제협력(2000년대)

양국은 1990년대 말부터 안정적인 한중 경제협력의 구조를 정착시키기 위해 새로운 협력분야를 발굴하고 기존 협력구조를 체계화하기 위해 노력하기 시작하였다. 또 경제협력의 바람직한 미래 비전을 제시하기 위한 노력도 전개되었다. 이는 기본적으로 양국 경제협력을 더욱 성장시키려는 양국 정부 공동의 노력이었지만, 동시에 양국 교역에서 한국이 지속적으로 막대한 무역수지 흑자를 기록하는 불균형적 구조가 장기화되는 데 따른 중국의 우려를 불식하기 위한 노력이기도 했다.

우선 양국은 전통 제조업 내의 무역과 투자 협력을 뛰어넘어, 새로운 산업협력 영역을 개척하기 위해 노력하였다. 이는 주로 양국 정상회담에서 양국이 특정 분야의 산업협력 의지를 표명하는 방식으로 진행되었다. 1998년 통신(CDMA), 은행·보험업, 완성차 생산, 고속철도, 원전 등 5개 분야 협력 추진에 양국 정부가 합의한 것은 그 출발점이었다(김대중-장쩌민). 이는 2003년 미래 첨단기술(IT, BT, NT), 전력, 자원, 환경, 유통, 베이징 올림픽 및 중국 서부개발 등을 포함하는 10대 협력사업 추진으로 확대되었다(노무현-후진타오). 2008년에는 여기에 추가로 철강, 조선, 농업, 물류 등 분야에서도 구체적 협력사업을 발굴하기로 합의했다(이명박-후진타오). 그러나 정상회담에서의 선언적인 경제협력사업 제안이 실제 시장에서의 경제적 성과로 이어졌다고 보기는 어렵다. 실제로 이 기간중 자동차, 통신, 유통, 금융, 조선 등 분야에서 한국기업들의 중국 진출이 진행되었다.

한편 양국 경제협력의 안정적인 관리를 위한 공동의 청사진을 마련하려는 노력도 전개되었다. 2003년 노무현-후진타오 정상회담에서는 '양국 간 경제·통상 협력의 방향을 연구하기 위한 공동팀'을 구성하기로 합의하였다. 이후 양국의 정부 각 부처가 참여하는 작업과정을 거쳐 2005년 정상회담에 '한중 경제·통상협력 비전 보고서'를 제출하였다. 동 보고서는 양국의 정부 교체 주기에 맞추어 2016년까지 지속적으로 업데이트되었다. 이와는 별도로 2008년 정상회담에서는 양국 간의 이른바 '전략적 동반자관계' 수립에 즈음하여 '한중 전문가공동연구위원회'를 출범시키고 동 위원회의 작업을 거쳐 "미래 공동발전을 향한 한중 전략적 협력동반자관계"라는 제하에 정치, 경제, 사회, 문화를 포함한 각 분야 협력의 장기적 비전을 담은 보고서를 2009년과 2012년 두 차례 양국 정상에게 보고하였다.

한편 1990년대에 구축된 양국 간 경제협력 체계를 변화된 상황에 맞게 재구축하는 작업도 시작되었다. 먼저 한국은 중국에 투자한 한국기업에 대한 보호를 강화하기 위해 1992년 체결된 양국 투자보장협정의 개정을 2003년부터 요구하여 2005년부터 협상을 시작하였고 2007년 12월 개정, 발효하였다. 이를 통해 투자자-국가 소송, 지적재산권 보호, 투자자에 대한 이행의무 부과 금지 등 한국기업에 대한 보호가 강화되었다. 또한 중국은 2001년 WTO 가입 당시 2016년까지 시장경제지위 부여를 유예하겠다고 합의하였으나, 2004년부터 한국에게 양자 협의를 통해 중국의 시장경제지위를 양자관계에서는 우선 인정해주도록 여러 차례 요청하였다. 한국은 2005년 11월 이를 인정하였다. 당시 중국의 시장경제지위를 개별적으로 인정해준 국가의 수가 많지 않은 상황에서 한국은 중국의 주요 교역국이자 주요 산업국 중에서는 처음으로 중국의 시장경제지위를 인정함으로써 중국에게 큰 선물을 주었다. 중국의 시장경제지위를 인정함으로써 한국은 중국 상품에 대한 반덤핑 판정 시 중국 내에서 해당 상품의 시장가격을 반덤핑 판정 및 반덤핑 관세율 산정의 기준가격으로 인정하게 되었다.

한편 중국은 2000년대 들어 한중 FTA 협상의 필요성을 제기하였고, 양국은 2004년 9월 ASEAN+3 정상회담에서 한중 FTA의 타당성에 대한 민간 차원의 공동연구를 실시하기로 합의하였다. 공식 협상의 전 단계라고 볼 수 있는 산관학 공동연구가 시작된 것은 2007년 말이었다. 이 과정에서 중국은 2005년 원자바오 총리가 한중 FTA 협상의 조속한 개시를 제안하는 등 시종 적극적인 태도를 보였으며 2005년 한국이 중국의 시장경제지위를 인정한 시기를 전후하여 중국이 농산물 개방 요구 수위를 낮추겠다는 의사를 표명함으로써 양국 통상장관 사이에서는 협상의 공감대가 잠시 형성되기도 하였다. 그러나 결과적으로 한국은 중국산 농산물 및 저가 공산품 유입가능성에 대한 우려 때문에 한중 FTA에 대해서는 "신중하게 검토"한다는 입장을 상당 기간 유지했다. 한국은 이 기간 중 미국 및 EU 등 선진 경제권과의 FTA 협상을 우선적으로 진행하였다. 한중 FTA 협상이 정식으로 시작된 것은 2012년 5월에 이르러서였다.

한편 한국과 중국은 1993년 유럽연합(EU) 출범, 1994년 북미자유무역협정(NAFTA) 발효, 1990년대 말 동아시아 외환위기, 2002년 유로(euro)존 출범 등에 자극받아 동아시아 지역에서 활발하게 진행된 역내 경제협력 논의에도 활발하게 참여하였다. 1998년 한국은 동아시아비전 그룹(EAVG) 설립을 제안하면서 동아시아 역내 경제협력의 물꼬를 텄다. 이후 동아시아 지역에서는 외환위기에 대한 공동 대응을 목적으로 하는 치앙마이 이니셔티브(CMI), ASEAN 10개국과 한중일 협력을 정례화하는 ASEAN+3 정상회담, 아시아 및 대양주 16개국이 참여하는 역내포괄적경제동반자협정(RCEP) 등 논의가 활발하게 진행되었고, 한국과 중국은 이러한 논의에 적극적으로 참여하였다.

3) 글로벌 협력과 양자 간 협력구조의 제도적 완성(2012년 이후)

글로벌 금융위기는 한중 경제협력 차원을 다시 한 번 확대시켰다. 2008년 미국발 금융위기와 2010년 유럽 재정위기 등 선진국발 경제위기에 직면하여 국제사회는 선진국과 신흥국을 망라하는 협의체계인 G20을 창설하였다. 이 G20 체제 안에서 한국과 중국은 처음으로 세계경제질서 내에서 규칙을 제정(rule setting)하는 위치로 진입하게 되었다. 동시에 이 새로운 다자간 논의구조는 한중 양국 정부 간 경제협력이 실현되는 새로운 공간이기도 했다. 즉 1990년대의 양자 간 협력, 2000년대의 동아시아 역내 협력을 거쳐, G20 구조 안에서 양국 정부는 글로벌 이슈를 높고 공동의 협력을 모색하게 된 것이다.

양국은 공통적으로 G20 체제를 긍정적으로 평가하고 G20 체제의 위상을 유지하고 강화하는 데 관심을 가졌다. 한국은 초기부터 선진국과 신흥국의 가교국가(bridge) 역할을 자임하였고, 중국은 세계 2위 경제 규모의 국가로서 신흥국 그룹을 대표하는 역할을 했다. 한국은 2010년 서울에서, 중국은 2016년 항저우에서 G20 정상회담을 개최국하기도 했다. 양국은 G20 내에서 신흥국의 발언권을 확대한다는 이해관계를 함께하면서 국제통화기금(IMF)이나 세계은행(WBG)에서 양국을 포함한 신흥국의 지분과 발언권을 확대하는 데 성공하였다. 또 G20 내에서 한국과 중국은 독일과 함께 대표적인 수출형 제조업국으로서, 보호주의를 반대하고 안정적인 국제거시환경을 유지하기 위한 노력에도 서로 협력하였다.

한편 양국은 글로벌 금융위기 이후 한동안 중단되었던 양국 간 FTA 논의를 다시 시작하여 2012년 5월 공식협상을 시작하였다. 동 협상은 2015년 타결되고 같은 해 12월 20일 공식 발효되었다. 이로써 한중 양국은 통상협력의 제도적 수준을 한 단계 높였다. 그러나 동 FTA는 "높은 수준의 포괄적인 협정을 일괄타결"하겠다는 당초의 목표를 달성하였다고는 보기 어렵다. 즉 관세양허 면에서 20% 이상의 품목을 민감 혹은 초민감 품목으로 지정하여 최장 20년에 걸쳐 점진적으로 관세를 인하키로 함으로써 통상 90% 이상의 품목에 대해 10년 안에 관세철폐를 달성한다는 이른바 '높은 수준'의 FTA라고 말하기 어렵고, 투자 및 서비스 협상을 부분적으로 타결하고 후속협상에서 다시 논의키로 함으로써 '포괄적인 일괄타결'을 하였다고 보기도 어렵다. 2016년 현재 한국 입장에서 중국이 한국의 가장 큰 수출시장이고, 중국 입장에서는 한국이 가장 큰 수입대상국인 상황에서 양국 산업계에서 급속한 개방확대에 따른 충격을 우려하는 목소리가 컸기 때문이다.

또한 한중일 투자보장협정(BIT)이 2012년 타결되고 2014년 5월 17일 발효됨으로써 2007년 개정되었던 한중 간의 투자보장협정이 한 차례 더 개정되었다. 특히 여기서는 내국민대우의 예외조치를 국가 안보 및 국가 경제의 건전한 발전을 위한 경우로 엄격히 제한하고 지재권 보호, 투명성 보장 등 관련 조항을 강화함으로써 상대국에 진출한 기업의 투자

환경을 더욱 개선한 것으로 평가되고 있다.

　　한편 금융 및 통화 분야에서도 정부 간 경제협력의 성과가 있었다. 2014년부터 양국은 통화 직거래 체제를 구축하였고, 2015년에는 중국이 주도한 아시아인프라투자은행(AIIB)에 한국이 창립회원국으로 참여하였다. 중국은 2012년 이후 중국 위안화 국제화를 위한 장기적인 노력의 일환으로 각국과 위안화 직거래 체제를 구축하고 있었다. 이는 무역과 투자에서 위안화를 거래 및 결제 통화로 사용할 수 있도록 제도를 구축하는 작업이다. 한국은 2014년 7월 양국 정상회담에서 중국와 원-위안 직거래 시스템을 구축하기로 합의하였다. 이후 2014년 11월 6일 중국 교통은행 서울지점이 위안화 유동성을 한국에 공급하는 위안화 청산은행 서비스를 시작하였다. 한국은행도 2014년 11월 3일 12개 국내외 은행을 원-위안 직거래 시장의 시장조성자로 지정하고 12월부터 국내 은행 간 외환시장에서 원-위안 직거래를 시작하였다. 동시에 중국은 한국이 보유한 역외의 위안화를 중국 내의 금융상품에 투자할 수 있는 RQFII(위안화 적격 외국인 기관투자자)를 부여받은 한국 금융사에 대해 800억 위안 규모의 쿼터를 배정하기로 하였다. 또 한국도 2016년 6월 상하이에서 원화 직거래 시장을 개설함으로써 사상 처음으로 해외에서 원화 거래를 시작하였다.

　　한편 한국은 2015년 3월 중국이 추진하고 있던 아시아인프라투자은행(AIIB)에도 참여하기로 결정하였다. 한국과 중국이 새로운 국제기구의 설립에서도 긴밀하게 협력한 것이다. 한국은 아시아인프라투자은행의 지분 중 3.81%를 출자함으로써 5위의 출자국이 되었다. 이는 향후 아시아·아프리카의 인프라 투자에서 양국이 협력할 수 있는 토대가 될 전망이다.

3. 쟁점

지난 25년간 세계경제에서 차지하는 중국의 경제적 위상은 크게 높아졌다. 아직 개도국 단계인 중국이 오랜 선진국인 미국의 뒤를 이어 세계 2위의 경제규모에 도달함으로써 이른바 G2시대가 열린 것이다. 특히 기존의 글로벌 경제질서를 주도해온 선진국에 대해 신흥국인 중국이 자신의 목소리를 높이기 시작하면서 글로벌 경제에서는 새로운 대립구도가 만들어지고 있다.

예를 들어 중국은 경제규모가 주는 자신감을 바탕으로 '중국특색의 사회주의'적 성격을 더 강화하겠다고 하고 있으나, 선진국들은 세계 2위의 거대 내수시장을 좀 더 개방적이고 공정하고 투명하게 운영하라고 요구하고 있다. 선진국들은 중국이 자본시장을 조속히 개방하고 환율도 시장에 맡기라고 요구하고 있으나, 중국은 자본시장 개방을 당분간 유예하고 환율에 대한 통제도 계속하겠다는 입장이다. 또 중국은 이른바 '일대일로(belt and road)'라는 독자적인 지역경제 협력 비전을 제시하면서, 아시아·아프리카 개도국 경제를 중국이 주도하는 국제경제 구상 속으로 통합하겠다는 야심도 드러내고 있다.

이러한 상황에서 한국정부는 이제 양자 경제협력의 파트너로서 대중 경제협력을 넘어, G2시대의 대립구조 속에서 중국이 추구하는 경제전략에 대해 한국의 입장을 결정하고 이를 표명해야 하는 과제에 직면하고 있다.

1) '중국특색'의 보호주의

시진핑 정부는 취임 초기부터 '중국특색 사회주의'를 제도화하겠다는 장기 비전을 제시한 바 있다. 이는 이른바 글로벌 스탠더드를 수용하는 데 있어 중국공산당 지도부의 입장이 크게 바뀌었다는 의미이다. 개혁개방이 본격화된 이후 중국 지도부의 글로벌 스탠더드에 대한 태도는 기본적으로 이를 수용할 필요성은 인정하지만, 중국의 현실에 맞추어 그 수용 속도는 조절할 수 있다는 것이었다. 그런데 중국은 앞으로 최소한 중국 국내시장에서는 글로벌 스탠더드에 따른 경제 시스템이 아니라 '중국특색'의 경제 시스템을 만들겠다고 선언한 것이다.

특히 여기에는 과거 사회주의 체제의 유산인 중국의 국유기업 체제를 장기간 유지하고 이를 강화하겠다는 구상이 포함되어 있다. 실제로 2013년 시진핑 정부는 국유기업의 활력을 강화하고 국유기업의 산업에 대한 통제력과 경제 전반에 대한 영향력을 강화하겠다고 선언하였다. 현재 중국에서는 전력, 통신, 교통 등 인프라뿐 아니라, 광산, 철강, 화학, 기계산업 등과 같은 상당수의 자본집약적 중화학 산업을 사실상 대형 국유기업들이 장악하고 있다. 비록 수출산업에서 국유기업의 역할은 크지 않지만 중국 내수시장에서는 강력한 시장지배력을 행사하고 있다. 동시에 이들은 정부의 경제정책과 긴밀하게 협조하면서 국유은행이 공급하는 자금을 집중적으로 활용하고 있고 국유토지 등 다양한 국유자산을 활용하는 데 있어서도 민간기업이나 외국기업보다 우월한 조건을 갖추고 있다.

문제는 이미 세계 2위 경제규모의 중국 국내시장은 단순히 중국의 내수시장이 아니라, 글로벌 시장의 중요한 구성부분이라는 데 있다. 글로벌 금융위기 이후 선진국의 경제성장 속도가 둔화되면서, 중국의 시장성장은 최근 수년간 전 세계 시장성장의 30% 정도를 차지하고 있다. 이 중국시장에 대한 '공정한' 시장접근(market access)은 전 세계 모든 기업들의 중요한 관심사이다. 그런데 이 '중국특색의 사회주의'는 중국의 국내시장에서 글로벌 스탠더드가 확장되는 것이 아니라, 외국기업들이 적응하기 어려운 특수한 시장구조를 만드는 효과가 있다. 무엇보다 정부의 직간접적 지원을 받는 국유기업들이 이 시장을 지배하는 구조가 만들어질 수 있다. 이는 결과적으로 중국 내수시장에 진출하고자 하는 외국기업들의 잠재적 이익을 침해하는 일종의 보호주의적 장벽으로 작용하게 된다. 즉 중국시장을 외국기업들이 들어가기 어려운 '기울어진 운동장(unlevel playing field)'으로 만든다는 것이다.

이처럼 중국경제가 양적으로 성장하고 그 위상이 높아짐에 따라, 이제 중국의 국내적 성장전략은 국내적인 문제가 아니라 국제적인 통상환경을 구성하는 중요한 변수가 되었다. 이미 미국 등 선진국들은 중국의 내수시장에서의 경쟁질서나 국유기업 문제를 중요한 통상이슈로서 논의하고 규율해야 한다는 입장이다.

과거 한국과 중국은 수출지향형 제조업국이자 동북아 제조업 분업구조의 파트너로서 자유무역을 확대하고 보호주의를 반대하는 데 있어 공통의 이해관계와 입장을 갖고 있었다. 이를 기반으로 WTO나 G20 등 다자간 논의에서도 양국 정부가 긴밀하게 공조할 수 있었다. 그렇지만 중국은 세계경제에 대해서는 자유무역을 옹호하는 입장을 견지하고 있으면서도, 중국 국내시장에 대해서는 중국특색 사회주의라는 이름으로 새로운 형태의 보호주의를 실시하려 하고 있다. 이러한 움직임을 한국이 어떻게 해석하고 어떠한 방식으로 대응할 것인가는 미래 한중 경제협력에 있어 중요한 분기점이 될 것이다.

2) 위안화 환율

중국의 환율문제가 갖는 의미도 달라지고 있다. 2000년대 중반 이후 중국이 막대한 무역수지 흑자를 기록하기 시작하면서, 선진국들은 위안화의 지속적인 평가절상을 요구하여왔다. 중국은 2005년 이후 점진적으로 달러화에 대한 위안화 환율을 절상함으로써 이러한 요구를 수용해왔다. 그런데 2015년 8월 11일 중국은 이른바 '복수통화 바스켓을 참고한 변동환율제도'를 도입하기로 결정하였다. 즉 달러, 유로, 엔화 등 주요 통화로 구성된 통화 바스켓의 환율 변화를 향후 위안화 환율 변화의 기준으로 삼아 환율 수준을 관리하겠다는 것이다. 또 환율정책의 목표가 과거에 달러에 대한 명목환율을 안정적으로 관리하는 것이었다면, 앞으로는 바스켓 환율로 표현되는 실효환율을 안정시키는 것을 환율운용의 목표로 삼겠다는 방침도 발표했다.

그렇지만 새 제도를 도입한 2015년 하반기 이후 위안·달러 환율은 10년 이상 지속되었던 절상기조에서 벗어나 2017년까지 2년 이상 장기적인 상승(절하)국면이 나타났다. 중국이 도입한 새로운 환율제는 위안화 환율을 국제통화시장의 주요 통화가치변동에 연동되도록 만들겠다는 것인데, 같은 기간 달러화가 상대적인 강세를 보임에 따라 위안화 명목환율의 상승(약세)이 나타난 것이다.

이 때문에 2017년 트럼프 행정부 출범 이후 미국은 중국의 환율정책이 수출증대를 위한 수단으로 불공정하게 사용되고 있다고 거듭 우려를 표하면서 중국을 환율조작국으로 지정할 수 있다고 경고하였다. 또한 세계 최대의 무역흑자국인 중국이 복수통화 바스켓 제도를 운영하는 것이 과연 합리적인 것이냐는 의구심도 불러일으키고 있다. 바스켓 환율제도는 원래 대외무역에서의 가격경쟁력을 결정하는 환율인 실효환율을 안정시키는 효과를 갖고 있다. 그렇지만 막대한 무역흑자를 기록하고 있는 중국이 현 수준에서 실효환율을 안정시키면 이는 현재의 무역수지 흑자구조를 그대로 유지하는 결과를 초래할 수 있다. 즉 중국이 장기적으로 무역수지 균형을 달성하기 위해서는 실효환율의 안정을 추구할 것이 아니라, 실효환율의 강세를 허용하는 환율제도가 필요하다는 것이다.

한국은 그동안 선진국의 위안화 평가절상 압력에 동참하지 않아 왔다. 한국과 중국이 동북아 제조업 분업구조로 묶여 있는 상황이기 때문에, 위안화 약세 덕분에 중국의 수출이 증가하면, 한국은 그만큼 더 많은 중간재를 중국에 수출할 수 있었기 때문이다. 그렇지만 중국시장의 성장으로 인해 한국기업들에게 중국 내수시장 개척의 중요성이 커지고 있고, 중국의 산업고도화로 인해 점점 더 많은 품목에서 한국제품이 중국제품과 국제시장에서 경쟁하고 있다. 위안화의 약세는 중국 및 수출 시장에서 중국제품과 경쟁하는 한국제품의 가격경쟁력을 떨어뜨린다. 국제사회의 위안화 절상압력에 한국이 동참해야 할 것인가를 판단할 시점이 다가오고 있다.

3) 지역협력과 '일대일로'

일대일로는 중국 시진핑 정부가 추진하고 있는 야심적인 국제경제전략이다. 육상 및 해상을 통해 유럽과 연결되는 아시아 및 아프리카 지역에서 인프라 투자 및 산업협력을 실시하여 중국 및 해당 지역 개도국의 경제성장을 촉진한다는 구상이다. 유럽과 중국을 연결하는 화물철도 등 물류·교통망 확충은 동 구상이 제시하고 있는 가장 상징적인 사업이다.

중국이 추진하는 일대일로 사업에는 여러 가지 정치 경제적 배경이 있다. 이를 중국이 우월적 영향력을 행사할 수 있는 일종의 경제적 세력권을 구축하려는 의도라고 해석할 수도 있다. 실제로 미국이나 일본은 중국이 주도한 아시아인프라투자은행(AIIB)에 참여하지 않음으로써 자신의 우려를 표현하였다.

그렇지만 일대일로 사업의 가장 근본적인 경제적 배경은 중국의 산업고도화와 임금상승이다. 즉 중국의 일인당 소득이 1만 달러에 육박하면서 중국 내 미숙련 노동자의 임금도 빠르게 상승했다. 그 결과 그동안 중국을 생산기지로 삼았던 많은 노동집약적 제조업들이 더 이상 중국에서 생산을 지속하기 어려워졌다. 이들은 중국보다 임금이 싼 동남아, 아프리카, 중앙아시아 개도국으로 생산기지를 옮기고 있다. 그런 의미에서 일대일로 구상이란 결국 중국정부가 주도하는 인프라 투자를 통해 아시아와 아프리카 지역의 전력·통신·물류 등 병목을 해소함으로써, 해외로 나가야 하는 압력을 받고 있는 중국기업들을 위한 새로운 생산기지를 조성하자는 것이다. 일단 저렴하고 풍부한 노동력을 가진 지역에 생산기지가 조성되면 이제 중국기업들은 그 지역을 새로운 생산기지로 활용할 수 있을 뿐 아니라, 중국의 산업은 새로운 생산기지가 필요로 하는 중간재와 자본재를 공급할 수 있다. 그동안 산업고도화를 통해 중국의 산업도 중간재와 자본재를 공급할 수 있는 능력을 갖추었기 때문이다. 마치 1990년대부터 2000년대까지 한국, 일본, 대만이 중국의 동부 연해 지역의 생산기지에 중간재와 자본재를 공급하는 가치사슬의 상위 파트너로서 중국과 협력하였던 것처럼, 앞으로 형성되는 포스트 차이나(post China) 생산기지에서는 중국의 기업과 산업이 상위 파트너 역할을 할 수 있도록 만들겠다는 구상인 셈이다.

한국정부는 중국이 일대일로 구상과 함께 제안한 아시아인프라투자은행(AIIB)에 출범 회원국으로 참여하였다. 중국의 일대일로 구상이 만들어낼 수 있는 아시아 및 아프리카 개도국 인프라 건설시장 등 새로운 경제적 기회를 활용하기 위해서도 노력하고 있다. 그렇지만 앞으로 일대일로 사업을 통해 건설될 동남아나 아프리카 지역의 새로운 생산기지에서 한국의 기업과 중국의 기업은 중간재를 공급하는 가치사슬의 상위 파트너 자리를 놓고 필연적으로 서로 경쟁해야 한다. 일대일로 지역에 대한 중국의 영향력이 커질수록 그 경쟁은 우리 기업들에게 버거워질 것이다. 또한 중국이 일대일로라는 독자적인 지역구상을 실현하는 데 매진함으로써, 동아시아 지역에서 한국과 중국이 함께 추진했던 (아태)역내포괄적경제동반자협력(RCEP) 등 경제통합 논의들은 추진동력을 잃을 수 있다. 그런 의미에서 중국의 일대일로 구상은 우리에게는 위협과 기회가 공존하는 공간이다. 이 공간에서 정부 간 경제협력의 새로운 구조를 만들어내는 것 또한 우리의 과제이다.

4. 평가와 과제

한중 양국은 수교 이후 빠르게 성장한 양자 간 무역과 투자 등 실물경제 협력을 다양한 형태의 정부 간 협력사업을 통해 뒷받침해왔다. 이제 양국은 2014년에 발효된 한중일 투자보장협정, 2015년 발효된 한중 FTA, 2014년 구축된 양국 간 통화의 직거래 체제 등을 통해 한국이 맺고 있던 어떤 양자관계보다도 긴밀한 제도적 경제협력의 틀을 구축하였다. 또 G20 체제 내에서의 공조, AIIB 참여와 같이 다자간 협력 구조 안에서도 양국이 밀접하게 협력하고 있다.

하지만 동시에 한국은 중국의 경제적 부상을 글로벌 경제구조가 수용하는 과정에서 나타난 새로운 이슈들에 직면하고 있다. 즉 중국의 글로벌 스탠더드 수용이나 위안화 환율 문제, 그리고 일대일로 구상 등에 대해 어떤 입장을 취해야 할 것인가라는 새로운 종류의 과제에 직면하게 되었다. 더구나 2016년 발생한 사드문제를 둘러싼 정치적 갈등이 중국이 경제적 보복으로 연결되면서 정부 간 경제협력은 이제 정치·외교·군사·국민감정 문제를 포함하는 광범한 문제와 연결되고 있다. 즉 미래 양국의 정부 간 경제협력은 양자협력을 넘어 글로벌 이슈까지, 경제협력을 넘어 정치적 이슈까지 고려해야 한다.

양국이 형성하는 분업구조도 보완적 관계에서 경쟁적 관계로 변모할 가능성이 크다. 시장에서 경쟁이 격화되면 정부 간 경제협력의 방향도 달라진다. 정부가 기업들에게 공정한 경쟁환경을 제공하고 경쟁과정에서 나타나는 갈등을 관리하는 것이 점점 더 중요해진다. 특히 사드문제와 같은 정치적 갈등은 그 갈등의 이유가 사라지면 정치적 측면에서는 관계가 회복될 수 있지만, 정치적 리스크에 대한 기업들의 우려는 그 정치적 갈등이 해소된 다음에도 오랫동안 지속된다는 점에 유의할 필요가 있다.

서울사회경제연구소,『한국 경제의 새로운 지향과 개혁 과제』, 한울아카데미, 2015.

이근·박규호 외 경제추격연구소,『2017 한국경제 대전망』, 21세기북스, 2016.

이수훈 외,『동북아시대의 중국』, 아르케, 2005.

이장규 외,『중국경제의 구조변화와 한국경제에 대한 시사점』, 대외경제정책연구원, 2016.

이희옥·차재복 외,『1992-2012 한중관계 어디까지 왔나: 성과와 전망』, 동북아역사재단, 2012.

이희옥·한바오장 편저,『한중관계의 재구성: 과거를 넘어 미래로』, 성균관대학교, 2015.

전성흥·이종화 편,『중국의 부상: 동아시아 및 한중관계에의 함의』, 오름, 2008.

지만수, "G2 시대, 중국 경제를 보는 관점을 바꿀 때", 주간 금융경제 동향 2016-1, 우리금융경영연구소, 2016.

지만수,『대중수출 둔화의 구조적 원인과 대응전략: 수입대체와 생산기지 이전 효과』, 한국금융연구원, 2017.

한국고등교육재단,『중국, 새로운 패러다임: 18인 석학에게 묻다』, 한울아카데미, 2015.

제6장

대중문화

임대근(한국외국어대학교)

1. 개관

한중수교 이후 두 나라 사이의 대중문화 교류는 부침을 거듭해왔다. 25년 동안 한중 대중문화 교류는 크게 세 시기로 나눠볼 수 있다. 첫 번째 시기는 1992년부터 2002년까지 약 10년간이다. 이 시기는 대체로 상호 탐색기라고 할 수 있는 바, 양국 정부가 주도적으로 대중문화 교류를 위한 기초를 닦는 데 주력했다. 또한 한중 대중문화 교류의 가장 핵심적인 키워드라 할 수 있는 '한류' 현상도 이 시기에 씨앗을 뿌리기 시작했다. 두 번째 시기는 2002년 이후부터 2016년 상반기까지 약 15년간이다. 이 시기에는 '한류'라는 이름으로 한국 대중문화의 중국 진출이 활발하게 이뤄졌고, 중국 대중문화의 한국 진출도 적잖은 사례를 축적했다. 그러나 이 시기에는 한중 두 나라 간 다양한 문화갈등도 시작됐다. 특히 2002년은 양국 문화갈등의 시작을 알리는 '동북공정' 사태가 벌어진 해로서 수교 이후 양국 문화교류의 첫 번째 변곡점을 형성한 시점이었다. 세 번째 시기는 2016년 하반기부터 시작됐다. 2016년 7월 한국정부의 사드배치 발표 이후 고조된 양국관계의 갈등이 대중문화 영역에 가장 큰 영향을 미치게 되었다. 이 시점을 수교 이후 한중 대중문화 교류의 두 번째 변곡점이라고 볼 수 있다.

이와 같은 역사적 경험을 횡단면으로 절단하여 살펴보면, 대체로 네 가지 층위에서 접근할 수 있다. 즉 공공 층위의 문화외교, 산업 층위의 문화교역, 공공과 민간이 합작한 층위로서 문화전파, 민간 층위의 문화

갈등이 그것이다. 이는 다시 제도, 이념, 관습, 정서의 층위와 맞물리면서 양국 문화의 상호작용을 설명할 수 있다. 앞서 시기를 구분한 데 따르면, 대체로 첫 번째 시기, 즉 수교 이후 첫 10년 동안은 문화외교가 양국 문화교류의 기틀을 닦았다고 할 수 있다. 두 번째 시기에는 문화외교가 안정적이고 지속적으로 작동함과 동시에, 양국이 상호 간에 문화전파의 확대를 위해 노력했고, 그 결과 문화교역이 활발하게 수행됐다. 이 시기에는 문화갈등도 빈번하게 발생했다. 세 번째 시기는 수교 25주년을 즈음하여 시작됐으나, 전례 없던 양국 갈등이 대중문화 교류에 직접적이고 막대한 영향을 미치게 되었다. 이러한 상황은 향후 양국 대중문화 교류의 방향을 어떻게 설정해야 할지에 대한 새로운 질문을 제시했다.

　　수교 25주년을 맞은 한중 간 대중문화 교류는 어느 분야나 마찬가지로 양적 측면에서는 폭발적으로 증가했다. 그러나 질적 측면에서는 몇 가지 문제점을 내포하고 있다. 첫째, 교류의 방향이 여전히 한국의 대중문화가 주로 중국에 소개되는 양상을 보이고 있다. 이는 물론 '한류'라는 이름으로 이뤄지는 대중문화 교류를 의미한다. 이런 현상이 "왜 문제가 되는가"라고 반문할 수도 있으나, 특정 분야의 교류가 불균형 현상을 지속할 경우에는 상대방 내부에서 저항 논리가 가능할 수 있게 된다. 중국 내에서 '반한류' 혹은 '항한류(抗韓流)'에 대한 문제들이 분출되는 점만 보아도 그렇다. 그러나 양국 간 대중문화 교류가 기계적 균형을 맞춰야 하는 것이 문제의 해결책은 아니다. 따라서 문화'교류'라는 대의에 걸맞은 상호작용이 다양한 방식으로 수행될 필요가 있다. 둘째, 사드배치 사례에서 볼 수 있는 바와 같이 대중문화 교류가 예기치 않은 갈등 요인에 의해 심각한 영향을 받을 수 있다. 사드문제가 이러한 사례를 형성하는 최고조의 갈등을 보여주기는 했지만, 2002년 이후 양국 사이에는 갈등 사례가 거의 일상화되어 있다는 점도 주목해야 한다. 따라서 이러한 갈등 요인을 어떻게 합리적으로 해결해나가면서 향후 양국 대중문화 교류의 향방을 모색할 것인가 하는 점이 우리에게 주어진 주요한 과제이다.

2. 역사

1) 제도기반 구축

한중수교 직후부터 현재까지 문화외교가 계속되고 있다. 특히 공공 층위의 문화외교는 한중수교 이후 약 10년간 양국 문화교류의 제도적 기반을 닦았다. 제2차 세계대전과 뒤이은 남북분단, 한국전쟁 등 근현대사의 격랑을 겪으면서 40여 년간 이른바 '역사적 단절' 이후 재개된 한중관계는 상호 탐색의 시기가 필요했고, 그 과정에서 문화의 상호작용을 추동하기 위한 제도적 장치가 우선적인 과제로 자리 잡았다.

수교 이후 양국은 1994년 「문화협력에 관한 협정」을 체결하고 "교육, 학술, 문화, 예술, 언론, 라디오, 영화, 텔레비전, 출판, 청소년 및 체육 분야 교류와 협력 증진"에 합의했다. 또한 상호 학제의 승인을 통해 교육 및 학술 교류 활성화는 물론 "호혜 원칙으로 문화 예술을 소개하기 위한 여건을 조성"하며 "상대국의 역사적·지리적 사실을 존중"한다는 데에도 합의했다.

이 협정에 따라 양국은 1994년부터 2011년까지 '한중문화공동위원회'를 구성하여 격년에 한 번씩 교차 방문회의를 개최함으로써, 구체적으로 협정을 실천하기 위해 노력했다. 그 결과 다양한 문화예술 교류, 청소년 교류 사업 등을 수행해왔다. '한중문화공동위원회'는 2013년 이후 '한중 인문교류 공동위원회'로 개편되었다. 이는 '인문교류', '인문유대'

등의 개념으로 양국 문화교류의 위치를 재설정한 데 따른 것이다. 새롭게 개편된 위원회는 매년 1회 교차 방문회의를 개최하여 인문학계 간 소통 강화, 청소년 등 미래 세대 간 교류 활성화, 양국 국민 간 문화적 공감대 확산, 지방 차원으로 인문교류를 확대했다는 등의 평가를 받았다. 특히 2015년 한국 제주와 중국 하이난(海南), 2016년에는 충청남도와 구이저우성이 인문교류 테마 도시로 선정되기도 했다.

　　공공적 층위에서 추진된 문화외교는 제도 수립이라는 층위에서 역할을 수행했다. 이는 양국 간 문화교류를 위한 제도적 기틀을 마련했다는 의미를 갖는다. 또한 공공 부문의 교류를 촉진함으로써 민간 교류를 견인하기도 했다. 단순한 문화 교류를 넘어 최근 '인문' 개념의 가치와 방향을 설정했다는 점도 한중 문화교류의 큰 의미라 할 수 있다. 그러나 톱-다운(top-down) 방식으로 수행된 이러한 문화외교는 양국 문화교류를 선도했다는 긍정적 의의와 함께 공공 층위의 성격상 교류의 '안정성'을 지나치게 강조했다는 한계를 가지고 있다.

2) 문화전파 경쟁

2000년대 이후부터는 공공의 지지를 등에 업고 민간이 주도해온 문화전파가 한국과 중국이 앞서거니 뒤서거니 하며 본격적으로 시작되었다. 이때 문화전파란 문화인류학자들이 20세기 초반에 구축한 것으로 특정한 문화가 동일한 발원지에서 시작하여 주변으로 퍼져나갔다는 가설로서 문화전파주의와는 다른 맥락이다. 이들은 결과적으로 서로 다른 지역에 속하는 많은 문화 현상들이 동일한 발원을 갖고 있다고 주장했으나, 여기서 말하는 문화전파란 어떤 사상이나 이론으로서의 '주의'라고 할 수 없다. 또한 한국과 중국 사이의 문화전파는 모두 특정한 목적 지향적 행위라고 볼 수 있다.

한국의 문화전파는 주로 한류를 계기로 시작됐다. 1990년대 중반 이후 본격화된 한류는 중국과 동남아시아를 중심으로 한국의 대중문화콘텐츠 시대를 열었다. 한류는 한국의 독자문화, 즉 국적문화(national culture)로서 한국문화는 아니었다. 한류는 한국의 전통문화와 중국문화, 일제강점기 이후 유입된 일본문화, 미군정기 이후 유입된 미국문화, 1950년대 이후 유입된 홍콩문화가 결합하면서 생겨난 현상이었다. 한류가 세계적으로 수용된 까닭도 다양한 배경을 가진 혼종적 문화로 보편적으로 수용할 수 있는 가능성이 높아졌기 때문이다.

한류의 중국 전파는 영화와 TV 드라마가 선도했고 K-Pop이 보조를 맞추었다. 그러나 한국영화의 진출이 제도권 내에서 활발하게 이뤄진 것은 아니었다. 한중수교 이후 한국영화의 중국 진출은 중국정부의 심사제도와 수입 쿼터로 인해 공식적인 수출의 통로를 확보하지는 못했다. 일부 수출된 영화도 주로 매단제(買斷制) 방식을 통해 이뤄졌다. 그러나 중국인에게 큰 영향을 끼친 한국영화들은 불법으로 유통된 복제품을 통해 전해졌다. 수많은 영화들이 불법 제작되어 중국 전역에 유통되었으며, 역설적으로 중국의 '관객'은 이러한 '상품'을 통해 한국영화를 접하는 계기를 마련할 수 있었다. 2000년대 중반 이후 중국 당국의 엄격한 관리가 시작되면서 이러한 현상은 서서히 자취를 감추었고, 한국영화도 제도적 경로를 통한 진출이 필요했으나, 중국 내부의 장애로 인해 이러한 진출은 어려운 상황이었다. 물론 〈디 워〉(2008), 〈과속스캔들〉(2009), 〈7급 공무원〉(2010), 〈7광구〉(2011), 〈도둑들〉(2013), 〈명량〉(2014), 〈감시자들〉(2014), 〈암살〉(2015) 등이 중국 내에서 개봉한 바 있고 이들은 최소 1-5천만 위안 안팎의 박스오피스를 기록하기도 했다.

그러나 한국이 단독으로 제작한 영화들보다 중국시장에서 더욱 환영받았던 유통 방식은 한중합작 모델이었다. 천만 영화가 나오면서 한국 국내시장이 포화 상태에 이르렀다고 판단된 상황에서 새로운 시장이 필요했다. 그 주요 목표는 바로 중국이었다. 자국 영화의 발전을 위해서는 창의적인 기획과 제작, 기술이 필요했던 중국 영화산업에게 한국은 이를 도와줄 수 있는 유력한 파트너였다. 이로 인해 한중 사이에 합작, 즉 공동제작 영화가 크게 활성화되기 시작했다. 특히 2000년대 후반부터 시작된 한중 공동제작은 〈집결호〉(2008: 7,207만 위안), 〈소피의 연애매뉴얼〉(2009: 9,194만 위안), 〈위험한 관계〉(2012: 6,271만 위안), 〈이별계약〉(2013: 19,285만 위안), 〈미스터 고〉(2013: 11,282만 위안), 〈신 엽기적인 그녀〉(2016: 3,419만 위안), 〈바운티 헌터스〉(2016: 21,346만 위안) 등의 대표적인 성과를 낼 수 있었다. 한중 공동제작 영화 중에는 한국에서 먼저 제작돼 한국시장에서 확인받은 영화가 리메이크되는 사례도 나타났다. 대표적으로는 〈블라인드〉(2011)를 리메이크한 〈나는 증인이다〉(2015: 21,527만 위안), 〈수상한 그녀〉를 리메이크한 〈20세여 다시 한 번〉(2015: 36,612만) 등을 사례로 들 수 있다. 이 영화들은 중국영화 박스오피스에서 역대 순위를 기록하지는 않았지만, 한중 합작영화로서는 나름대로 선전함으로써 향후 공동제작의 이정표를 제시했다.

이런 순조로운 분위기는 2016년 여름 한국의 사드배치 발표 이후 급변했다. 한중 간 공동제작을 기획했던 많은 영화들이 프로젝트를 취소했다. 기획 단계에 있었던 프로젝트들은 소리 소문 없이 중단됐고, 촬영 중에 있거나 후반 작업을 하던 영화들은 크레딧에서 한국 스태프의 이름을 삭제하는 방식도 추진되었다. 이런 와중에 〈파이널 레시피〉(2016: 242만 위안), 〈메이킹 패밀리〉(2016: 677만 위안) 등이 어렵게 개봉하기는 했으나 중국시장의 반응은 차가웠고, 박스오피스 기록은 이전에 미치지 못했다.

한국 TV 드라마는 영화와 달리 완성품이 수출되는 방식으로 중국에 전파됐다. 수교 초기만 해도 TV 드라마는 중국 방송을 통해 송출됐다. 1990년대 말부터 2000년대 초반까지 〈사랑이 뭐길래〉, 〈별은 내 가슴에〉, 〈이브의 모든 것〉, 〈러브하우스〉, 〈가을동화〉, 〈겨울연가〉, 〈내 이름은 김삼순〉, 〈궁〉 등이 중국 시청자들에게 사랑받았다. 특히 〈대장금〉(2005)의 인기는 중국 내에서 한국 TV 드라마를 확실하게 각인한 역사적 사건이었다. 그러나 한국 대중문화의 영향력을 견제해야 할 필요가 있었던 중국 당국은 황금시간대 방영 금지, 지상파 방영 금지 등의 조치를 잇달아 내놓았다. 2000년대 중반 이후부터는 이러한 제한 요인과 더불어 인터넷 환경의 발달로 인해 인터넷 웹사이트 송출이라는 형식으로 중국 시청자를 만나게 됐다. 유쿠투더우(優酷土豆), 아이치이(愛奇藝), 텅쉰(騰訊), 러스(樂視) 등 동영상 웹사이트에서 한국 TV 드라마는 가장 인기 있는 영상물 가운데 한 장르로 자리 잡았다. 특히 2013년 말부터 2014년 초까지 〈별에서 온 그대〉는 중국 전역에서 열풍적인 인기를 누렸고, 2016년 〈태양의 후예〉 또한 숱한 화제를 불러 모으며 인기를 끌었다. 〈별에서 온 그대〉는 비록 전체 판권 양도 방식으로 판매됐지만, 한국과 동시 방영을 통해 화제를 선점해나갔다. 이후 〈태양의 후예〉 역시 한국과 동시 방영을 위해 심사통과를 위한 사전 제작에 힘을 기울임으로써 이를 성사시켰다. 이와 같은 TV 드라마의 중국 내 방영 또한 2016년 사드배치 발표 이후에는 급감하기 시작했다. 이는 전반적으로 양국 협력 모델이 새로운 계기를 통해 한 단계 더 높은 단계로 도약하려는 시점에서 큰 악재로 작용했다.

중국문화의 한국 전파는 이보다 다소 뒤늦게 시작되었다. 물론 역사적 기원으로만 보면 중국문화는 전통적으로 한국 사회에 지대한 영향을 미쳤고, 근대 시작과 더불어서 화교의 유입에 따른 다양한 문화 전파가 있었던 것도 사실이다. 예컨대 한국인이 가장 좋아하는 음식 가운데 하나인 짜장면의 한국화는 대표적인 중국문화의 한국화 사례라고 할 수 있다. 중국 음식점은 '청요리', '중국집', '차이니즈 레스토랑' 등의 명명으로 진화하면서 오늘날까지도 한국 대중에게 환영받고 있다. 한중수교 이후에도 한국의 중국문화 수용은 중국어 학습 열풍 등으로 나타났다. 한국은 세계에서 한어수평고시(HSK) 응시 인구 비율이 가장 높은 나라다. 이것은 한국인의 중국과 중국문화에 대한 모종의 지향성을 보여주는 사례임이 분명하다. 그럼에도 불구하고 중국 대중문화콘텐츠가 한국에서 대중적으로 확산되는 분위기가 큰 것은 아니다. 중국은 개혁개방 이후 1990년대 초중반에 걸쳐 이른바 '나가자'(走出去) 전략을 확립했다. 당초에는 경제 개방에 초점이 맞춰진 전략이었으나, 이제는 문화 부문에서도 중요한 원칙 가운데 하나가 되었다. 이러한 맥락에 따라 중국문화의 해외 진출은 중요한 국책사업이 됐다.

한중수교 이후 중국영화는 꾸준히 한국에 수입됐다. 그중에서도 특히 〈붉은 가마〉(1993), 〈패왕별희〉(1993), 〈귀주 이야기〉(1994), 〈인생〉(1995), 〈책상 서랍 속의 동화〉(1999) 등 이른바 5세대 감독들의 영화가 크게 주목받았다. 이 영화들은 한국 내 마니아를 형성할 정도로 중국 전통문화 속에 숨겨진 비의를 그려냈다는 평가를 받았다. 2000년대 이후부터는 이른바 중국식 블록버스터, 즉 '다피엔'(大片)이 수입되기 시작했다. 〈영웅〉(2003), 〈연인〉(2004), 〈야연〉(2006), 〈황후화〉(2007), 〈집결호〉(2008), 〈적벽대전: 거대한 전쟁의 시작〉(2008), 〈삼국지: 용의 부활〉(2008), 〈명장〉(2008), 〈적벽대전: 최후의 결전〉(2009), 〈대지진〉(2010) 등이었다. 이들은 나름대로 무협과 액션에 경도돼 있는 한국 관객이 선호하는 요소들을 갖춘 영화였기에 한국시장에서의 반응이 그다지 나쁘지는 않았다. 그러나 동시에 한국 관객에게 중국영화의 고정된 특성을 강화하는 역할을 하기도 했다. 따라서 중국영화는 천편일률적이라는 인상을 깊게 심어주면서 2010년대 이후 중국영화가 한국시장에서 힘을 잃게 하는 중요한 요인이 됐다. 2000년대 전후에는 진지한 리얼리즘의 시선으로 동시대적 중국의 모습을 그린 6세대 감독의 영화도 적잖이 소개됐다. 〈햇빛 쏟아지던 날들〉(1994), 〈소무〉(1997), 〈북경녀석들〉(1999) 등을 필두로 〈수쥬〉(2000), 〈북경 자전거〉(2001), 〈세계〉(2006), 〈투야의 결혼〉(2007), 〈여름궁전〉(2007), 〈스틸라이프〉(2007), 〈24시티〉(2009) 등을 예로 들 수 있다. 이 영화들은 주로 한국 내 국제영화제들에서 상영되어 마니아들의 인기를 끌어모은 뒤, 극장 개봉 수순을 밟았는데, 의미 있는 작품들이 적지 않았지만 대중적인 성공을 거두지는 못했다. 2010년대 들어서면서는 위의 두 장르, 즉 중국식 '다피엔'과 리얼리즘 영화들이 모두 사라져버리면서 중국영화만의 독특한 자리를 잃어버린 채, 한국 내 중국영화의 관객성을 구성하지 못하는 상황으로 전락하고 말았다.

2000년대 중반 이후 중국 TV 드라마는 한국 내에서 매우 많은 방영 횟수를 기록하고 있다. 특히 케이블방송인 중화TV, CHING TV, 아시아TV 등을 중심으로 전폭적으로 소개됐다. 〈꽃보다 남자〉(2006), 〈댜오만 공주〉(2007), 〈사조영웅전〉(2008), 〈포청천〉(2009), 〈미인심계〉(2010), 〈공자〉(2011), 〈경세황비〉(2012), 〈신서유기〉(2012), 〈보보경심〉(2011), 〈랑야방: 권력의 기록〉(2015), 〈용문비갑〉(2015), 〈삼국지〉(2015) 등이 대표적인 사례이다. 세 채널을 통해 방영된 TV 드라마는 적어도 150편에 이른다.

이와 같은 상황을 보면 한국에서의 중국영화나 TV 드라마 또한 양적으로는 적지 않게 상영됐음을 알 수 있다. 즉 양적으로는 오히려 한국영화, TV 드라마의 중국 진출보다 훨씬 더 뛰어나다고 할 수도 있다. 그러나 한국 내 중국영화 혹은 TV 드라마에 대한 수용 정도가 질적으로는 아직 일정한 단계를 형성하지 못하고 있다. 중국이라는 국가 이미지에 더해 중국 대중문화는 일부 마니아들의 선호를 넘어서서 대중적이고 보편적인 수용 상황을 형성해내지 못하고 있는 것이다.

한류의 성공은 그동안 중화권 세계에서 사대(事大)라는 문화적 질
서 속에 위치해 있었고, 일본 제국주의의 피식민국가로서 문화적 모멸감
을 겪었던 아시아의 변방국과 그 인민에게 크나큰 정서적 자부심을 가져
다주었다. 한국은 문화를 통해 세계의 중심 국가로 부상할 수 있으며, 한
류를 통해 "세계를 제패했다"는 신념을 형성하게 되었다. 이러한 민족적
열등감에 대한 보상심리는 심지어 전 세계에 퍼져 있는 한류에 대한 착
시 현상까지 유도함으로써 과장되게 현상을 설명하는 일까지 나타나기
도 했다. 이러한 과정은 한국 정책 당국과 민간의 문화산업계가 공모함으
로써 현실화되었다. 한편, 중국문화의 대외 진출 전략은 오늘날 G2 국가
로서의 세계적 국가 지위와도 긴밀히 연관돼 있다. 중국은 미국과 더불
어 세계 강대국 반열에 올라섬으로써 경제, 과학, 군사 등 거의 모든 분야
에서 미국을 앞지르거나 육박해 있는 상황이다. 그러나 유일하게 대중문
화 영역만이 미국에 비해 한참 뒤져 있음을 인정하지 않을 수 없다. 중국
은 반만년 문화 민족이지만, 전통문화의 현대화·대중화 과정이 순탄하지
않았던 것이 사실이다. 이러한 상황에서 중국은 자국 문화의 해외 진출
을 통해 문화적 자존감과 국가적 자긍심을 회복하는 것이 중요한 과제가
됐다. 이렇게 볼 때, 한국이나 중국 모두 자국 문화의 해외 진출은 국가적
욕망의 발현이라고 아니할 수 없다.

3) 문화갈등

한중수교 이후 양국은 약 10년간 상호 탐색의 시기를 보냈다. 그러나 '동
북공정' 논란 이후 양국 간 문화갈등이 심심치 않게 계속됐다. 한국의 강
릉 단오제 유네스코 '인류 구전 및 무형유산 걸작' 등재 관련 갈등(2005),

창춘(長春) 동계 아시안게임 시상식장에서 한국팀 여자 쇼트트랙 선수들의 "백두산은 우리 땅" 퍼포먼스(2007), 공자의 한국인설(2008), 베이징올림픽 성화 봉송 중 서울시내 폭력 사태(2008), 한국 SBS의 베이징올림픽 개막식 리허설 사전 보도(2008), 첨단 정보기기 한글 자판 국제표준화 논란(2010), '아리랑'의 중국 국가무형문화유산 등재(2011) 등의 문제가 상호 갈등 의제가 되었다.

양국 갈등이 빈발한 배경으로 상호 탐색기를 거쳐서 2000년대 초반부터 상호 이질성을 확인하기 시작했다고 볼 수 있다. 나아가 이 시기를 전후하여 급속하게 보급된 인터넷으로 인해 양국 모두 이른바 '네티즌'이 여론 주도층으로 성장했기 때문이기도 하다. 네티즌은 양국 모두 특정 사안에 대해 익명의 가면 뒤에 숨어서 실제보다 더욱 과격한 방식으로 토론을 주도하고 상대방에 대한 정서적 비난을 일삼기도 했다. 이를 통해 결국 이성적이고 합리적인 태도보다 민족 감정에 호소하는 정서적 접근이 양국 갈등을 악화시킨 측면도 없지 않다.

2016년 1월에도 양국 문화갈등과 관련한 두 가지 사례가 연이어 발생했다. 하나는 대만 출신 아이돌 가수가 한국에서의 방송을 준비하는 과정에서 '청천백일기'를 흔들었다는 사실로 인해 중국 네티즌이 격분한 것이다. 이 사건은 민간과 언론이 제공한 측면이 있고, 한국과 대륙 중국, 대만 사이의 삼각 갈등이 펼쳐지면서 이전에는 찾아보기 어려운 갈등 모델을 형성했다. 곧바로 뒤이어 한국방송(KBS)의 TV 드라마 〈무림학교〉에서 인민폐를 소각하는 장면이 방영되면서 한국과 중국의 네티즌 사이에 갈등이 발생하기도 했다. 앞의 사건은 쯔위의 소속사인 JYP의 사장 겸 가수인 박진영이 공개 사과하면서 한중 간 갈등은 약화되고, 양안 간 갈등으로 전화됐다. 인민폐 소각 방영 건 역시 그다지 큰 문제로 비화하지 않고 잠잠해졌다. 이러한 상황은 이미 한중 간 10여 년에 걸친 갈등의 경험이 학습 효과로 작용했던 것으로 판단된다. 다시 말하면, 한국과 중국의 인민은 그동안 갈등의 학습을 통해서 상호 이해의 지평을 조금씩 넓혀왔던 것이다. 따라서 향후 한중 간 갈등은 여전히 민족적·정서적 불씨는 남아 있으나 오히려 국가적 차원과 민간 차원의 문제가 분리될 가능성이 크고, 그 해결의 과정도 더욱 성숙해질 것으로 판단된다.

3. 이슈와 쟁점

한국 대중문화의 중국 진출과 관련해서 가장 인상적인 것으로 두 가지 사례가 있다. 〈별에서 온 그대〉와 〈태양의 후예〉는 최근 중국에서 가장 인기를 끌었던 TV 드라마다.

〈별에서 온 그대〉는 SBS가 2013년 12월부터 2014년 2월까지 11주에 걸쳐 총 21부작으로 방영한 드라마로 중국 웹사이트에서 방영되면서 폭발적인 인기를 구가했다. 첫째, 이 드라마가 최근 몇 년간 중국 내에서 큰 인기를 얻었던 이른바 '시공초월극'(穿越劇)이라는 장르를 표방하고 있다. 역사적 시공간과 현재를 넘나들며 이야기가 펼쳐지는 드라마 장르인 '시공초월극'은 2000년대 초반부터 중국 대중의 사랑을 받아왔다. 이는 환상적인 이야기가 현실과 결합하는 스토리텔링을 선호하는 기호를 반영한 것으로 보인다. 〈별에서 온 그대〉는 이런 장르적 특성을 잘 반영함으로써 중국 대중에게 선택될 수 있었던 것이다. 둘째, 중국 문화콘텐츠는 당국의 문화산업 진흥 계획, 시장의 필요 등에 따라 노력을 경주하고는 있지만, 전반적으로 아직은 보편적 수용이 가능한 수준에 오르지는 못했다고 평가할 수 있다. 이는 자국 문화콘텐츠의 '해외진출'(海外傳播) 전략을 수행 중인 중국 당국에 조바심을 자극하는 상황을 연출하고 있다. 이런 상황에서 중국 대중문화콘텐츠는 일종의 패러다임의 전환을 요구받고 있다고 할 수 있다. 패러다임의 전환 과정에서 필요한 것은 결국 새로운 방향을 제시해줄 '모델 콘텐츠'이다. 그러나 모델이 될 만한 콘텐츠 가운데 일본의 경우는 역사적 갈등 등의 이유 때문에, 미국의 경우역시 국가적 자존심과 문화적 이질감 등의 문제 때문에 쉽게 수용하기어려운 측면이 있다. 그러나 한국의 콘텐츠는 상대적으로 문화적 동질성과 유대감을 보여주는 장점을 가지고 있다. 물론 우리가 유념해야 할 점은 한국의 콘텐츠가 중국의 궁극적 목표는 아니라는 사실이다. 중국은 그수준을 넘어서서 세계, 특히 미국을 '점령'하기까지 한국 콘텐츠를 철저하게 징검다리로 활용할 것이다.(〈별에서 온 그대〉에 관한 서술은 「성균차이나브리프」 31호에 실린 임대근의 글 일부를 요약했다.)

　　〈태양의 후예〉는 2016년 2월 말부터 4월 중순까지 'KBS 창립 43주년 특별기획드라마'라는 타이틀로 16부작으로 편성, 방송됐다. 이 드라마는 영상콘텐츠 전문 웹사이트인 아이치이(愛奇藝)에서 한국과 동시 방영됐다. 6회차가 방영된 2016년 3월 10일에는 3억 클릭 뷰를 기록했고, 8회차 방영 직후인 3월 20일 전후로는 10억 클릭 뷰를 돌파했다. 16회방영이 끝난 뒤 4월 15일 기준으로는 아이치이의 클릭 횟수가 26억 8천만 뷰를 넘어섰다. 이는 〈별에서 온 그대〉의 13억 뷰에 비하면 두 배 이상 차이 나는 수치다. 중국판 트위터인 웨이보에서 관련 내용을 읽은 횟수는 110억 번이 넘었고, 이를 언급한 경우는 1천만 건을 넘어섰다.

　　〈태양의 후예〉는 문화콘텐츠 산업 측면에서도 새로운 기록을 세웠다. 3-4년 전만 해도 중국 웹사이트에 판매하는 한국 TV 드라마 판권은 회당 5천 위안에서 2만 위안 정도밖에 되지 않았다. 〈별에서 온 그대〉만 해도 당시 판권 수입은 그다지 크지 않았던 것으로 알려졌다. 그러나〈태양의 후예〉는 회당 150만 위안(한화 약 2억 5천만 원) 정도에 판매된 것으로 전해지고 있다. 이는 약 300배 가까운 폭증세를 보인 것으로 16회 방영권을 통산하면 2,400만 위안(한화 약 42억 원)에 이른다. 〈태양의 후예〉가 이렇게까지 큰 성공을 거둔 배경에는 콘텐츠가 유통되는 맥락과 콘텐츠 자체의 요인이 있다.

첫째, 무엇보다 한국 콘텐츠에 대한 중국 시청자의 신뢰도가 정점에 이르렀음을 반증한다. 둘째, 전편 사전 제작을 통해서 콘텐츠 완성도를 높였다는 점도 무시할 수 없다. 셋째, 이 드라마는 군 관련 소재를 '멜로'로 전유하는 양상을 보였다. 부대 내부에서 벌어지는 '멋진 남성'과 '아름다운 여성' 사이의 애틋한 사랑을 통해 멜로 라인을 구축하면서 군대 이야기를 사랑 이야기로 바꾸어놓은 것이다. 넷째, 중국에서 인기를 얻은 또 다른 이유는 바로 이 드라마가 표면적으로는 '휴머니즘'이라는 보편적 인간관을 내세우고 있지만, 내면적으로는 사실상 강력한 애국주의와 국가주의, 민족주의로 포장돼 있기 때문이다. 그러나 중국의 대중에게 이와 같은 애국주의, 국가주의, 민족주의는 '중국인'으로서의 위치를 확인하게 하는 동력이자 기제로 작동했다.(〈태양의 후예〉에 관한 서술은 「성균차이나브리프」 40호에 실린 임대근의 글 일부를 요약했다.)

중국영화가 한국에 들어온 사례도 흥미롭다. 한중수교 25주년을 맞이한 2017년 초반에 특히 두 편의 영화가 주목받았다. 〈미인어〉(2017)와 〈그레이트월〉(2017)이 그것이다.

〈미인어〉는 독특한 스타일의 코믹영화를 만들어온 주성치 감독의 신작이다. 국내에는 주성치 마니아가 적잖게 있어서 이 영화가 상당한 관객을 끌어모을 것으로 예측됐으나, 결과적으로는 그러질 못했다. 영화진흥위원회의 '영화관입장권통합전산망'에 따르면 2017년 6월 현재, 이 영화는 4,270명 정도의 관객 수를 기록한 것으로 나타났다.

〈그레이트월〉은 한국인이 가장 좋아하는 중국 감독 중 하나인 장이머우가 미국과의 합작을 통해 새로운 중국식 블록버스터로 자신 있게 내놓은 대작이었다. 만리장성을 소재로 한 스펙터클과 중국과 미국의 배우들이 공동 출연하는 등 볼거리도 적지 않았다. 그러나 이 영화 역시 2017년 6월 현재 50만 명을 조금 넘어서는 성적을 기록했다. 두 영화 모두 '흥행 참패'라고 해도 과언이 아니다.

중국영화의 한국 내 상영이 이와 같이 실패하는 데에는 어떤 요인이 숨어 있는 것일까? 첫째는 중국영화라는 전체적인 틀에서 보았을 때, 한국 관객들은 아직 특정한 관객성을 형성하지 못하고 있는 것으로 보인다. 한국 관객은 기본적으로 자국 영화와 미국영화에 애정을 양분하고 있다. 역사적으로 보면, 중국영화는 한국 내에서 '무협'이라는 특정한 장르를 통해 사랑받았다. 1960년대 이후 홍콩을 통해 들어온 수많은 무협물이 한국의 남성성을 자극하면서 관객성을 형성해왔다. 그러나 앞서 언급한 바와 같이, 한중수교 이후 이러한 무협에 대한 관객성은 역사적인 경험으로 전환돼버리고 말았다. 더 이상 중국영화를 통해서 액션의 스펙터클을 감상하지 않아도 되는 상황이 된 것이다. 그 부분은 미국영화가 충분히 제공해주고 있기 때문이다. 즉 한국 관객이 영화를 오락으로 간주하는 경우에는 미국영화를 주로 보면서 자신들의 소구를 충족하는 경향을 보이는 것이다. 2000년대 이후 일부 5세대와 6세대 감독들에 대한 영화 체험이 있기는 했으나 이는 더 보편적이거나 대중적인 방식으로 확장되지 못했다. 5세대 영화들이 중국의 전통성과 우리와는 다른 신기한 대상에 대한 '기이한 스펙터클'로 눈길을 끌었다면, 6세대 감독들은 진지한 현실에 대한 통찰로 주목받았다. 그러나 한국 관객들은 여전히 한국영화를 통해서 사회적 이슈들을 소구하고 있다. 천만 관객이 넘은 한국영화들은 대부분 사회적 문제를 의제화하면서 한국의 관객들을 불러모으고 있다. 다시 말하면, 이와 같이 한국 영화 시장이 자국 영화와 미국영화로 양분돼버리는 사이에, 중국영화에 대한 관객성은 새롭게 구성되는 시기를 놓칠 수밖에 없었다. 이것은 물론 중국영화의 콘텐츠와 한국 관객의 소구가 빗나가버린 결과이다.

〈미인어〉나 〈그레이트월〉이 한국 관객들의 소구를 빗나가게 했던 배경은 다음과 같다. 〈미인어〉는 매우 흥미로운 소재를 대상으로 했다. '인어공주'라는 동화적 상상력을 확장하여 인간 대 자연이라는 대결구도를 설정하고 이를 통해 궁극적으로 인간은 자연과 공존해야 한다는 메시지를 담고 있다. 이 영화가 한국 관객에게 접근할 수 있는 가장 유력한 요소는 주성치라는 인물이다. 한국 내에는 오래전부터 주성치라는 배우이자 감독에 대한 전폭적인 지지층이 존재한다. 그의 트레이드마크라 할 수 있는, 이성적으로 설명할 수 없는 '모레이타우'(無厘頭) 기법은 주성치의 존재 그 자체였다. 일상적으로 인간들이 혐오하는 요소들을 대거 등장시키고, 전후 맥락이 없는 이야기 전개가 이어지며, 끊이지 않는 과장과 허풍이 넘쳐나지만, 그 자신만의 독특한 세계를 구축하는 데 손색이 없었다. 그러나 〈미인어〉에서 주성치가 가지고 있었던 그러한 장점들이 거의 반감돼버리고 말았다. 우선 주성치 자신이 더 이상 배우로 등장하지 않았다. 주성치는 자신이 배우이면서 감독일 때 영화를 가장 자기화할 수 있는 장점들을 보여주었는데, 이번에는 감독의 역할에만 충실하면서 배우 주성치가 화면에서 사라져버린 점이 한국 관객에게는 가장 아쉬웠다. 나아가, 주성치 영화 전반이 보여주었던 모레이타우적인 특징들도 많이 약화됐다. 동시에 이야기 전체는 누가 보아도 다소 뻔한 내용으로 구조화됐다. 위기에 처한 자연을 구해야 하며, 이를 가로막으려는 세력들을 소탕하고 인간은 자연과 조화롭게 살아가야 한다는 것이다. 이것은 주성치가 자신의 영화를 중국 대륙 시장을 염두에 두고 제작했기 때문이다. 중국 대륙 시장을 염두에 두었다는 말은, 그들의 관객성이 일차적인 고려 대상이었기에 거기에 눈높이를 맞추었다는 뜻이다. 또한, 이를 위해 중국 당국의 정책적 제도 안에서 규율과 규정을 준수하면서 영화를 제작한 결과, 그의 창조성이 반감됐다고 평가할 수 있을 것이다. 이러한 문제들로 인해 〈미인어〉는 한국 관객에게 다가가기 어려웠다.

〈그레이트월〉은 장이머우의 야심작이었다. 일부 한국 관객은 이 영화가 미국영화와 유사한 스펙터클을 보여줄 것으로 기대했을 것이다. 물론 컴퓨터그래픽 등의 후반작업은 이전의 중국 블록버스터들과 비교하면 그 수준이 꽤 높아진 것은 사실이다. 또한 미국 스태프가 제작에 참여하고 미국 배우들도 스토리 내부로 전격 들어오면서, 미국식 블록버스터에 익숙한 관객들이 충분히 접근할 수 있는 다양한 가능성을 가지고 있었다. 부가적으로는 일부 극장에서는 최신 기술인 스크린X를 통해 상영함으로써 이러한 기대를 더욱 크게 만들었다. 그럼에도 불구하고 〈그레이트월〉은 최소한 두 가지 요소에서 한국 관객의 기대와 엇갈렸던 것으로 판단된다. 하나는 장이머우의 대작 영화들이 여전히 중화사상을 기반으로 한다는 것이다. 장이머우는 중국의 이국적인 전통문화를 보여주던 초기에는 호기심을 충족한다는 측면에서 적잖은 찬사를 받았다. 그러나 그가 〈영웅〉 이후 지속해오는 영화 작업을 통해서 계속해서 중국의 우월성만을 강조하려는 데 대해서는 이미 한국 관객들은 식상함을 넘어서 등을 돌린 지 오래다. 〈그레이트월〉 역시 만리장성을 넘어서 쳐들어오는 적들을 어떻게 물리치면서 중화의 제국을 호위하는지에 대한 내용이 전체 시놉시스를 이끌어간다. 결국 중화 제국의 유지와 재건을 위해서 미국까지 동원했다는 비판에 직면하게 된 것이다. 다시 말하면 한국 관객들은 중국영화가 지나치게 민족적·애국적 코드로 전개될 때, 상당한 심리적 불편을 갖게 되는 것으로 보인다. 두 번째는 장이머우 자신의 가장 약한 고리 중 하나인 스토리 구성에 관한 것이다. 장이머우는 영화 연출에 있어서 화면 구도나 사운드의 처리에는 매우 뛰어난 재량을 가지고 있지만, 이야기를 풀어나가는 세밀함에 있어서는 다소 약하다는 비판을 줄곧 받아왔다. 〈그레이트월〉에서도 이러한 약점이 여지없이 드러났다. 특히 만리장성을 공격해오는 괴물 집단인 타오티에에 대한 설명이 거의 없는 것은 매우 아쉽다. 타오티에가 전통 중국의 '알 수 없는' 괴물 이미지라고는 하지만, 장이머우는 이들을 북방 민족으로 형상화했다. 그런데 그들은 왜 만리장성을 넘어서야만 하는가 하는 점에 대해서는 영화 전편에 걸쳐 이에 대한 당위적 설명은 찾아보기 어렵다. 그것은 그들을 그저 주변 집단으로 간주하면서 그들 내부의 삶에 관심을 갖지 않았기 때문이다. 이러한 실수는 곳곳에서 드러나는데, 대표적으로는 타오티에 내부의 이야기와 캐릭터를 다양화하지 않고 있다는 점이 그것이다. 예컨대, 타오티에 역시 괴물 집단이지만 그들 내부의 질서가 있을 것이고 장유유서가 있을 것이다. 그들의 삶과 이야기가 분명히 존재해야 했지만 〈그레이트월〉이 보여준 형상은 천편일률적인 괴물에 불과했다. 다시 말하면 장이머우는 감독으로서 왜 '할아버지 타오티에', '아기 타오티에'는 창조하지 못했는가 하는 반문을 던질 수 있는 것이다.

한국의 대중문화콘텐츠와 중국의 대중문화콘텐츠는 지속적으로 상호 작용하면서 서로에게 도움을 주기 위해 노력하고 있다. 상대의 시장을 선점한 것은 한국 대중문화이지만, 그럼에도 중국 내부의 정책과 규정은 한국 기획자, 제작자들의 '차이나드림'을 마냥 허용하고 있지만은 않다. 한국 대중문화보다 아직은 실력과 수준이 모자란 중국으로서는 한국에 대한 학습을 거듭하면서 한국 진출을 통해 자국 대중문화가 성공하는 모종의 상징적 사례들을 만들어내려고 노력 중이다. 한중수교 이후 25년 중에서 약 15년 동안은 한국 대중문화가 상대적으로 앞서면서 중국 진출에 성공했다고 말할 수 있다. 그러나 향후 25년은 또 다른 새로운 변화가 시작될 수 있을 것이다. 중국의 성장은 대중문화 영역에서도 예외가 아니기 때문이다. 한국 입장에서는 이러한 상황에 대해서도 충분한 관심을 가지지 않을 수 없을 것이다.

4. 전망과 과제

한국과 중국은 유사 이래로 문화 전통을 공유해왔다. 한자와 유교는 양국 문화의 동질성을 설명하는 표상적 개념이 됐다. 양국 문화의 동질성에 대한 인식은 최근 '인문유대'라는 정책적 개념으로까지 발전했다. 문화적 동질성에 대한 인식을 강화함으로써 제도와 이념, 관습, 정서적 층위에서 양국관계를 공고화하겠다는 의지의 표출인 것이다. 한국과 중국의 문화적 전통과 유산을 동질성이라는 시각에서 파악하려는 시도는 양국 간 문화 상호작용의 일면을 설명하는 데 유용한 논리를 제공하는 측면이 있는 것이 사실이다. 예컨대 한류가 중국에서 환영받는 원인을 두고 양국 문화의 동질성, 즉 유교문화권을 핵심 요인으로 설명하는 논리는 현상의 한 부분만을 설명할 수 있을 뿐이다. 한국과 중국이 모두 유교문화권이라는 문화적 동질성을 가지고 있기 때문에 한국 문화콘텐츠가 중국에서 유행한다면, 역방향 현상, 즉 중국 문화콘텐츠 역시 한류 못지않게 한국에서 유행해야 마땅하다. 그러나 한국 내 중국 문화콘텐츠의 수용 양상과 한국 문화콘텐츠의 중국 내 양상은 매우 큰 낙차를 보여준다. 이것은 궁극적으로 한국과 중국 문화가 동질성이라는 측면으로만 설명할 수 없는 이질성을 가지고 있다는 점을 확증한다. 특히 2차 세계대전 이후 한국과 중국은 상이한 문화적 경험을 축적해왔음을 부인할 수 없다. 중국은 사회주의 경험 시기로 진입했고, 한국은 역사상 유례없는 자본주의의 발전을 겪으면서 문화 또한 크게 달라질 수밖에 없었기 때문이다.

한중수교 이후 첫 10년이 상호 탐색의 시기이자 양국 문화교류의 제도적 기반을 닦은 시기였다면, 2000년대 초반부터는 이미 시작된 한류를 중심으로 한국 대중문화가 중국 대중에게 본격적으로 알려진 시기다.

양국 간 문화교류를 문화교역의 층위에서 관찰해보면, 한류의 전파는 초기에는 순수한 문화교류로 인식된 측면이 강했으나, 문화콘텐츠 개념의 등장과 더불어 문화산업 교류로서 위치하게 됐다. 오늘날 중국은 한국에게 문화콘텐츠 수출과 수입 모두 2위 비중을 차지하는 국가이다.(한국콘텐츠진흥원의 「2015 콘텐츠산업 통계조사」에 따르면 한국의 문화콘텐츠 수출 1위 국가는 일본이며, 수입 1위 국가는 미국이다.) 그러나 양국 간 문화교역의 격차는 매우 큰 편이다. 2014년을 기준으로 보았을 때 한국의 대중국 문화콘텐츠 수출 총액은 1,341,225천 달러, 수입 총액은 189,993천 달러를 기록하여 1,151,232천 달러의 교역 차액이 발생했다. 이를 구체적인 문화콘텐츠 분야별로 살펴보면 다음과 같다.

표 1. 문화콘텐츠 산업 대중국 수출/수입 현황

수출액 (천 달러)	구분	수입액 (천 달러)
38,541	출판	54,725
1,241	만화	112
52,798	음악	112
957,331	게임	59,161
10,961	영화	3,946
1,848	애니메이션	11
109,629	방송	1,381
102,233	캐릭터	70,545

수출액 (천 달러)	구분	수입액 (천 달러)
42,356	지식정보	-
24,287	콘텐츠솔루션	-
1,341,225	합계	189,993
26.2	비중(%)	24.1

*2014년 기준, 홍콩 포함

** 문화체육관광부(한국콘텐츠진흥원), 「2015 콘텐츠산업 통계조사」, 2016 재구성

양국 간 문화교역은 한류 열풍 이후 지속적으로 성장해왔다. 출판을 제외하면 전반적으로 한국의 대중국 수출 비중이 압도적으로 높다. 한편 양국 간 문화교역은 현재 4-5% 정도 지속적으로 성장하고 있다. 이 중 한국의 대중국 콘텐츠산업 수출액은 연평균 4.5% 증가했고, 수입액은 5.6% 증가했다. 현재 한국 문화콘텐츠의 중국 수출은 콘텐츠 장르별로 다른 모델을 구축하고 있다. 예컨대 TV 드라마는 완성품 수출 모델, 영화는 공동제작 모델, 음악은 온라인과 오프라인에서 각각 음원과 콘서트를 통해 수출하는 모델, 게임은 온라인 수출 모델을 구축하고 있는 것이다. 그러나 한국 입장에서 볼 때, 중국이 수출 대상국으로서 일변화하는 경향을 보이는 것은 문제점이라 할 수 있다. 또한 중국이 한중 간 문화교역에 있어 역조 현상이 심화되는 것을 향후 어떻게 대응할 것인가 하는 점도 중요한 문제이다. 더불어 2015년에는 한중 FTA가 체결되면서 협정문의 제8장을 중심으로 서비스 분야에 대한 조항이 대폭 삽입되었다. 서비스 분야는 곧 문화산업 관련 규정을 포괄하고 있다. 가장 중요한 성과는 공연 중개 및 공연장 사업 분야에서 한국 기업의 지분이 49%까지 허용되었고, 영화, TV 드라마, 방송용 애니메이션 공동제작에 관한 부속 합의를 이루었으며 저작 인접권 보호가 강화되었다. 그러나 서비스 분

야는 협정이 발효된 이후 2년 안에 네거티브 방식으로 2단계 협상을 계속하기로 되어 있기 때문에 보다 구체적이고 세밀한 양국 간 문화교역에 대한 논의도 진행되어야 할 것이다.

향후 한중관계 25년은 양국관계가 더욱 건강하게 발전해야만 하는 과제를 안게 되었다. 2016년 하반기부터 시작된 군사·외교적 긴장 관계로 인해 대중문화 영역이 이른바 '한한령'이라는 이름으로 직접적이고 강력한 보복 조치를 당하게 된 것은 중요한 경험이었다. 이를 통해 양국의 대중문화 기획 및 제작자들은 콘텐츠의 새로운 원천과 시장에 대해 고민했다. 나아가 한국과 중국이라는 상호 국가에 대한 심리적·정서적 반응을 재조정해야만 하는 과제를 떠안았다. 사드 사태의 가장 큰 문제 중 하나는 한국의 대중문화 기획 및 제작자들이 이러한 현상이 재발될 수 있다는 심리적 불안감과 불신감에서 벗어나게 해주는 일이다. 중국 대중에게도 지울 수 없는 불신의 벽을 형성하면서 한국에 대한 정서적 호감이 급감하는 상황이 나타나기도 했다. 따라서 한중 양국은 차이를 상수로 놓고 관계 설정을 준비하는 한편 대중문화계 역시 중국을 이윤 추구를 위한 시장으로만 간주하는 태도를 지양하고, 건강한 관계 형성과 유지, 발전을 위해 함께 노력해야 할 것이다.

| 참고문헌 |

김덕중 외,『사드, 그 이후의 한류: 한류 정치경제론』, KOFICE, 2017.

김도희·왕샤오링,『한중 문화 교류: 현황과 함의 그리고 과제』, 폴리테이아, 2015.

박영환,『문화한류로 본 중국과 일본』, 동국대출판부, 2008.

유재기,『수교 이후 한중 문화 교류사』, 대가, 2009.

이순임,『한중 방송교류와 한류』, 비즈프레스, 2017.

이종민 외,『한국과 중국, 오해와 편견을 넘어』, 제이앤씨, 2006.

임대근, "한중 문화갈등의 발생구조와 대응방안",「한중사회과학연구」제10권 3호, 2012.

장규수,『한류와 아시아류』, 커뮤니케이션북스, 2013.

장수현,『중국의 한류, 어떻게 이해할 것인가』, 학고방, 2006.

조한혜정 외,『한류와 아시아의 대중문화』, 연세대출판부, 2003.

학술교류

양갑용(성균관대학교)

1. 개관

한중수교 이후 25년 동안 한중 학술교류는 제도, 내용, 형식 측면에서 안정적인 발전 추세를 보여주었다. 예를 들어 공공외교포럼 등 정부 간 학술교류와 협력이 폭넓게 증가했다. 국책연구기관들의 대중국 학술교류도 비교적 활발했다. 언론인들의 학술교류도 수교 이전과 비교하여 눈에 띄게 증가했다. 대학 간 한중 학술교류는 크게 성장했고, 유학생 교류도 폭넓게 증가했다. 이처럼 한중수교 25년 동안 한국과 중국의 학술교류는 경제교류의 전방위적인 증가와 맞물려 매우 빠르게 증가했다.

물론 정치적으로 민감한 사건과 연동되어 학술교류가 영향을 받기도 했다. 예컨대 고구려사, 이어도, 사드 등 여러 문제에서 한국과 중국은 정치적·외교적으로 의견 일치를 보지 못하고 갈등하고 대립했다. 예컨대 한국의 사드배치 발표를 둘러싼 한중 간 정치외교적 갈등과 대립은 학술교류에 부정적인 영향을 미쳤다. 여러 학술교류 프로그램이 축소되거나 취소되었다. 이러한 한중 간 학술교류의 일시적인 경색은 수교 이후 활발하게 진행된 한중 학술교류의 취약성과 한계를 그대로 보여주었다.

그러나 한중수교 25주년 전체 기간을 보면 한중 학술교류는 일시적인 경색 국면을 거쳤음에도 불구하고 그 난관을 극복하고 새로운 길을 모색하는 기회를 만들어가기 위해 노력했다. 발전의 추세가 일시적으로 정체되기도 했지만 학술교류의 큰 흐름은 계속해서 확대, 심화되어왔다. 특히 민간 연구기관, 특히 대학 연구기관 간 한중 학술교류는 정부 간 교착 상태에 비해서 크게 영향을 받지 않았다.

　전반적으로 수교 이후 한중 학술교류는 상당히 의미 있는 진전을 이루면서 한중관계의 발전을 다지는 초석의 역할을 했다. 이러한 학술교류는 양국 국민들의 상호 국가와 국민에 대한 이미지를 순화하고 소통에도 큰 역할을 수행해왔다.

2. 역사

수교 초기 한중 학술교류는 정부 주도의 학술교류가 국면을 이끌었다. 정부 주도의 학술교류와 함께 대학 등 비정부 기구나 기관, 인원이 학술교류에 적극적으로 참여했다. 정부 주도형 학술교류가 한중 학술교류의 기초를 쌓았다는 점은 한중 학술교류 관련 세 가지 주요 규범에 기인한다.

　1992년 8월 24일 한국과 중국은 베이징에서 「한국과 중국 간의 외교관계 수립에 관한 공동성명」을 발표했다. 이 성명은 한국과 중국이 본격적으로 대사급 외교관계를 수립한다는 것을 의미한다. 또한 상호 호혜에 기초하여 상호 간 교류와 협력이 본 궤도에 올라섰다는 것을 의미한다. 한중 학술교류의 제도화와 정례화는 사실상 한중수교와 동시에 그 기반을 다졌다고 볼 수 있다.

　수교 공동성명 이후 1992년 9월 30일에는 「중화인민공화국 정부와 대한민국 정부 간의 과학 및 기술협력에 관한 협정」을 맺었다. 이 협정으로 한국과 중국은 상호 관심사에 대한 공동연구가 가능하게 되었고 과학기술공동위원회와 한중과학기술협력센터 설치가 가능했다. 한중 간에 본격적으로 학술교류를 위한 제도적 기반이 확립되었다.

　1994년 3월에 한국은 중국과 「대한민국 정부와 중화인민공화국 정부 간 문화협력에 관한 협정」을 맺었다. 이 협정으로 한국과 중국은 교육, 과학, 문화, 예술, 신문, 방송, 영화, 체육 등 각 분야 교류 활성화를 추동하는 기반을 확충했다. 그 결과 한중포럼, 학술심포지엄, 공동연구 등 한중 간 학술교류를 구체화하는 계기가 마련되었다. 이 세 가지 노력이 바로 한국과 중국 간 학술교류를 정상 궤도에 올려놓은 제도 기반이다. 이를 기초로 한중 학술교류 등 제반 분야 교류와 협력은 강화되었다.

예컨대 2003년의 한중 공동성명이 발표되었다. 이 성명 제9조는 양국 문화교류와 문화산업 협력을 강조했다. 이러한 영향으로 한중관계는 정치외교, 경제뿐만 아니라 학술, 인문교류 등 전 분야에서 새로운 발전의 전기를 마련했다. 그리고 이러한 기조 위에 2005년 한중 공동성명 제6조에서 양국의 문화, 교육, 여행, 체육, 미디어 등 영역 혹은 우호 단체, 우호 도시 간의 교류를 진일보하게 확대하는 데 서로 동의했다.

2008년도 한중 공동성명에서는 인문교류 영역을 양국 중점 협력 영역으로 설정했다. 학술교류 또한 이러한 우호적인 분위기의 성과를 받았다. 그러나 이러한 내용은 대부분 그 범위가 광범위하고 모호하며 집행력이 다소 부족했다. 이를 제도적으로 극복한 것이 바로 2013년 한국과 중국이 합의한 이른바 '한중인문교류공동위원회'라는 제도를 마련한 것이다. 이를 통해 정부 간 인문교류 정례화와 제도화가 뿌리내리는 계기가 되었다. 한중 학술교류는 상설화된 제도적 플랫폼을 기반으로 발전하는 토대를 굳건히 했다.

한중인문교류공동위원회는 2013년 11월 설립 이후 정기적으로 서울, 시안, 제주 등지에서 전체회의를 개최했다. 특히 2015년 중국 국무원 왕양(汪洋) 부총리 방한에 맞춰 '2015년도 중한인문교류공동위원회 교류협력 프로그램 리스트'를 발표하고 인문유대의 4개 중점 영역을 공식 발표했다. 이 교류협력 리스트에는 학술교육, 지방, 청소년, 문화 등이 확정되어 한중 학술교류가 인문유대의 중요한 사업 영역으로 정착되는 계기가 마련되었다. 이와 같이 지난 25년 동안 한국과 중국은 학술교류를 포함한 각 영역에서 뚜렷한 진전을 보였다. 물론 그 주도적인 역할은 앞서 언급한 대로 정부의 적극적이며 지속적인 노력이 기초가 되었다.

1) 정부 주도형 교류

한국과 중국의 학술교류는 정부 주도로 시작되었다. 학술교류의 출발은 수교라는 환경 변화가 결정적인 역할을 했다. 학술교류 주체 또한 자연스럽게 정부의 역할이 중심이 될 수밖에 없다. 그 주도적인 역할을 맡은 곳이 바로 한국국제교류재단이다. 한국국제교류재단은 정부가 공공외교 차원에서 수행해야 하는 여러 활동을 위탁받으면서 각종 행사의 지원과 참가, 인사의 파견 및 초청, 국외 한국연구의 지원과 연구결과의 보급 등 학술 활동을 총괄하였다.

예컨대 정부 자원을 충분히 활용하여 해외 유수 대학에 한국학 강좌를 개설, 교류협력을 강화하기 위한 각종 학술회의, 워크숍, 강연회 등을 지원했다. 그리고 해외 한국연구 학자들을 대상으로 하는 단계별 지원 프로그램을 운영했다. 또한 해외학자들을 국내로 초빙하여 강연을 조직하거나 세미나를 개최하는 등 학술교류의 플랫폼 역할도 수행했다. 이 수혜를 가장 많이 받은 대상국가가 바로 중국이다.

예를 들어 한국국제교류재단은 해외대학 한국 관련 학문 연구지원 일환으로 1994년부터 중국에 대한 지원을 계속해오고 있다. 중국 푸단대학, 베이징어언문화대학, 랴오닝대학에 한국학 강좌를 운영하고 베이징대학, 옌볜대학과 학술교류사업을 추진했다. 1994년 한국연구 펠로우 지원에서도 중국이 미국을 제치고 가장 많은 18명 지원을 수주했다.

한국어 펠로우 지원에서도 중국이 15명으로 압도적 1위를 차지하면서 한국국제교류재단의 대중국 교류가 시작되었다. 1995년에는 외교학원, 산둥대학, 베이징대학 등에 강좌가 개설되었다. 베이징대학과 푸단대학에는 장학제도가 마련되어 중국 내 한국학 연구자에 대한 체계적이며 중장기적인 지원의 물꼬를 텄다.

이러한 지원은 이후 중국한국학대회, 한국학박사과정포럼, 한국학논문집 발간 등 구체적인 사업 지원 형태로 변화, 발전했다. 예를 들어 2016년 현재 한국(어) 강좌 지원, 펠로우십 외에 차세대지도자 교류, 글로벌 공공외교 네트워크, 양자 및 다자 포럼, 공공외교 세미나 등 다양한 이슈와 영역별로 학술교류 활동이 대폭 확장되었다. 정부 주도형 학술교류는 한국국제교류재단 외에 통일연구원, 국방연구원, 국가안보전략연구원, 국립외교원 등 정부출연 연구기관이나 정부 산하 국책연구기관으로 확장되어 정부 간 한중 학술교류의 한 축을 담당했다.

이 시기 정부 주도형 학술교류는 수교를 맺고 얼마 지나지 않아 한중 학술교류의 동력이 부재하거나 미약한 상황에서 정부 주도형 학술교류를 진행할 수밖에 없었다. 정부는 자원을 배타적으로 향유하고 있었기 때문에 매우 정책적인 학술교류에 자원을 투입하여 초기 학술교류가 정착되고 제자리를 잡아가는 데 큰 기여를 했다. 이러한 관 주도형 학술교류는 민간 영역 특히 대학의 학술교류로 이어지는 교량 역할을 수행했다.

2) 민간 참여형 교류

정부 주도형 학술교류가 한중 학술교류의 물꼬를 트고 학술교류의 제도기반을 마련한 동력의 역할을 수행했다면 그 성과는 민간 부문의 한중 학술교류로 활성화되었다. 지난 25년간 민간 분야의 한중 학술교류는 양적인 측면과 질적인 측면에서 비약적인 성장을 보여주었다. 한중 학술교류의 양적인 성장은 폭발적으로 증가한 유학생 증가로 나타났다. 〈표 1〉에서 보는 것처럼 2012년부터 2016년까지 한국 유입 외국 유학생은 꾸준히 증가했다. 2016년 말 현재 11만 5천여 명의 유학생이 한국을 방문했다. 2017년 1월의 경우 전년 동월 대비 19.3% 증가했다. 이는 외국 유학생의 한국 유학이 꾸준히 증가하고 있음을 보여주는 것이다.

표 1. 외국인 유학생 연도별 체류 현황

(단위: 명)

연도	2012	2013	2014	2015	2016	'16년 1월	'17년 1월
합계	84,711	81,847	86,410	96,357	115,927	95,134	113,501
유학 (D-2)	64,030	60,466	61,257	66,334	76,040	65,936	74,708
한국어 연수 (D-4·1)	20,681	21,381	25,138	30,017	39,873	29,193	38,780
외국어 연수 (D-4·7)	-	-	15	6	14	5	13
전년 대비 증감률	-	-3.4%	5.6%	11.5%	20.3%	-	19.3%

자료 출처: 출입국 외국인정책본부, 『출입국·외국인정책 통계월보』, 2017년 1월호, 28쪽

제7장 학술교류

표 2. 외국인 유학생 국적 · 지역별 현황

(2017.01.31. 현재, 단위: 명)

구 분	총 계	유학(D-2)	한국어연수 (D-4-1)	외국어연수 (D-4-7)
총계	113,501	74,708	38,780	13
중국	65,386	46,650	18,736	0
한국계(조선족)	176	164	12	0
비중	57.8%	62.7%	48.3%	-

자료 출처: 출입국 외국인정책본부, 『출입국·외국인정책 통계월보』 2017년 1월호, 29쪽

특히 한국 유입 유학생 가운데 중국 유학생의 비중은 전체 유학생 수의 과반을 넘고 있다. 〈표 2〉의 경우 2017년 1월 말 기준 전체 한국 유입 유학생 가운데 57.8%인 6만 5천여 명의 유학생이 바로 중국 유학생들이다.

이러한 중국 유학생의 한국 유학 증가는 한국 대학과 중국 대학의 자매결연 등 상호 관계를 심화하는 방향으로 발전해갔다. 2010년 통계를 보면 한국 대학은 미국 대학, 일본 대학과 자매결연을 맺은 건수는 각각 1,634개와 1,102개이다. 이 기간 중국 대학과 맺은 자매결연 수는 2,068개로 미국과 일본과의 체결 건수를 압도한다.[1] 이미 학술교류, 특히 유학생 교류에서 한국은 중국의 중요한 교류 대상이 되었다. 이러한 유학생 교류의 확대는 자매결연으로 이어지고, 자매결연은 대학 간 교류의 증대와 함께 학술교류에서 중국문제가 매우 크고 중요한 주제로 다뤄지는 환

---

1 이규태 외, 『한국의 중국학과 중국의 한국학: 연구추세의 비교분석』, 경인사연 대중국 종합연구 협동연구 총서 10-03-43, 238-240쪽.

경을 조성하는 데 일조했다.

민간 참여형 학술교류의 대표적인 사례는 바로 한국고등교육재단의 한중 학술교류이다. 한국고등교육재단은 1974년 세계 수준의 학자 양성과 학술발전을 통한 국가발전을 촉진하기 위한 목적으로 설립되었다. 2000년부터는 국제학술교류지원사업을 시작했다. 현재 국제학술교류지원사업, 아시아연구센터지원사업, 학술회의지원사업 등 세 가지 주요 학술교류지원사업을 추진하고 있다.

표 3. 한국고등교육재단 국제학술교류지원사업 국가별 지원 현황

(2000-2016년)

	중국	베트남	몽골	캄보디아	미얀마	라오스	태국	인도	카자흐스탄	기타	총계
인원 (명)	581	49	43	32	34	24	17	7	4	6	797
비중 (%)	72.9	6.1	5.4	4.0	4.3	3.0	2.1	0.9	0.5	0.8	100

자료 출처: http://www.kfas.or.kr/Science/ISEF/ISEF0401.aspx

〈표 3〉에서 보는 바와 같이 한국고등교육재단의 국제학술교류지원사업의 최대 수혜자는 중국이다. 지난 16년 동안 총 790여 명의 지원 대상자 가운데 중국 소속 연구자가 580여 명으로 전체 지원자의 72.9%를 차지했다. 이러한 대중국 집중 지원은 아시아연구센터 설립으로 이어졌다. 베이징포럼, 상하이포럼, 톈진포럼, 난징포럼, 산동포럼 등 중국 내 주요 지역의 학술활동을 지원하는 학술네트워크가 구축되었다. 한국고등교육재단의 이러한 일련의 노력은 학술연구자 지원뿐만 아니라 이들의 네트워킹을 제도화하여 국제학술 플랫폼을 건설하는 긍정적인 방향으로 발전했다. 이러한 성숙되고 안정된 발전의 토양은 한중 학술교류가 튼튼

한 내실을 다지는 데 중요한 버팀목이 되었다.

3. 이슈와 쟁점

1) 유학생 교류

한중 학술교류의 토대는 유학생 교류이다. 유학생들은 학술교류를 이끌어갈 차세대 동력이며 학술교류의 성과를 고스란히 수렴하고 있다. 〈표 1〉에서 보는 바와 같이 10만 명이 넘는 외국 유학생 가운데 중국 유학생은 꾸준히 60% 내외를 유지하고 있다. 이들은 한국과 중국에서 열리는 각종 학술회의나 학술포럼, 세미나 등 학술교류 행사에 적극적으로 참여하면서 한중 학술교류의 지평을 넓히고 있다.

표 4. 한중 대학 교류 현황(10개 대학 이상)

대학	소재지	학국 자매 결연 대학	수량
베이징대학	베이징	경희, 서울, 고려, 연세, 이화, 조선, 충남, 한양, 숭실, 순천, 한국외대, 건국	12
랴오닝대학	랴오닝	강릉, 강원, 경희, 광운, 군산, 대전, 배재, 서강, 선문, 성결, 이화, 중앙	12
하얼빈공업대학	헤이룽장	강릉, 건국, 경북, 경일, 고려, 서강, 숭실, 이화, 인천, 한양, 포항공과	11
난카이대학	톈진	국민, 부경, 부산, 수원, 연세, 영남, 인천, 인하, 제주, 조선, 한국해양	11
옌볜대학	지린	건국, 고려, 부경, 서강, 한성, 순천, 숭실, 영남, 원광, 이화, 제주, 중앙, 청주, 충남, 포항공과, 한국외대, 한림, 한양, 홍익, 한국방송, 삼척산업	21

한중 상호 유학생의 증가는 한국 대학과 중국 대학의 학술교류 시너지 효과를 창출하여 협정체결 증가로 이어지고 있다. 상호 학술협정을 통해서 학생교환, 연구자 파견 및 교류, 협동연구와 세미나 개최, 자료 교환 등 다양한 교류활동이 제도화와 정례화의 길로 들어섰다. 일례로 주한 중국대사관 통계에 의하면 한국의 대학은 중국의 100여 개 대학과 이미 학술교류협정을 체결하고 있다.

　　그러나 〈표 4〉에서 보는 바와 같이 한국과 중국의 학술협정이 일부 대학에 집중되어 있다. 이러한 특정 대학이나 특정 지역에 집중되는 현상은 교육 및 학술 자원의 효율적 배분과 다양한 경험이라는 새로운 환경 창출 측면에서는 그리 바람직하지 않다. 이를 극복하기 위한 적극적인 노력이 요구된다. 2016년 9월 한국 경상북도에서 개최한 제3회 한중 인문교류대회가 바로 그런 사례라고 할 수 있다. 수도 중심, 명문대학 중심에서 지방과 일반대학으로 참여 기회가 확대되고 교류의 폭과 깊이가 확산되는 시도를 하였다. 향후 한중 학술교류의 방향을 보여준 것이라고 평가할 수 있다.

　　한국연구재단과 중국사회과학원은 2016년 1월 서울에서 제1회 '한중인문학포럼'을 개최했다. 한중 간에는 문화적·역사적·지리적으로 매우 가까운 관계의 맥락을 갖고 있고, 이 두 나라를 연결해주는 고리가 바로 인문학이다. 이러한 한중 학술교류는 상대국에 대한 관심과 연구로 이어지고 있다. 예를 들어 한국국회도서관 소장 도서 목록에서 '중국'이 포함된 학술논문은 2016년 1,300여 편이 검색된다. 동일 기간 '미국' 관련 논문이 140여 편, '일본' 관련 논문이 200여 편인 데 비해서 중국 연구 선호가 월등히 높다. 이러한 분위기가 바로 한국과 중국의 학술교류의 지속 가능한 발전을 촉진하는 동력이 되고 있다. 2016년 10월 말 기준 국회도서관 소장 정기간행물에 올라 있는 학술논문 가운데 '중국'이 포함된 논문은 2,473편이다. '미국' 1,069편, '일본' 1,564편에 비해서 월등히 많다. 한국에서 중국 관련 연구는 이미 미국연구와 일본연구를 압도하고 있으며 그 추세는 계속 발전하고 있다. 이러한 현상은 중국에서도 마찬가지이다. 한국에서의 중국연구와 마찬가지로 중국에서의 한국연구 또한 한중 학술교류의 영향으로 꾸준히 일정 수준을 유지하고 있다. 앞서 언급한 대로 한국에서 중국연구 혹은 중국과의 학술교류는 정부 주도형 발전 단계를 거치고 있다. 그 주요 기관 가운데 하나가 바로 한국연구재단이다.

2) 한국연구재단 교류

한국연구재단은 대한민국의 유일 학술진흥기구라고 할 수 있다. 한국연구재단은 학술 및 연구개발 활동의 지원, 학술 및 연구개발 활동의 국제 협력 촉진 지원, 학술 및 연구개발 관련 기관·단체의 연구·운영 지원, 학술 및 연구개발 인력의 양성과 활용의 지원, 학술 및 연구개발 사업 수행에 필요한 자료 및 정보의 조사·수집·분석·평가·관리·활용과 정책 개발 지원, 국내외 학술 및 연구개발 관련 기관·단체 간의 교류협력 지원, 기타 학술 및 연구개발에 필요한 사항 등에 관련된 업무를 수행하고 있다. 이 가운데 중국 학술교류와 관련하여 학술 및 연구개발 활동의 국제 협력 촉진 지원과 국내외 학술 및 연구개발 관련 기관·단체 간의 교류협력 지원 등 사업 영역에서 한중 학술교류 발전에 기여하고 있다.

　　한국연구재단은 학술협력을 위해서 다양한 국가와 교류협력을 맺고 있다. 아시아 국가도 유럽 국가와 함께 높은 비중을 차지하고 있다. 현재 51개 국가 80개 기관과 학술협력을 맺고 있다. 아시아 국가는 19개 기관과 학술협력을 맺었으며 이 가운데 중국은 중국사회과학원, 중국과학원 등 4개 기관과 협력관계를 맺고 있다. 일본, 필리핀, 인도 등이 각각 두 개

표 5. 한국연구재단 국제협력 국가와 기관의 지역 간 비중

지역	협력 체결 국가		협력 체결 기관	
	수량	비중	수량	비중
아시아	12	23.5%	19	23.8%
서구유럽	14	27.5%	27	33.6%
중동 및 아프리카	7	13.7%	8	10.0%
동구유럽	10	19.6%	15	18.6%
북미	2	3.9%	3	3.8%
남미	4	7.8%	4	5.0%
대양주	2	3.9%	4	5.0%
합계	51	100%	80	100%

자료 출처: 한국연구재단 홈페이지

표 6. 한국연구재단과 중국과의 협력 현황

국가	협력기관	협력분야	협력형태		
			공동연구	세미나	인력교류
중국	중국과학원(CAS)	과학기술	O	O	O
	중국국가자연과학기금위원회(NSFC)	과학기술	O	O	O
	중국과학기술교류센터(CSTEC)	과학기술	O	O	O
	중국사회과학원(CASS)	인문사회	O	O	O

자료 출처: 한국연구재단 홈페이지

기관과 교류협력을 맺고 있는 것에 비해서 중국의 중요도가 매우 높다.

〈표 5〉에서 보는 바와 같이 한국연구재단은 세계 각국과 국제협력을 통한 학술교류를 제도적으로 지원하고 있다. 그 대상 지역은 유럽과 서구유럽이 전체 과반수를 차지하고 있다. 특히 아시아 지역은 다른 지역과 달리 공동연구, 세미나, 인력교류 세 항목에서 모두 예외 없이 협력을 유지하고 있다. 이는 국가 주도형 학술교류에서 있어서 아시아 지역이 학술교류의 다양한 형태가 모두 적용되는 매우 중요한 거점 지역이라는 것을 반증한다.

그 수혜는 물론 중국이 가장 많이 받고 있다. 따라서 한중 학술교류는 정부의 적극적인 제도적 지원에 힘입어 성장해왔다고 해도 과언이 아니다. 한국연구재단은 아시아 12개 국가, 19개 기관과 협력관계를 맺고 있다. 이 가운데 〈표 6〉에서 보는 바와 같이 중국은 4개 기관과 공동연구, 세미나, 인력교류 등 모든 협력 프로그램을 진행하고 있다.

3) 한국고등교육재단 교류 현황

관방 주도형 한중 학술교류와 함께 민간 영역의 한중 학술교류도 비약적인 발전을 이뤘다. 그 대표적인 단체가 바로 1974년에 설립된 한국고등교육재단이다. 앞서 〈표 3〉에서 보는 바와 같이 한국고등교육재단이 추진하고 있는 국제학술교류지원사업의 수혜자는 절대적으로 중국이다. 중국은 전체 초청자 797명 가운데 581명이 수혜를 받아 70%가 넘는 수혜 국가이다. 이는 선택과 집중 전략에 따라 중국에게 특화된 국제학술교류 사업이다.

한국연구재단과 달리 한국고등교육재단은 민간 기구이다. 민간 영역에서 주로 통합형 네트워크 플랫폼을 구축하기 위한 노력을 통해 학술교류 진작 활동을 진행하고 있다. 특히 중국 내에 많은 포럼 형식의 플랫폼을 구축했다. 학술 네트워크를 형성하여 연구자 간 교류와 협력에 기반을 둔 학술 소통을 강화하고 있다. 이러한 노력은 정부 주도형 학술교류가 주로 개인의 연구 역량 강화에 집중하고 있는 흐름과는 다른 모습이다. 예를 들어 한국고등교육재단은 기본적으로 해외 연구자의 학술능력을 제고하기 위한 기초 연구능력을 제고하는 프로그램을 제공하고 있다. 동시에 이들 연구자들이 고양된 능력을 바탕으로 연구 확산과 시너지 효과를 증대하기 위해서 학술 네트워크를 필요로 하고 학술협력형 플랫폼이 필요하다는 요구에도 부응하고 있다. 이러한 수요에 기반하여 민간 주도형 학술형 협력 네트워크를 구축하고 있다. 그 결과가 바로 다양한 포럼형 네트워크이다.

표 7. 한국고등교육재단 국제학술포럼 개최 현황

번호	학술포럼	비고
1	베이징포럼	매년 11월
2	상하이포럼	매년 5월
3	동북아포럼	매년 9-11월
4	두만강포럼	매년 10월
5	동남아문화가치국제회의	매년 12월
6	하노이 ICT 포럼	격년
7	아시아미디어포럼	격년
8	국제유학포럼	격년
9	법학포럼	격년
10	텐진포럼	격년
11	난징포럼	격년
12	산둥포럼	격년

자료 출처: 한국고등교육재단 홈페이지

제7장 학술교류

〈표 7〉에서 보는 바와 같이 한국고등교육재단은 중국에 기반을 둔 다양한 형태의 포럼을 조직했다. 이러한 중국 기반 학술 네트워크 구축은 한중 학술교류의 협력 네크워크를 국제화하는 데 큰 도움이 되고 있다. 특히 관련 포럼의 성격을 달리하면서 다양한 학술적 요구를 수용하고 이를 구체적인 학술 의제로 상승시키는 제도적인 노력은 향후 한중 학술교류가 지향해야 하는 국제화되고 학문 공동체적인 미래 비전을 제시하고 있다. 이는 수교 이후 진행되고 있는 한중 학술교류의 조직적 발전 기반을 보여준다는 긍정적인 함의를 담고 있다.

4) 대학교류 현황

정부와 민간의 대표적인 한중 학술교류는 선도성, 방향성 등에서 높은 평가를 받고 있다. 하지만 한중 간 학술교류는 대부분 개별 단위 대학이나 학회 등을 중심으로 이루어지고 있다. 특히 대학 간 학술교류는 앞서 언급한 유학생 교류, 학술협력 등과 함께 가장 구체적이고 실제적이며, 오랜 역사를 가지고 있다. 또한 시너지 효과를 가장 극대화할 수 있다는 점에서 수교 25년 동안 가장 많은 한중 학술교류가 이루어지는 플랫폼이 바로 한중 대학 간 학술교류이다. 대학 간 한중 학술교류 중에서 성균중국연구소의 사례를 통해 그 성과를 가늠할 수 있다.

표 8. 성균중국연구소 학술활동 현황

구분		2013	2014	2015	2016	계
학술행사	국제학술회의	7	5	5	6	23
	국내학술행사 (학술회의/세미나 등)	6	31	8	25	70
	전문가 초청 특강	8	4	25	9	46

구분		2013	2014	2015	2016	계
출판/ 간행물	성균차이나브리프	4	4	4	4	16
	성균중국관찰	3	4	4	4	15
	성균차이나포커스	7	8	5	6	26
	SICS 전략리포트	-	-	-	11	11
	단행본	1	2	5	4	12
	E-성균중국칼럼	-	23	9	5	37

자료 출처: 성균중국연구소 내부자료

〈표 8〉에서 보는 바와 같이 성균중국연구소는 비교적 안정적 재정기반과 연구인력, 학교 당국의 전략적 지원 등으로 한중 학술교류의 플랫폼을 안착시킨 사례 가운데 하나이다. 특히 한국 최초로 중화권 독자를 상대로 중문 계간지를 발간하면서 한중 간 쌍방향 학술교류에 기여하고 있다. 특히 정책과 학술을 결합하고 네크워크를 구축하는 사업을 실행하고 있다.

그러나 대다수 한국의 대학연구소는 안정된 재정과 인력 기반이 없는 상태에서 외부 연구비에 의존하고 있다. 따라서 수교 25년을 맞는 지금 한중 학술교류의 큰 축을 담당하고 있는 대학과 대학연구소가 대중국 학술협력에 전방위적으로 나서기 위해서는 새로운 모형이 필요하다. 한중 학술교류는 정부 주도형에서 민간 참여형, 이제 대학 주체형으로 일부 변화하기 시작했다. 여기에 유학생, 학술협력 등 대학의 역할을 필요로 하는 조건이 성숙되고 있기 때문에 이에 대응하는 제도적 노력이 필요하다.

5) 쟁점

(1) 교류의 질

지난 25년 동안 한중 학술교류는 양적으로 증가했다. 수교 초기 정부 주도로 시작되어 전 영역으로 확산되었다. 이 과정에서 한국국제교류재단, 한국연구재단 등이 큰 역할을 수행했다. 민간 부문의 역할도 빼놓을 수 없는 부분이다. 특히 한국고등교육재단이 2000년부터 시작한 국제학술지원사업은 사실상 중국을 핵심 지원대상으로 설정하여 자원을 총량 투입하여 질적인 성장을 도모한 학술교류 지원사업이었다. 이 외에도 세종연구소, 삼성경제연구소, 민간 언론기관과 언론재단 등 민간 부문의 한중 학술교류는 정부 등 관방의 한중 학술교류 활성화와 함께 동반 성장을 보여주었다. 대학의 한중 학술교류도 유학생 증가, 학술협력 증대와 함께 증가했다. 이와 같이 한중 학술교류는 지난 25년 동안 정부가 주도하고 민간이 참여하며 대학이 주도하는 형태로 양적 성장을 이뤘다. 그러나 양적인 성장에 걸맞은 질적인 도약을 위한 내실화가 제대로 이루어지지 못했다. 특히 대학 학술기능은 취약한 인적·물적 지원, 미약한 제도화 수준 등으로 한계를 보이고 있다.

이를 극복하기 위해서는 의제의 공유를 통한 공동의 노력이 필요하다. 이를 뒷받침하는 제도적인 장치, 이를 테면 공동협력기구나 의사협의기구, 장기적이며 지속적인 학술교류 진흥기금 등이 필요하다. 그러나 한중 학술교류가 현안 해결을 요구하는 사회적 압력 속에서 소통의 시간을 확보하고 협력의 공간을 창출하기는 역부족이다. 이는 아마도 한중 학술교류가 장기 의제를 갖지 못하고 단기적이며 성과 위주로 진행되어온 현실을 반영한다고 볼 수 있다. 이를 극복하기 위해서는 한중 학술교류를 장기적으로 끌고 갈 어젠다가 발굴되어야 하고 이를 뒷받침할 연구기제 등 제도적인 연구 지원 장치가 마련되어야 한다.

한국연구재단이나 한국고등교육재단의 한중 학술교류 협력활동, 성균중국연구소의 대학 간 학술교류 활동을 살펴보면 가능성은 있다. 수교 25년은 양적인 성장에서 만들어낸 매우 진전된 결과를 떠안으며 새로운 길을 모색해야 하는 시점에 이르렀다는 것을 의미한다. 교류와 협력이 더욱 쌍방향으로 진행되고, 개인 차원의 교류와 집단 차원의 교류를 적절히 통합하고, 한중 학술계의 집단지성 창출에 기여하는 방향으로 환경과 조건을 변화시켜나가야 한다.

예를 들어 한국에서 진행된 한중 학술교류의 경우 한국에서 단독으로 학술사업을 조직하고 관련 연구자들을 개인적인 친분으로 초청하는 경우가 적지 않았다. 이러한 추세는 점차 완화되고는 있으나 여전히 관행이 유지되고 있다. 따라서 한국과 중국의 학술교류 균형을 맞추기 위해서는 쌍방향 교류가 제도화되어야 한다. 예컨대 학술회의를 조직하는 데 있어서 개인적 친분이나 네트워크를 통한 사업의 진행보다는 조직적이며 제도적인 접근이 필요한 이유이다. 이를 보완하기 위해서는 양적인 성장에 지나치게 민감하게 반응하기보다는 의제 선정이나 준비 과정, 회의 결과의 성과 공유 등 전방위적인 협력의 틀을 유지하는 질적인 성장의 방향성이 한중 모두에게 공유되어야 한다. 이제는 양적인 성장의 성과와 열매를 질적인 성장으로 연결시키는 노력이 필요한 시점이다.

(2) 교류 층차

한중 학술교류는 비록 그 출발이 정부의 추동으로 시작되고 민간이 활성화시키고 대학이 확산시켜온 과정을 거쳐 발전했지만 이제는 그 주체의 단절성을 극복하고 다양한 차원에서 한중 학술교류를 진행할 필요가 있다. 누가 주도하고 왜 주도해야 하는지에 대한 논쟁도 중요하지만 어떻게 통합적이고 복합적으로 한중 학술교류를 한 단계 더 도약시켜나가는가에 더 집중하는 일이 요구된다. 강력한 리더십의 추동에 힘입어 학술교류의 동력을 확보하되, 강력한 리더십에만 의존하던 기존 학술교류의 관행을 발전적으로 극복하고 학술활동의 여러 주체들이 다각적으로, 다양하게 참여하는 협력틀의 구축도 한 방안이 될 것이다.

25주년을 지난 현재, 리더들의 당위성에 기반을 둔 학술교류 강조로만 동력을 삼아서는 안된다. 이제 다양한 학술적 요구가 분출하는 시점에 도달했다. 따라서 정치외교적인 이슈 혹은 인문교류 심화 요구 등 시대적 상황에 필요한 요구가 연구와 교류의 출발점이 아니라 학문적·이론적 필요성에 입각한 한중 양국의 건설적인 학술교류가 이루어져야 한다. 물론 이 과정에서 정책과 학술을 어떻게 결합시켜나갈 것인지는 언제나 중요한 요소이다. 따라서 다양한 층차의 교류를 폭넓게 확대하여 학술교류에 지나치게 경직된 정치외교적인 분위기가 의제를 압도하거나 선점해서는 질적인 발전을 도모할 수 없다. 의제가 다양하듯 의제를 다루는 주체 또한 다양해져야 한다.

이를 위해서는 학문후속세대 간 광범위한 교류가 반드시 이루어져야 한다. 한중 학술교류가 정책적 필요와 정부 주도에서 민간 주도, 대학 주도로 발전하고, 어젠다 또한 학술적·이론적 논의로 한 단계 발전하기 위해서는 학문공동체를 튼튼하게 구축해야 한다. 학문공동체의 버팀목이 바로 성장하는 학문후속세대 청년학자들이다. 이들이 다양한 층차에서 활발하게 활동할 수 있는 제도적 지원과 협력의 틀이 조속히 구축되고 활성화되어야 한다. 한중 학술교류가 비록 개별 단위에서는 양적인 발전을 이뤘지만 이를 학문공동체의 성숙과 발전으로는 아직 진화하지 못하고 있다. 따라서 이들 학문후속세대가 한중 학술공동체의 주요 역할을 충실히 수행할 수 있도록 다층차의 학술교류와 협력이 필요하다.

(3) 교류의 형식

학술교류는 결국 사람과 사람의 관계를 기반으로 이루어진다. 그런 측면에서 보면 한중 학술교류는 매우 다양한 형식의 관계의 틀을 만들어왔다. 포럼, 세미나, 회의, 라운드테이블 등 형식도 매우 다양하다. 예컨대 유학생들은 각종 유학생 관련 학술활동을 조직하기도 하고, 정부와 지자체는 이를 위해 각종 편의를 제공하기도 했다. 그 대상도 매우 다양해졌다. 한국국제교류재단의 경우 분야별 차세대 인사를 통한 협력관계 구축을 모색하기도 했다. 학술교류가 문화, 관황, 한류 콘텐츠, 청년 등이 연계된 복합적 이벤트로 진행되는 경우도 적지 않다. 2015년 11월 개최된 제3차 한중공공외교포럼에는 양국 정부 관계자, 학계 관계자, 언론인과 기업인, 민간단체 등 약 200여 명이 참여하는 대규모 이벤트 형태로 진행되었다.

이와 같이 지난 25년을 지나오면서 한중 학술교류는 기존의 딱딱하고 구태의연한 세미나 방식에서 탈피하고 있다. 사전에 짜여진 일정에 따라 시간에 쫓겨 발표하고 형식적으로 토론하던 방식이 주된 학술교류의 흐름이었다. 그러나 시간이 지날수록 의제의 내용을 채우기 위한 형식의 고민이 축적된 결과 다양한 형식이 학술교류의 내용을 담아내고 있다. 앞서 언급했듯이 회의에 이벤트가 결합되기도 하고, 콘텐츠가 복합적으로 작동하는 형식을 취하기도 했다.

이러한 다양한 형식의 학술교류 실험은 지난 25년 동안 진행된 한중 학술교류의 내용을 한층 세련되게 하여 전파력 측면에서 확산효과를 가져온 것은 부인할 수 없다. 따라서 향후 학술교류를 위해서는 기존 경험을 충실히 받아들여서 형식이 내용을 규정하고, 내용이 형식을 규정하는 쌍방향적인 다양한 형태의 학술교류가 시도되어야 하고 확산되어야 한다. 근본적이고 본질적인 문제를 다루는 고차원적인 학술회의라 할지라도 그 전달 방식이나 방법에서 혁신을 이뤄낸다면 한층 더 파급력이 커지기 때문이다. 한중 간 많은 교류의 역사가 이를 반증해주고 있다.

4. 평가와 과제

지난 25년 간 한중 학술교류가 양과 질 모든 영역에서 분명 긍정적인 방향으로 성장해왔다. 이러한 추세를 반영하여 더욱 질적인 도약의 계기로 승화시키기 위해서는 몇 가지 새로운 사고가 필요하다. 먼저 의제 설정에 있어서 시간 조급성을 버려야 한다. 장기 로드맵을 가지고 의제를 설정해야 하며, 설정된 의제를 바탕으로 어떤 차원에서 어떤 방식으로 양자가 결합해야 시너지를 낼 수 있는지 논의할 수 있는 상시 협력채널이 구축되어야 한다.

이를 위해서는 정부 간 채널도 중요하지만 민간이 참여하는 혹은 민간이 주도하는 다양한 협의채널 구축도 필요하다. 사드문제로 촉발된 지난 2016년의 한중관계는 25년 동안 가장 큰 장애이며 위협 요인이었다. 그리고 그 여진은 아직도 계속되고 있다. 정부 간 채널은 거의 중단되었으며 민간도 위축된 상황에서 한중 학술교류는 기약 없이 표류했다. 그러나 정부 간 대화가 단절되었음에도 불구하고 민간 학술교류를 지속한 사례가 있다. 이를 찾아 벤치마킹할 필요가 있다.

한중 학술교류는 양적인 성장을 해왔다. 유학생 수 증가뿐만 아니라 정부, 민간, 대학 등의 교류협력의 사례가 이를 증명하고 있다. 그러나 민간, 특히 대학의 교류는 개인의 역량이나 자발성에 기초한 교류가 대부분이었다. 조직적으로 소통하고 집단적으로 참여하는 형태의 집단지성의 발현과 출현은 많지 않았다. 이는 한중 학술교류가 대부분 매우 구체적이고 현실적이며 민감한 문제를 의도적으로 회피해왔다는 현실적 한계를 드러낸 것이다. 이는 한중 학술교류가 양적인 성장에도 불구하고 질적인 도약을 이뤄내기 어려웠던 이유이기도 하다. 학술교류의 정형화된 패턴의 획일성을 극복하고 집단적인 참여를 보장하고 이것을 제도화하는 혜안이 요구된다.

25년 동안 한중 학술교류의 최대 위기는 바로 사드문제로 촉발된 일시적인 교류 단절이었다. 학술계에서는 그러나 이 문제에 대한 진지한 학술적 고민이 부족했다. 특히 이 문제를 가지고 중국 측과 학술적·이론적·정책적으로 대화의 장을 마련하기가 쉽지 않았다. 이 점이 바로 한중 학술교류가 양적인 성장에도 불구하고 한 단계 더 도약을 해야 하는 이유이기도 하다. 비록 한중수교 25년 동안 여러 의제를 가지고 한중 학술교류를 진행했으나 정작 사드문제를 가지고는 이렇다 할 학문적 대화 채널을 갖추지 못했다. 이를 기회로 삼아 향후 한중 학술계에서는 민감한 의제도 논의 테이블을 구성할 수 있는 독자적인 연구네트워크를 제도화하는 것이 필요하다.

제7장 학술교류

| 참고문헌 |

김도희·왕샤오링,『한중 문화교류: 현황과 함의 그리고 과제』, 폴리테이아, 2015.

김흥규, "한중수교 20년과 한중관계 평가: 미래 한중관계를 위한 방향과 더불어", 「세계지역연구논총」 29권 3호, 2011.

박정동,『한중교류의 어제 오늘 내일』, FKI미디어, 2004.

양갑용, "한중 학술교류 20년: 회고와 제안", 「동아시아브리프」 제7권 제3호, 2012.

외교통상부,『한국외교 60년』, 외교통상부.

유재기,『수교 이후 한중 문화 교류사』, 대가, 2009.

윤경우·양갑용,『중국내 한반도 문제 전문가 명부』, 경인사연, 정책보고서, 2011.

이규태·강원식·구광범,『한국의 중국학과 중국의 한국학: 연구추세의 비교분석』, 경인사연 대중국 종합연구 협동연구 총서 10-03-43, 2010.

이문기, "박근혜 정부 시기 한중관계 평가와 바람직한 균형외교 전략의 모색", 「현대중국연구」 18권 2호, 2016.

이희옥 외,『동북아정세와 한중관계: 한반도 연도보고 2016』, 성균관대학교 출판부, 2016.

자오치정·이희옥 역,『중국은 어떻게 세계와 소통하는가: 글로벌 시대 중국의 공공외교』, 나남출판, 2012.

한국언론재단 미디어 진흥팀,『2007 한중언론교규 결과보고서』, 한국언론재단, 2007.

한국언론진흥재단 산업지원팀,『2011 한중 언론교루 한국 프로그램 결과보고』, 한국언론진흥재단, 2011.

역사교류

오병수(동북아역사재단)

1. 개관

한중수교 이후 양국관계는, 정치·경제·사회·군사 등 제 영역에서 확실히 비약적인 진전을 이루었다. 민간 교류의 증대 속도는 놀랄 만한 수준이었다. 문제는 이러한 변화에 따라 양 국민 간의 상호 인식과 신뢰가 증대하였는지 여부이다. 이와 관련하여서는 양국 간 '역사문제'를 주목할 필요가 있다. 이 문제는 이미 '동북공정'을 계기로, 양국 간 역사인식의 편차 및 국민적 갈등양상이 크게 부각되면서, 양국이 해결해야 할 최대 현안이자 난제로 대두되어 있다. 이 문제는 또한 국민 정서, 외교관계, 지역질서 전반에 광범위한 영향을 미칠 뿐 아니라, 현재도 진행 중인 사안이기도 하다.

역사문제는 다양한 층차의 내용을 포함하지만, 양국이 공식적으로 이웃국가이자 타자(他者)로서 상대국을 어떻게 교육하고 인식하는지가 핵심이다. 이 때문에 국내에서는 일찍부터 중국 역사교육에 관심을 갖고 있었다. 그것은 중국의 두 차례의 교육과정 개정에 따라 관심 사항이 변화하기는 하였지만 크게 다음 두 가지 방향에서 지속적으로 전개되었다.

첫째, 한국교육개발원과 한국학중앙연구원을 중심으로 하는 중국 역사교과서 분석 및 시정작업이었다. 당사국의 미래 세대가 알고 있는 한국에 대한 잘못된 정보를 수정함으로써 한국의 국제적 위상을 제고하려는 목적에 따라 세계 각국의 교과서를 분석하였고, 그 일환으로서 중국의 역사교과서에 대한 분석도 이루어졌다. 이른바 정부가 주도한 해외 '한국관' 시정 사업이었다. 특히 사업이 한국학중앙연구원으로 이관되고(2003), 신설된 동북아역사재단이 가세하면서(2007), 중국의 대표적인 교과서 개발 기관인 인민교육출판사 등과 정기적인 교류를 포함하여 작업이 체계적으로 이루어졌다. 이를 통해 한국에 대한 지식과 정보가 취약한 조건에서 연유하는 중국 역사교과서의 다수 오류를 바로잡는 데 기여했다.

둘째, 국내 학계도 한중수교 이후 중국의 역사교육 상황에 적극적으로 관심을 갖고 있었다. 애초에는 이념과 체제가 다른 중국의 경험을 반면교사로 삼으려는 기대 때문이었다. 따라서 중국의 역사교육 과정 및 교과서 제도, 그리고 역사교과서의 한국사 서술 및 내용 체계 전반이 두루 관심의 대상이었다. 이러한 관심은 동북공정을 계기로 더욱 고조되었는데, 특히 역사교과서가 관심을 끌었다. 그것은 교과서가 당국의 공식 입장을 대변할 뿐 아니라, 민족사(national history)라는 형식의 서사를 통해 자국사 이데올로기를 전형적으로 보여주는 텍스트로 간주했기 때문이었다.

동북아역사재단과 역사학계는 중국 역사교과서의 자국사 구성과 한국사 서술을 검토하는 한편, 관련된 국가 이데올로기를 해명하는 작업을 진행하였다. 이를 통해 한국 고대사 등 중국의 한국사 왜곡의 실상과 이념을 비판, 정리하는 한편 자국사 구성의 근거인 '통일적 다민족 국가'론이나 '중화민족'론에 대해 깊이 있게 분석하였다.

또 학계는 이러한 작업을 토대로 자연스럽게 중국 학계와의 대화와 교류를 통해 근본적인 해법을 모색하였다. 양국 학자들은 역사교육이 편견을 조장함으로써, 양국관계 및 바람직한 지역 질서 형성에 방해가 되고 있다는 공감을 전제로 형식과 내용을 달리하는 다양한 논의를 진행하였다. 이러한 노력을 통해 동아시아의 역사문제가 서로 연동되어 있고, 따라서 그 해법은 동아시아 근대에 대한 성찰에서 시작되어야 하며, 근본적으로는 국가주의를 비판할 수 있는 미래 시민의 육성을 통해 해결해야 한다는 원칙이 상식으로 확산되었다.

그럼에도 불구하고, 이러한 시도들이 구체적이고 가시적인 성과를 이루었다고 보기에는 이르다. 무엇보다도 각국이 역사교육에 국가적 전략을 투영하는 정치적 개입을 강화하고 있기 때문이다. 금년 중국 정부가 역사교과서의 국정화 방침과 함께 중등 역사교과서에서 한국 관련 서술을 삭제한 것은 단적인 예이다. 한국과 역사문제에 대한 시비를 피하려는 의도도 있겠지만, 결국 중국의 역사교육에서는 한국을 오랜 특별한 이웃이 아닌, 주변국가의 일국으로 위상을 조정한 것이다.

그렇지만 이로써 양국 간 '역사문제'는 해결된 것은 아니다. 오히려 문제가 새로운 단계로 심화하고 있다고 할 수 있다. 특히 자국의 현실적 필요성에 따라 한국사를 자의적으로 '왜곡'하는 수준을 넘어서서, 정규 역사교육과정에서 아예 배제한 점은 앞으로도 양국관계 및 지역질서를 위협하는 결과를 초래할 가능성이 크다. 정치·경제·사회적으로 한중관계가 긴밀해지고 민간 교류가 증대할수록 더욱 그러하다. 문제를 보다 근원적인 차원에서 인식할 필요가 있다.

2. 역사

역사문제는 현재 동아시아에서 국제 간 현안 중 하나이다. 사실 역사 인식을 둘러싼 국제적인 갈등은 전혀 새로운 현상도 아니고, 또 세계 어디서나 보편적으로 일어나고 있는 일반적인 현상 중 하나이다. 다만 동아시아의 역사 갈등이 특별히 주목받는 이유는 그 자체가 전통과 근대의 제반문제를 내포하고 있을 뿐 아니라 새로운 지역질서의 변동과 연관된 국가·사회의 전략을 투영하고 있기 때문이다. 따라서 문제 해결을 위해서는 역사적 시각과 함께 바람직한 미래전략을 고려할 필요가 있다.

　　한국과 중국은 오랜 교류 과정에서 독특한 상호 인식 체계와 편차를 형성해왔다. 그러나 이러한 인식 체계는 동아시아의 근대 전환 과정에서 비판적으로 재구성되지 못하였다. 뒤늦게 맞은 한중수교는 이러한 상호 인식 체계를 되돌아보는 계기가 되었다. 특히 중국이 대국화 전략과 문화정책을 배경으로 '동북공정'을 추진하면서 역사 갈등을 야기하였다. 중국이 동북의 역사와 민족을 자국사로 편입하면서 한국의 역사적 정체성을 송두리째 부정하였기 때문이다.

　　이런 충돌의 배경에는 중국의 지역 전략과 함께 자국사를 구성하는 방식의 차이가 노정되어 있다. 중국이 자국사를 어떻게 구성하며 가르치는지가 문제의 핵심이다. 이 때문에 당국의 공식 입장을 대변하는 역사 교과서는 늘 관심의 대상이 되어왔다. 바람직한 한중관계의 진전을 위해서는 지난 25년간 역사교류와 역사문제를 둘러싼 쟁점과 그 처리과정을 되돌아볼 필요가 있다.

1) 동북공정

중국의 역사 인식에 대한 국내의 관심은 수교 이전부터 있었다. 특히 발해 등 고대 동북지역의 역사에 대한 인식이 우리와 다를 수 있다는 것은 일찍부터 알려져 있었다.[1] 그러나 양국 간 역사문제를 둘러싼 갈등이 표면화된 것은 2003년 7월, 이른바 '동북공정'이 언론을 통해 국내에 알려

1　송기호, "발해-한국사인가 중국주변사인가 발해사, 남북한·중·일·러의 자국중심 해석", 「역사비평」 1992년 가을호(통권 20호), 1992.

지면서부터이다. 동북공정은 중국사회과학원 변강사지연구센터(邊疆史地研究中心)가 2002년부터 실행한 '중국변강과 역사현상 시리즈 연구프로젝트(中國邊疆與歷史現象系列研究工程)'의 약칭이다. 그 핵심은 중국 동북지역의 민족, 역사, 강역 문제를 현재 중국의 입장에서 정리하기 위한 것이었다. 이 때문에 한국의 역사적 정체성의 근간을 이루는 고조선, 고구려, 부여, 발해 등의 역사와 백두산, 간도 등 영역이 문제가 되었다. 특히 고조선 이래 한국사 체계를 부정하고, 이를 중국사에 편입하려는 시도는 그 자체로 매우 충격적이었다.

언론이 이를 '중국에 의한 고구려 탈취 사건'으로 크게 보도하고, 시민사회가 호응하면서 파장이 크게 확대되었다. 역사학계도 한국 역사학의 정체성과 관련된 충격적 사건으로 받아들이면서 정부에 적극적인 대책을 촉구하기 시작하였다.[2] 이처럼 역사문제는 국민 정서 차원에서 제기되고, 학계의 논의를 거쳐 외교 현안으로 발전하는 과정을 밟았다. 그리고 그것은 한중수교 이후 순항하던 양국관계를 위협하는 최대의 난제가 되었다.[3] 동북공정 이후 75% 이상의 한국인들이 중국에 대한 인식을 바꾸었다는 통계가 있을 정도이다.

물론 당시 한국정부도 문제 상황을 어느 정도 파악하고 있었다. 특히 중국이 '동북공정'을 정식으로 추진하기 이전인 1996년, 1999년, 2002년 등 세 차례에 걸쳐 '동북공정과 변강문제'를 주제로 대규모 학술회의를 개최해 고구려사 등 한국사 인식 체계를 조직적으로 비판하고, 고

---

2 정두희, "중국의 동북공정으로 제기된 한국사학계의 몇 가지 문제", 「歷史學報」 183, 2004.
3 정문상, "'역사전쟁'에서 '역사외교'로: '동북공정'에 대한 한국인의 대응양상", 「아시아문화연구」(가천대학교)15, 2008; 白永瑞, "中國의 '東北工程'과 韓國人의 中國認識의 變化: 대중과 역사학계에 미친 영향을 중심으로", 「중국근현대사연구」 58, 2013.

대 동북지역의 역사를 자국사에 귀속시키기 위한 논리를 개발하고 있었던 점, 또 그 논리가 대부분 1932년 일본의 만주침략에 대한 대응 차원에서 이루어졌던 중국의 근대 동북지역 역사지리 연구를 계승한 것임을 확인하기도 했다. 다만 중국이 종전과 달리 고구려사 등을 갑자기 자국사로 편입하게 된, 지식사회학적 또는 국가전략 차원의 배경과 의도까지도 명확하게 확증한 것은 아니었다. 따라서 정부는 애초 동북공정을 곧바로 외교 교섭의 대상으로 삼기는 어려웠다.[4]

한국정부는 2004년부터, 적극적으로 구체적인 해법을 모색하기 시작하였다. 두 가지 차원이었다. 중국 당국과의 외교 교섭과 고구려사 연구재단 설립이 그것이었다. 먼저 정부는 2004년 2월 방한한 왕이 중국 외교부 부부장과의 교섭 등을 통해 동북공정에 따른 양국 국민 정서의 악화에 유의하되, 역사문제를 정치문제화하지 않도록 서로 노력하며 학술적인 연구를 통해 문제를 해결한다는 방침에 합의하였다. 한편 한국정부는 2004년 2월, 학계와 정부, 그리고 시민사회단체 인사를 포함하는 고구려재단 설립 추진위원회를 발족하고, 이어서 3월 3일, 문제를 전담할 재단을 정식 설립하였다.

그러나 문제가 국민 정서 차원에서 제기되었고, 따라서 확산될 소지가 많았던 데다, 중국정부도 동북공정 자체를 폐기하려는 것이 아니었기 때문에, 쉽게 해결될 문제가 아니었다. 오히려 관련 사안이 발생할 때마다 국내 여론은 다시 비등했고, 정부가 교섭에 나서는 상황이 되풀이되었다. 중국이 고구려 유적을 유네스코에 등재하고(2004), 아울러 고구려를 중국의 지방소수민족 정권으로 대대적으로 선전하거나, 중국 외교부

---

4 「中 고구려사 왜곡 정부 적극 나서야」, 『조선일보』(2004.1.13); 「미흡한 고구려사 왜곡 대응」, 『한겨레』(2004.1.14).

제8장 역사교류

공식 홈페이지에서 한국의 고대사를 삭제하는 경우가 대표적이었다. 이에 대해 시민단체들은 중국정부의 합의 위반을 규탄하면서 줄곧 한국정부에 적극적 조치를 요구하였다.[5]

물론 한국정부는 즉각 중국과 교섭을 통해 문제 해결을 시도하였다. 2004년 7월 리빈(李濱) 주한 중국대사를 외교부로 불러 고구려사 왜곡에 대한 시정을 요청하였고, 2004년 8월 방한한 중국 외교부 부부장 우다웨이(武大偉)와 교섭을 통해 5개항을 구두 합의했다. 그 내용은 다음과 같다.

첫째, 중국정부는 고구려사 문제가 중대 현안으로 대두된 데 유념한다. 둘째, 양국은 역사문제로 한중 우호협력관계가 손상되지 않도록 노력한다. 셋째, 협력관계의 큰 틀에서, 고구려사 문제의 공정한 해결을 도모하고 필요한 조치를 취해 정치문제화하지 않는다. 넷째, 중국은 중앙 및 지방정부 차원의 고구려사 관련 기술에 대한 한국 측 관심에 이해를 표명하고 필요한 조치를 취해나간다. 다섯째, 문제 해결을 위해 조속하게 학술교류를 개최한다.

또한 2006년 9월 한중 정상회담에서는 역시 같은 문제와 관련하여 "양국 간 합의사항 존중", "정부 차원에서 필요한 조처 강구" 방침을 거듭 확인하기도 하였다. 요컨대, 중국 외교 당국과의 교섭을 통해, 역사 갈등 상황이 더 이상 악화되지 않도록 노력한다는 양해 속에서 역사문제를 학술문제로 제한하고, 외교문제화하지 않는다는 데에 합의한 것이다.

특히 외교 교섭에 따른 후속 조치로 2004년 12월, 2005년 10월, 2007년 12월 등 세 차례에 걸쳐, 한국의 고구려재단과 중국사회과학원

---

5 「中정부, 2004년 합의 깨고 고구려 역사 왜곡」, 『조선일보』(2011.9.19).
http://news.chosun.com/site/data/html_dir/2011/09/19/2011091900072.html.

변강사지연구중심 사이의 학술회의가 개최되었다. 동북공정이 공식적으로 종료된 2007년 12월에는 양국의 총리회담을 통해, 역사문제가 양국 관계 발전에 장애가 되지 않도록 유의하며, 학술문제는 동북아역사재단과 중국사회과학원 간의 학술 교류를 통해 해결한다고 양해하였다. 그리고 2008년 11월 역시 동북아재단과 사회과학원 변강사지중심이 공동으로 고구려사를 주제로 한 학술회의를 개최하기도 하였다.

이처럼 양국 정부는 동북공정 등 역사문제로 불거진 양국의 국민 간의 정서적 충돌을 심각하게 인식하고, 문제를 양국의 민간 학술교류에 맡기고자 하였다. 동북아역사재단과 사회과학원과 변강사지연구중심 간의 학술교류를 문제 해결의 통로로 설정한 것이다. 그러나 문제는 동북공정의 공식 종료 이후에도 역사문제는 계속 진화하였던 반면 이를 해결해야 할 양국 간의 학술교류는 충분하게 진행되지 못했다는 점에 있다. 오히려 문제가 지속적으로 확산되면서 현재 진행형 현안으로 남아 있게 된 것이다.

2) 역사교과서 문제

한중 역사문제와 관련하여, 또 하나 주목할 것은 중국의 교과서 문제이다. 중국 역사교과서에 대해서는 특히 동북공정 이후 동북아역사재단(고구려역사재단)을 중심으로 집중적인 검토가 이루어졌다. 교과서가 동북공정의 논리를 가장 일상적이고, 핵심적으로 체현하였을 것이라고 전제하였기 때문이었다. 분석 결과 중국의 역사교과서는 중화주의 이념과, 통일적 다민족국가론을 기초로, 동북을 포함한 현재 중국의 영토와 역내 민족을 모두 중국사의 범주로 설정하면서 한국의 역사 공간을 한반도로 국한시키고 있다는 점, 한중관계 역시 일방적인 중국문화의 전파와 확대로 일관하고 있으며, 교과서에 서술·표기된 역대 중국 왕조의 한중 경계는 사실에 현저하게 부합하지 않는다는 점, 또한 한국 고대사의 강역과 귀속문제 외에도 청일전쟁, 한국전쟁 등 근현대 한중관계와 관련된 서술도 상당한 문제의 소지를 안고 있는 점 등이 밝혀졌다. 요컨대 중국 역사교과서의 한국 관련 서술은 역사적 사실에 부합하지 않을 뿐 아니라 전체적으로 한국의 역사상을 크게 왜곡, 훼손하고 있다는 것이었다. 부연하면 다음과 같은 세 가지 측면이었다.

첫째, 중국 역사교과서는 자국의 고대사를 과장, 미화하여 고대 영토를 한반도까지 확장해서 가르치거나, 한국전쟁 등과 관련하여 자국의 입장을 강화하는 방향에서 서술하고 있다는 것이다. 이 점은 개혁개방 이후 중국이 새로운 사회통합의 이념으로서 채택한 애국주의를 자국사 교육을 통해 구현하려는 데서 연유한 것이었다.

둘째, 보다 근본적인 문제점은 주변국인 한국의 역사를 거의 서술하지 않는다는 점이다. 물론 본래 중국 역사교과서에서 한국 관련 서술 분량은 많지 않았지만 그래도 세계사 교과서를 중심으로 통사적 교육이 이루어지고 있었다. 그러나 2001년 교육과정표준체제의 수용을 계기로 내용이 대폭 축소되었고, 이번 새 교육과정 개편(2011)을 계기로 한국사 관련 내용을 완전히 삭제했다.

셋째, 동아시아사에서 한국의 역사적 역할을 축소시키고 있다는 점이다. 이는 두 가지 방식으로 이루어졌다. 우선 역사적으로 한국사와 밀접한 관련성이 있는 흉노, 돌궐, 거란, 만주, 몽골 등 북방 유목민족을 모두 '중국사'의 범주에서 가르치는 한편 한국은 소외시키는 방식이다. 또 하나는 일본, 인도, 터키, 러시아 등 강대국만을 '주변국'으로 인정하여 고대, 중세, 근현대사 부분에서 폭넓게 다루면서도 한국 역사를 가르치지 않는 방식이다.

이러한 중국 역사교과서 문제를 개선하기 위해 동북아역사재단, 아시아 평화교육연대와 같은 기구와 단체는 다양한 노력을 진행하였다. 동북아역사재단은 우선 2007년 설립 당시부터 중국의 역사교육정책 및 교과서 개발에 영향력이 큰 베이징사범대학과 화둥사범대학 등 학술기구 및 주요 학자들과의 민간 교류를 지속적으로 진행하였다. 교과서를 둘러싼 정부 간 교섭이 여의치 않고, 또 민간사회가 미숙한 중국의 조건을 감안한 것이었다.

특히 2011년 10월 상하이에서 한국, 중국, 독일 학자들이 함께 참가하는 동아시아-유럽 역사교과서 회의(주제: 글로벌화 과정에서의 역사교육: 동아시아 유럽 역사교과서 서술 비교)[6]를 시작으로, 매년 한국과 중국에서 번갈아가면서 학술회의를 개최하였다. 2014년 8월 20여 명의 전문 학자가 참가하여 개최한 '국제학술회의: 역사교육과 근대'를 비롯하여 2015년, 2016년 '한중 근대사 연구 현황과 교육', '역사교과서에서 근대사 서술의 방향'을 주제로 한중역사교육국제학술회의를 개최한 것은 대표적인 예이다. 이러한 시도들은 현재 중국의 역사교육의 조건을 고려한 초보적인 시도들이지만 이를 통해, 한중 역사교육 상황에 대한 상호 이해가 깊어졌고, 문제의 본질에 대한 공감이 확대되었다는 점에서 그 의미가 크다. 특히 이러한 과정에서 한중 양국의 역사교육자들은 현재 양국의 역사교육에 심각한 문제가 있음을 공감하고, 바람직한 해결방향을 모색하되, 근본적인 개선을 위해서는 양국 역사교과서에 대한 교차 검토를 통해 교과서에 내장된 근대 이데올로기를 극복할 필요가 있으며, 이를 위해서는 역사교과서의 핵심을 이루는 주요 개념과 서사 방식에 대한 공동연구를 추진할 필요가 있음을 확인하였다. 특히 양국의 교과서 문제를 글로벌한

---

6   孟鐘捷 等, 『全球化視野中的歷史敎育』, 上海: 三聯書店, 2012.

시야에서 논의함으로써, 문제에 대한 공감의 폭과 연구의 지평을 확장하고 나아가 지속적인 대화의 가능성을 높일 수 있었다. 향후 새로운 연구가 기대되고 있다. 보다 발전적인 방향에서 지속 가능한 교류 방법을 모색할 필요가 있다.

3. 이슈와 쟁점

역사문제는 동북공정 이후에도, 지역 차원의 동북진흥전략, 장백산문화론 등 다양한 형식으로 진행되었다. 특히 중앙정부 공식 간행물은 아니라 하더라도, 동북공정에 따른 연구성과는 계획대로 정식 출판되었고, 그 결과는 교과서 서술에 반영되었다. 2007년 이후에도, 동북 3성의 지방정부 차원에서 후속사업이 계속 진행되었다. 지린성, 랴오닝성, 헤이룽장성 사회과학원 산하 연구소 및 박물관을 중심으로 고구려, 발해 유적이 발굴되고 연구사업을 활발하게 진행하는 한편, 요하문명론 또는 장백산문화론 등과 결합하여, 고구려 등 동북사를 중화민족사로 포섭하기 위한 노력이 계속되었다. 또 중국정부는 동북진흥전략 등 개발정책에 따라 관련 유적을 대대적으로 정비하여 관광자원화하는 가운데, 과거 한국사의 흔적을 지우고, 중국화하는 작업을 체계적으로 진행하였다. 동북공정의 결과는 동북지역 개발과 통합에 필요한 문화자원으로 소비되면서 문제가 일상화·대중화된 것이다.

　　이러한 사정은 중국이 같은 기간에 전례 없이 대대적으로 수행하고 있는 변경연구에서도 그대로 드러난다. 예컨대 2004년부터 2009년까지 추진된 신장 위구르 지역에 대한 신장항목, 2008년부터 2012년까지 추진된 서남지역에 대한 서남변강항목, 2009년부터 2013년까지 추진된 티벳항목, 2010년부터 2014년에 추진된 몽골에 대한 북강항목 등은 모두 같은 사례이다. 모두 지역개발과 역사적 통합 방식을 취하고 있으며 비슷한 양상이 전개되고 있다.

따라서 애초 동북공정 등 한중 간의 역사 인식의 핵심적인 차이가 고조선, 고구려, 발해 등의 귀속 문제로 표출되었고, 한국 고대사 및 북방사, 그리고 백두산 및 한중변경사, 한중관계사 등으로 확산되었지만 현대의 문제는 개별적인 역사적 사실의 문제보다는 그것을 중국사로 포섭하는 방식에 있음을 알 수 있다.

사실 이 점은 이미 국내 학계에서 제기된 바와 같다. 공정 이후 국내 학계는 중국의 부상에 수반하는 대국화현상 및 '애국주의' 등 사회동원 이데올로기의 보수성, 팽창적 민족주의 문제 등에 주목하면서 중국의 역사 공정을 동아시아 지역질서의 변동과 연관하여 논의한 바 있다. 같은 맥락에서 학계는 한국의 역사를 자국사로 편입하려는 중국의 시도도 학술적 차원보다는 현실적 필요성에 따라 제기된 정치문제로 이해하였다. 동북공정과 함께 진행된 청사공정, 문명탐원공정 등 중국의 대규모 역사공정 역시 같은 맥락이었다. 공정의 학술(개별 사실을 바탕으로 구성된)적 의의보다는 그것을 추진하는 중국의 의도와 이데올로기에 주목한 것이다. 또 이러한 역사 공정을 중국의 새로운 대국화정책의 맥락에서 이해함으로써, 공정 이후 초래될 중국 내외의 질서 변동을 고려할 필요성을 제기하였다.

이러한 배경에서 동북공정을 추동하는 공식 이데올로기로서 '통일적 다민족국가'론과 그 기초인 '중화민족'론을 분석 대상으로 삼은 것은 당연한 이치였다. '통일적 다민족국가'론은 1954년 이래 중앙정부가 민족관계를 처리하는 기본 원칙이자, 국가 통합 이데올로기로서 제기된 것인데, 그 요체는 한족이나 중원 왕조와 구별되는 역사 경험을 가진 소수민족을 신중국의 구성원으로 포섭하고, 특히 과계민족(跨界民族)의 분리주의 운동을 통제하려는 것이었다. 이러한 논리가 개혁개방에 따른 새로운 사회문제의 해결과 변강 소수민족에 대한 통합의 필요성에 따라 새롭게 강조되었고, '동북공정' 역시 같은 맥락에서 파생되었다는 것이다. 물론 이러한 '통일적 다민족국가'론은 결국 변강의 개별 민족사를 모두 중국의 지방사로 포섭할 뿐 아니라, 각 민족이나 왕조의 가변성, 다양성을 부정하고, 공간적으로 중국의 영토를 자고이래로 고정 불변한 것으로 전제한 점에서 허구적 성격이 농후하였다.[7]

'중화민족'론도 근대 이래 중국이 처한 지속적인 대외 위기 속에서 변강 및 소수민족을 근대국가 형식으로 통합하기 위해, 인위적으로 창출한 개념이었다. 중국의 역사 경험과 배치되는 단일민족으로서 중화민족론은 개념상 지속적인 경쟁과 동화를 통한 팽창을 전제로 했다. 따라서 내부적으로는 비한족(非漢族)=소수민족에 대한 억압, 그리고 외부적으로는 주변 민족에 대한 팽창주의적 접근이라는 이중적인 '제국성'이라는 속성을 띠고 있었다. 동북의 역사를 자국사로 포섭하는 이러한 논리는 애초 일제의 만주침략에 따른 방어적 대응 연구이자, 일제의 만주침략의 논거였던 만선사관을 전유하여 이루어진 것인데, 개혁개방 이후 현실적 필요성에 의해 다시 재현된 것이다.

이처럼 한중 역사문제의 본질을 근대사 경험에서 연유하는 자국 중심의 이데올로기로 규정한 이상 해법은 명확한 것이다. 그것은 한중 양국이 바로 이 점을 솔직하게 인정하고, 보다 바람직한 방향에서 서로 승인하고 공유할 수 있는 새로운 역사인식을 구축하는 것이다.

7 김유리, "개혁 개방 이후 중국의 역사교육과 '통일적 다민족국가'론", 「북방사논총」 6, 2005.

이런 점에서 2009년 한중일 삼국의 정상회담에서 동아시아사 공동 서술에 합의한 것은 참고할 만하다. 이미 아시아태평양교육연대 등 한중일 역사학자와 교사들이 주도하는 민간단체는 국가 사회의 후원 속에서 2002-2005년, 2006-2013년 두 차례에 걸쳐 동아시아사 공동부교재를 개발한 바 있다. 그 성과에 대한 검증은 필요하지만 현재의 문제 상황을 극복할 수 있는 모델을 제시하였다는 점에서 의미가 크다.

중국의 교과서 문제 역시 같은 맥락이다. 사실 중국 역사교과서와 관련하여서는 단순한 국가 정부의 이데올로기만으로 볼 수 없는 오랜 역사성을 갖고 있다. 전통시대 중국의 역사 서술 관행은 물론이고 역사교과서 자체가 일본을 통해 수용한 근대 학제의 산물이듯이 그 서술방식 및 식민주의적 이데올로기를 일본과 공유하는 부분이 많다. 중국의 자국사 서술 체계 자체가 만세일계(萬世一系)의 황통(皇統)을 제시하고 국내 통일과 외국 정벌 영웅의 활약상을 중심으로 서술하는 서술 구조에서 크게 벗어나지 못했다. 이 때문에 중국의 역사교과서는 근대 이래, '단군조선의 부정', '한사군의 강조', '고대 일본의 한반도 지배' 등을 중심으로 하는 식민사학 체계를 그대로 반영해왔던 것이다. 이처럼 식민주의적 역사인식에 뿌리를 둔 근대 중국의 한국인식은 중국사회의 현실적 필요성에 따라 다양한 방식으로 변주되고 활용되어왔다. 정부의 선전이데올로기나 인터넷상에 떠도는 유사역사학 등은 대표적 사례이다. 지속적이고 성의 있는 관심과 교류를 통해서만 문제를 해결할 수 있을 것이다.

4. 평가와 과제

역사문제는 한중수교 이래 양국 간의 최대 현안이자 난제이다. 특히 그것은 현재 진행 중인 동아시아 지역 질서 변동과 연동되어 있다는 점에서 특히 그러하다. 우선 '동북공정'으로 촉발된 한중 간의 역사 갈등은 애초 고구려사 등을 한국 고대사의 귀속문제를 중심으로 전개되었고, 그것이 역사교과서에 그대로 반영되면서 당국의 공식 지식으로 전환하였다.

그러나 문제의 본질은 중국의 자국사 구축방식과 그 이데올로기에 있다. 통일적 다민족 국가론, 중화민족론 등은 그것을 구성하는 핵심 개념일 뿐이다. 이러한 이데올로기는 당초 중국의 국가건설과정에서 현실적인 필요성에 따라 제기되었으나, 이미 소수민족에 대한 억압과 대회 팽창성이라는 이중의 제국성을 내장하고 있다는 점이 잘 밝혀졌다.

한중수교 25년은 양국의 오랜 교류의 역사에 비하면, 매우 짧은 시간이다. 민간교류의 확대에도 불구하고 양국민의 상호 이해가 아직 충분한 단계에 도달하지 못했을 수 있다. 특히 서구의 침략에서 비롯된 중화질서의 붕괴 과정과 이념을 달리하여 대립하였던 냉전의 경험, 그리고 전통에 대한 지독한 비판과 탈중화와 반식민의 방법으로 자기정체성을 구성해온 경험의 차이 등에 대한 이해의 경험도 적다. 이러한 근대 경험에 대한 내밀한 상호 이해와 배려의 의지가 전제되지 않는다면, 양국민 간의 역사 대화는 진전하기 어려울 것이다.

이런 점에서 갈등 국면으로 치닫고 있는 역사문제를 완화하기 위해서는 적절한 수준의 역사 대화가 필수적이다. 대화의 형식은 국가기구, 또는 준 역사기구, 민간단체 간 어느 차원이든 다양하게 전개될 필요가 있다. 소통은 많을수록 좋다. 다만 대화의 지속적 진행을 위해서는 극단적인 국가주의를 넘어서, 인문 가치 및 시민 윤리에 기초하여 구성될 바람직한 미래에 대한 공유가 전제되어야 한다. 갈등의 쟁점에 대한 논리적 토론보다는 상호 이해의 폭을 확장하는 방향에서 이루어져야 하기 때문이다. 특히 당국은 한중 간의 역사문제를 군이 갈등 의제로만 인식할 필요는 없다. 양국의 역사학자, 역사교육자 간에 공감이 이루어진다면 동아시아 문명사, 생태사, 지역사 등에 대한 공동연구와 서술 등 다양한 방식의 협력적 프로그램을 운영할 수 있다. 특히 이미 동북아역사재단의 후원 속에서 2008년부터 근 10년간 계속해온 동아시아사 연구 포럼은 반면교사가 될 수 있을 것이다.

　이러한 점에서 최근 '인문유대' 속에서 한중 양국이 역사적으로 공유하는 공통의 인문 자산을 바탕으로 교류를 활성화하여 새로운 공통의 가치체계를 지향하는 것은 의미 있는 시도이다. 물론 그것이 유교와 한자에 기초한 중국 주도의 문명 질서를 현대의 상황에서 재확인하고 강화시키는 방향으로 진행되지 않기 위해서도 양국의 역사 협력 프로그램의 운영은 필수적이다. 근대 이래 국가건설 과정에 강박당해온 자국사 구축의 논리들을 객관화시키면서 상호 소통 가능한 새로운 역사상을 모색할 수 있는 역사가 수반되어야 할 것이다. 그리고 이러한 인문학적 역사 대화는 자유로운 이념과 가치의 기초를 확대함으로써 지역협력의 제도화에도 기여할 수 있을 것이다.

　또 하나 고려할 점은 역사 대화와 관련해 역사학과 역사교육을 겸용해야 한다는 점이다. 역사교육은 기본적으로 객관적 연구를 과업으로 하는 역사학과 구별되는 측면이 있다. 그것은 인권, 자유, 민주, 평화, 번영과 같은 인류의 보편적 가치를 기준으로 과거의 역사를 반성하는 것은 물론 그런 가치를 미래에 구현하기 위해 노력하는 인간을 길러내는 것이 본령이다. 특히 향후 시민이 주도할 바람직한 동아시아를 전제로 한 역사교육의 실천 방안을 모색할 수 있다면 역사 대화는 보다 순조롭게 이루어질 것이다. 보다 장기적이고 구체적인 계획 속에서, 양국 역사교육자 간의 정기적 교류와 공동연구, 그리고 교육현장에 한국사를 보급할 중국어판 한국사 및 학습 자료의 개발은 당장 진행되어야 할 부분이다. 또 이러한 과정을 총괄할 한중역사교육협의회 등이 운영될 수 있다면 방문연구 등을 통한 공동의 교육과정 및 교과서 개발, 공동의 연구 및 조사를 진행할 수 있을 것이며, 또 이는 동아시아 지역질서 속에서 남북관계를 완화시킴으로써 다양한 학술 프로젝트를 앞당기는 계기가 될 수 있을 것이다.

끝으로 한국은 오랜 역사과정에서 중화제국을 경험한 만큼, 가장 우려하는 것은 중국 주도의 제국질서의 구현이다. 한국이 생존을 위해 적극적으로 모색해야 할 것 역시 향후 동아시아 지역질서의 문제이다. 중국을 설득할 수 있는 미래의 지역질서에 대한 구상이 명확해야 한국의 역사공간으로서 만주를 새롭게 정의할 수 있을 것이다. 만주를 민족사·국가사의 범주 속에 가두는 것이 아니라, 바람직한 미래 전략의 차원에서 동아시아의 여러 나라와 공유할 수 있는 인문적 가치를 창출의 기반으로 삼아야 하는 것이 과제이다. 동북=만주라는 공간과 역사에 대한 종합적 인문연구가 국가 프로젝트로서 추진될 필요가 있다.

| 참고문헌 |

김유리, "개혁개방 이후 중국의 역사교육과 '통일적다민족국가'론", 「북방사논총」 6, 2005.
백영서, "중국의 '동북공정'과 한국인의 중국인식의 변화: 대중과 역사학계에 미친 영향을
　　　중심으로", 「중국근현대사연구」 58, 2013.
송기호, 『동아시아의 역사분쟁』, 솔, 2007.
오병수, "중국 근대 역사교과서의 자국사 구축과정과 중화민족", 「역사교육」 132, 2014.
오병수, "최근 국내 학계의 중국 역사교과서 연구 경향과 과제", 「동북아역사논총」 53,
　　　2016.
유용태, "근대 중국의 민족제국주의와 단일민족론", 「동북아역사논총」 23권, 2009.
유용태, "중화민족론과 동북지정학: "東北工程"의 논리근거", 「동양사학연구」 93, 2005.
윤휘탁, 『신중화주의』, 푸른역사, 2006.
전인갑, "현대 중국의 지식 구조 변동과 '역사공정'", 「역사비평」 82, 2008.
정문상, "역사전쟁'에서 '역사외교'로: '동북공정'에 대한 한국인의 대응양상", 「아시아문
　　　화연구」(가천대학교)15, 2008.

북중관계

신종호(통일연구원)

1. 개관

중국과 북한은 1940년대 중국의 국공(國共)내전 시기부터 긴밀한 유대
관계를 맺었고, 1949년 10월 1일 중화인민공화국 수립 직후인 10월 6일
정식으로 국교를 수립했다. 이후 북중관계는 1950년 한국전쟁과 1961년
북중 우호조약 체결 등을 통해 혈맹에 기초한 전통적 우호협력관계를 유
지해왔으나 1992년 8월 한중수교를 계기로 전환점을 맞이하게 되었다.

　　한중수교 이후 북중관계는 경제·사회 분야에서는 비교적 순탄한
관계를 유지해왔지만, 양국 간 상호 불신이 심화되고 전략적 이해관계의
차이가 나타나면서 점차 소원해지기도 했다. 중국은 개혁개방을 심화하
고 국제체제에 편입하기 위한 노력을 계속하는 과정에서 한중관계의 발
전에 노력함과 동시에 북한의 전략적 가치를 고려하여 북한체제에 대한
지지 및 대북 경제지원도 지속했다. 북한은 중국에 대한 과도한 안보의존
에서 벗어나기 위해 독자적인 안보정책을 추구했으나 경제적인 어려움
은 가중되고 외교적인 고립도 심화되는 악순환을 경험했다는 점에서 중
국의 지지와 지원이 여전히 절실하다.

　　최근 북중관계는 그동안 양국관계에 영향을 미친 요인들 외에 새
로운 변수들이 추가되면서 다시 한 번 전환기를 맞이하고 있다. 즉, 그동
안에는 양국 지도자의 개인적 요인, 사회주의 국가로서 이념적 유대, 상
호 전략적·지정학적 필요성, 국제환경의 변화 등이 북중관계의 변화와
지속에 영향을 미쳤으나, 최근에는 미중 전략경쟁의 심화, 중국 국가정체

성의 변화, 북핵문제를 둘러싼 전략이익의 충돌, 국제사회의 대북 압박과 제재 등이 북중관계에 영향을 주고 있다.

북중관계의 전망에 대한 다양한 논란이 존재하지만, 북한과 중국은 많은 전략적 이해관계를 공유하고 있고 양국관계에 영향을 주는 구조적 요인도 여전히 존재하고 있다. 따라서 향후 북중관계는 근본적으로 변화했거나 퇴보하기보다는 북한체제의 안정과 유지를 전제로 양국이 자국의 국가이익을 극대화하고자 노력하는 과정이 될 것이다. 따라서 북중관계의 표면적이고 일시적인 변화에 일희일비하지 말고 북중관계의 지속을 가능케 하는 구조적 요인과 전략적 이해관계가 무엇인지에 대한 냉철한 판단이 필요하다. 그래야만 중국의 대북 영향력에 대한 과도한 기대나 역할을 주문하기보다 한국 주도의 북핵·북한문제 해결방안을 제시할수 있다. 또한 비핵화와 통일이라는 과제를 동시에 달성하기 위해서는 한중 간 전략적 소통을 유지하면서 중국의 한반도정책 및 대북정책에 우리의 국가이익을 투영할 수 있는 지정학적·지경학적 정책협력 방안을 마련해야 한다.

2. 역사

1) 한중수교 이전(1949-1991년)

한중수교 이전 북중관계는 전통적 우호협력관계를 유지한 상태에서 대립과 협력을 반복했다. 1948년 조선민주주의인민공화국 수립 및 1949년 중화인민공화국 출범 이후 1960년대 초반까지 북중 양국은 사회주의 신생국으로서 비교적 우호적인 관계를 유지했다. 1950년 6월 중국의 한국

전쟁 참전 결정은 미국에 대항하고 북한을 지원한다(抗美援朝)는 명분이 작용했지만 북한과는 순망치한(脣亡齒寒)의 혈맹관계를 형성하는 계기가 되었다. 1961년에는 북중 우호협력호조조약(中朝友好合作互助条约)이 체결되어 군사·안보적인 차원의 동맹관계를 유지할 수 있게 되었다.

　　1960년대 중반부터 북중관계는 이전보다 소원해졌는데, 당시 미소 냉전체제의 영향 및 북중 간 이념 분쟁이 중요한 요인으로 작용했다. 중소 이념논쟁 이후 중국의 북한에 대한 내정 개입이 빈번하게 이루어졌고, 중국의 문화대혁명(1966-1976년) 초기에는 북중 간 상호 불신이 심각한 수준에 이르렀다. 1970년대에는 미중 데탕트로 대표되는 국제환경 변화로 인해 북중관계 역시 정상화 추세를 맞이하였다. 하지만 중국이 개혁개방 노선을 선택하고 시장경제를 도입하는 과정에서 북중 간 이견이 나타나기도 하였다. 하지만 중국은 평화롭고 안정적인 주변환경 확보를 위해 북한과의 관계를 유지하고자 노력하였고, 1980년대 들어 북중 최고위층의 상호방문도 빈번하게 이루어졌다.

2) 갈등 및 냉각기(1992-1999년)

1992년 8월 24일 한중수교 이후 1999년 6월 북한 김영남 최고인민회의 상임위원장의 방중까지 북중관계는 심각한 갈등을 겪은 냉각기라고 할 수 있다. 가장 중요한 이유는 구소련과 동유럽 사회주의권의 해체에 따른 탈냉전 시기의 국제조류에 대한 양국의 대응방식의 차이에서 기인한다. 즉, 중국은 개혁개방을 심화하고 국제체제에 편입하기 위한 노력을 게을리하지 않았고, 이러한 이유로 인해 한국과의 수교를 추진했다. 하지만 북한은 중국에 대한 과도한 의존에서 벗어나기 위해 자체적인 핵개발 노력을 하는 등 독자적인 안보정책을 추구했으나 경제적인 어려움은 가중되었다. 또한 1994년 7월 김일성 사망에 따라 북중 최고지도자 간 연계 및 유대가 소원해진 것 역시 양국관계가 냉각된 중요한 이유이기도 하다.

북중 양국의 최고지도자 간 상호방문 역시 급감했다. 북한은 1991년 김일성 주석의 방중 이후 1999년 김영남 최고인민회의 상임위원장의 방문만 있었고, 중국 역시 1993년 7월 후진타오 정치국 상무위원과 츠하오텐 국방부장의 방북 및 1999년 탕자쉬안 외교부장의 방북만 이루어졌다. 이처럼 북중 최고위급 지도자 간 접촉 부재로 인해 1993년 북한의 핵확산금지조약(NPT) 탈퇴로 인한 1차 북핵위기가 발생했음에도 불구하고 북중 간 협력이 이루어지지 않았다.

다만 당시 북중 간 갈등 상황에서도 북한의 체제유지 및 안전보장에 대한 공감대는 존재했기 때문에, 양국관계가 완전히 단절되지는 않고 경제협력과 지원은 지속되었다. 한중수교 이후 북중 교역액은 1993년 8.9억 달러, 1994년 6.2억 달러, 1995년 5.5억 달러로 급격한 감소 추세를 보였다. 하지만 중국은 1990년대 후반 북한의 '고난의 행군' 시기에 식량과 에너지를 지원함으로써 북한체제의 유지를 위해 노력하였다.

3) 협력 및 복원기(2000-2011년)

2000년 5월 김정일 국방위원장의 전격적인 방중에서 2011년 김정일 사망까지 북중관계는 협력 및 복원기라고 할 수 있다. 이 시기 북중 양국은 최고지도자의 상호방문을 통해 전통적 우호관계 확립과 경제지원 등을 논의하였다. 이러한 관계 회복은 중국과 북한의 상호 이익과 필요성 때문에 이루어진 것으로써, 북한은 체제의 안전과 경제위기 극복을 위해 중국의 경제적 지원과 협력이 절실했고, 중국 역시 대외전략 차원에서 북한의 전략적·지정학적 가치가 여전히 필요했기 때문이다. 하지만 한중수교 이후 중국에 대한 북한의 불만과 불신이 완전히 해소되기보다는, 양국관계는 상호 갈등과 마찰을 안정적으로 관리하고 협력을 모색하는 방향으로 진행되었다.

2002년 10월 2차 북핵위기의 발생은 역설적으로 북중관계를 강화시키는 결과를 낳았다. 중국의 입장에서 북핵문제는 평화롭고 안정적인 주변 안보환경 확보라는 대외전략 목표에 반하는 사안이지만 북한의 지정학적 가치를 고려하여 북한체제의 안정 유지에 도움이 되는 방향으로 경제협력을 강화했다. 북한 역시 체제보장과 정권의 안정 그리고 경제위기 극복에 유용한 수단으로 핵개발을 추진하는 과정에서 중국으로부터의 정치적 지지와 경제적 지원을 확보하기 위해 노력하였다. 결국 중국은 북핵문제 해결을 위해 북한과 미국 사이의 중재자 역할을 자임함으로써 2003년 6자회담을 성사시켰고, 북한은 6자회담에 참여하는 대신 중국의 외교적 지지와 경제적 지원을 얻어냈다.

2004년 4월 북한 김정일 위원장이 중국을 방문하여, 중국 정치국 상무위원을 모두 접견함으로써 중국 지도부와의 인적관계를 강화했고, 당 대 당의 관계를 복원시켰다. 중국의 후진타오 국가주석 역시 "전통계승(繼承傳統), 미래지향(面向未來), 선린우호(睦隣友好), 협력강화(加强合作)"라는 16자(字) 방침을 재확인하였으며, 2005년 10월 북한을 답방해 '전통우의를 공고화하고, 상호신뢰를 강화하며, 호혜협력을 확대할 것'임을 천명하였다. 2006년 1월 김정일 위원장의 네 번째 방중에서 양국은 6자회담을 비롯한 현안을 논의하고 경제협력을 확대할 것에 합의했다.

2006년 7월 북한의 미사일 시험발사와 10월 핵실험 이후 북중관계는 다시 이완될 조짐을 보였다. 중국은 '제멋대로'(悍然)라는 표현을 사용하며 북한의 핵실험을 강력 규탄했고, 유엔 안보리 대북제재 결의안(1718호)에도 찬성했다. 2009년 5월 25일 2차 북핵실험 이후 중국은 공식성명을 통해 한반도의 비핵화와 핵확산 방지, 동북아의 평화와 안정을 위해 반대하고 북한의 정세악화행위 중단 및 6자회담 복귀를 촉구했으며 유엔 대북제재 결의안(1874호)에 찬성하였다. 하지만, 북한의 2차 핵실험에도 불구하고 중국은 6자회담 재개를 통해 북핵 및 북한 문제를 안정적으로 관리하고자 하였다. 이를 위해 2009년 8월 우다웨이(武大偉) 외교부 부부장, 9월 다이빙궈(戴秉國) 국무위원, 10월 원자바오(溫家寶) 총리, 그리고 2010년 왕자루이(王家瑞) 당대외연락부장의 연이은 방북이 추진되었다. 또한 중국은 2010년 5월 '천안함 사건과 김정일 방중은 별개'라는 입장에서 김정일 위원장을 초청하여 양국의 전통적 우호협력관계를 대내외에 과시했고, 고위층 교류 지속, 전략적 소통 강화, 경제무역협력 심화, 인문교류 확대, 국제·지역협력 강화 등 5개항에 합의하였다. 2011년 5월 김정일 위원장의 마지막 방중에서도 양국은 고위층 교류 강화, 치당치국(治黨治國)의 경험 교류, 호혜협력 확대, 문화·교육·체육·청소년 교류 확대, 국제·지역문제 소통 강화 및 협조 유지 등 5개항에 합의하고 양국의 우의가 대를 이어 발전할 것이라고 강조하였다.

이 시기 북중 양국은 북핵문제의 해결을 위한 상호 협의와 협력을 모색했고, 이는 곧 북중관계가 기존의 이념적 유대나 '당 대 당' 관계에서 탈피하여 국가이익에 기반한 전략적 협력관계를 모색하기 시작했음을 의미한다. 실제로 2010년 김정일 방중 시 후진타오(胡錦濤)와 정상회담에서 양국은 '전략 소통(Strategic Communication)'에 합의했고, 이에 기반하여 2011과 2012년에 각각 평양과 베이징에서 중국공산당과 북한 노동당의 당 대 당 대화를 개최했다. 북중 간 군사교류도 이루어졌는데 2011년 11월 북한과 중국의 군사대표단이 평양에서 고위급 회담을 진행했다. 2012년 4월에는 김영일 노동당 중앙위원회 비서가 중국의 다이빙궈 국무위원을 면담하여 북중 간 전통적 우호협력관계 지속과 관련된 논의를 진행했다. 하지만 북한의 3차 핵실험 이후 양측의 정치·안보 현안에 대한 입장 조율은 그 횟수가 대폭 줄었고 내용 역시 많은 변화가 있었다. 특히 2013년 6월 19일의 3차 전략대화는 북한 김계관 외무성 제1부상과 중국 장예쑤이 외교부 부부장이 참석한 외교당국 간 실무적 성격의 '전략대화(Strategic Dialogue)'로 개최되었다.

4) 전략적 탐색 및 조정기(2013년-현재)

중국과 북한의 새로운 지도부가 출범한 2012년 말-2013년부터 현재까지 북중관계는 상호 전략적 탐색 및 조정기를 거치고 있다. 이 시기 북중관계는 과거보다 더 경색되었는데, 가장 큰 이유는 북한의 잇따른 핵·미사일 도발 때문이라고 할 수 있다.

　김정은 체제 출범 직후인 2012년 12월 북한의 미사일 발사와 2013년 2월 3차 북핵실험을 계기로 북중관계는 다시 소원해지기 시작했다. 이후 북중 양국은 5월 최룡해 총정치국장이 김정은 특사 자격으로 중국을 방문하고, 6월 양국 외교부문 간 3차 전략대화가 진행되었고, 7월 리위안차오(李源朝) 중국 국가부주석이 북한의 정전협정 체결 60주년 행사 참석을 위해 방북하는 등 양국은 상대방의 전략적 의도를 탐색하기 위한 다양한 노력을 시도했다. 하지만 12월 대표적인 친중인사로 알려진 장성택 처형 이후 북한에 대한 중국의 신뢰가 무너지면서 양국관계는 더욱 냉각되었다.

　2014년에는 그동안 북중 간 전통적 우호관계를 유지해온 다양한 기제들-최고위급 상호교류, 전통적 우호관계 확인, 경제협력 및 지원, 정치·안보 현안 입장 조율 등-이 거의 작동되지 않았다. 시진핑(習近平) 국가주석과 리커창(李克强) 총리는 한 해 동안 40여 차례 해외순방을 했으나, 일본과 북한을 방문하지 않았다. 2월 러시아 소치 올림픽 개막식에서 시진핑과 김영남 최고인민회의 상임위원장이 접견했으나 중국외교부는 관련 사실을 브리핑하지 않았고, 7월 북중 우호조약 체결 53주년 기념행 사와 10월 북중수교 65주년 기념행사가 취소되었고, 북중경협의 상징인 신압록강대교의 연말 개통도 무산되었다. 9월 북한 정권수립일 축전에 중국은 그동안 북중 정치관계의 기본원칙이었던 16자 방침을 생략했다.

북한 역시 국제적 고립 탈피를 위해 리수용 외무상의 유엔총회 참석, 강석주 당 국제비서의 유럽 4개국 순방, 최룡해 총정치국장의 러시아 방문 등 최고위급의 외교행보가 이어졌으나 방중은 이루어지지 않았다. 대신 북한은 시진핑 국가주석의 7월 한국방문을 비난했고, 7월 17일 북한의 단거리 미사일 발사를 규탄하는 유엔 안보리 성명에 중국이 동참한 것에 대해 줏대 없는 행동이라는 표현으로 비난했다.

하지만 북중관계가 상당한 수준으로 경색된 순간에도 양국은 상대방에 대한 전략적인 탐색을 이어갔다. 북한은 2014년 7월 2일 조선신보를 통해 "중국은 미국의 대중국 봉쇄정책에 대응하기 위해 조선과 전통적 우호협력관계를 중시하고 강화해야 한다"고 주장하고, 최룡해가 11월 러시아 방문 시 "조건 없이 6자회담에 복귀하겠다"고 언급하는 등 중국과 대립 기조에서 잠시 벗어나 전통적 우호협력관계의 복원 가능성도 열어두었다. 중국도 2014년 11월 유엔총회에서 북한 인권문제를 국제형사재판소(ICC)에 회부하는 내용의 결의안에 반대했고, 12월 김정일 사망 3주기에 류윈산(劉雲山) 정치국 상무위원이 베이징 북한대사관을 방문하여 추도하는 등 관계개선 의지를 보여 주었다.

2015년 북중관계는 지난 2년과는 다른 양상을 보이며 회복 조짐을 보이기 시작했다. 1월 8일 중국 외교부는 김정은 생일에 축전을 보내면서 16자 방침을 다시 거론하며 전통적 우호협력관계 발전을 희망하는 등 향후 북중관계의 안정적 관리 가능성을 남겨두었다. 10월 9일 중국공산당 정치국 상무위원이자 중앙서기처 서기인 류원산이 북한노동당 창당 70주년 열병식에 참석하면서 북중관계의 회복 가능성이 제기되었다. 다만, 시진핑 국가주석은 류원산을 통해 북한 김정은에게 전달한 친서에서 "중국은 북한의 핵무기 보유를 반대하며 북핵문제 해결을 위한 6자회담의 재개를 희망하지만, 북한을 결코 포기하지는 않을 것"이라는 점을 분명히 했다. 이처럼 중국정부는 북핵문제와 북한을 분리하여 접근하고 있다는 점을 보여주었다. 다만, 12월 북한 모란봉악단의 베이징 공연 취소 사태는 북중관계의 취약성 및 불안정성을 상징적으로 보여주었다는 점에서 주목할 필요가 있다.

2016년 1월 북한의 4차 핵실험 및 2월 미사일 발사 강행 등으로 인해 전년도 10월 류원산 상무위원의 방북 이후 재개되었던 북중 간 협력 분위기는 또다시 냉각되었다. 중국은 북한의 4차 핵실험 및 미사일 도발 강행을 북한의 독자적인 전략적 선택의 결과이자 중국의 입장이나 이익을 고려하지 않은(不考慮中國) 결과로 인식했다. 즉, 2015년 11월 미중 정상회담에서 이미 북핵불용을 천명했음에도 불구하고, 12월 모란봉악단의 중국방문 시 김정은의 '수소탄 보유' 발언이 이어졌고, 급기야 북한은 2016년 1월 6일 4차 핵실험을 강행했으며, 2월 2일 우다웨이의 방북 설득에도 불구하고 북한은 5일 후 장거리 미사일 발사를 강행했다는 것이다.

다만, 중국은 북한의 4차 핵실험에 대한 강경한 반대 입장에도 불구하고 북한체제의 붕괴를 촉진할 수 있는 국제사회의 압박에 대해서는 신중한 대응 입장을 견지했다. 4차 북핵실험 이후 중국은 한반도정책의 3원칙-한반도 비핵화 실현, 한반도의 평화와 안정 수호, 대화를 통한 문제 해결-을 일관되게 강조했고, 국제사회의 대북제재 결의(제2270호)에도 적극적으로 동참하겠다는 의지를 밝혔으나 북한체제를 위협할 수 있는 수준의 대북제재에는 명확한 반대 입장을 표명했다. 2016년 9월 5차 북핵실험 이후에도 중국은 북핵불용 입장을 유지하면서도 국제사회의 대북제재(제2321호)가 북한으로 하여금 협상(6자회담 등)으로 나오게 하기 위한 수단이 되어야 한다는 점을 강조했다.

3. 이슈와 쟁점

중국은 그동안 평화롭고 안정적인 주변환경 조성이라는 대외전략의 목표에 따라 한반도의 평화와 안정 유지 및 영향력 확대를 시도해왔다. 이 과정에서 중국은 한중수교를 통해 한국과의 전략적 관계를 발전시켜왔으나, 북한에 대해서도 경제적 지원과 정치적 지지를 지속해왔다. 북한 역시 중국의 이러한 한반도정책에 대한 이해를 기반으로 미중관계와 북미관계를 활용하여 중국과의 관계를 전략적으로 조정해왔다. 특히 최근 국제사회의 대북 압박과 제재가 강화되고 있는 상황에서 김정은 체제의 안정을 도모하기 위해서는 전통적 우방국인 중국과의 협력의 필요성을 잘 인식하고 있다.

1) 최고위급 지도자 상호교류

북중 최고위급 지도자들의 상호교류가 지속적으로 유지되고 있느냐 여부는 북중관계의 변화와 지속 여부를 판단할 수 있는 중요한 기준이다. 1949년 이후 지속적으로 유지되어오던 북중 최고위급 지도자들 상호방문은 1992년 한중수교를 기점으로 매우 급격하게 감소했다. 1999년 6월 김영남 상임위원장의 방중을 계기로 북중 최고위급 지도자 상호교류는 회복 추세를 보이기 시작했다. 특히 2009년 5월 북한의 2차 핵실험에도 불구하고 김정일 국방위원장은 2010년과 2011년에 네 차례나 중국을 방문하는 등 고위급 정치교류가 활성화되었다. 김정은이 2010년 10월 후계자로 공식화된 이후부터 2013년 2월 3차 핵실험 이전까지 북중관계 역시 기본적으로 이전 김정일 시기와 비슷한 형태로 유지되었다. 특히 김정은 국방위원회 제1위원장은 2012년 8월 후진타오 국가주석의 특사로 북한을 방문한 왕자루이(王家瑞) 중국공산당 대외연락부장을 면담하면서 외교무대에 공식 데뷔했다. 김정은 위원장은 취임 이후 첫 외빈으로 중국의 특사를 선택함으로써 중국과의 혈맹관계를 대내외에 과시하고 북중관계의 회복과 안정화를 의도함은 물론 내부적으로도 정권이 안정화되었다는 자신감을 대외적으로 드러내고자 했다.

하지만 2012년 12월 북한의 미사일 발사와 2013년 2월 3차 핵실험 강행, 그리고 12월 장성택 처형 이후 북중 최고지도자 간 상호교류는 갈수록 그 횟수가 줄어들었고 의전 역시 과거에 비해 낮아졌다. 2013년 5월 말 북한은 최룡해 노동당 중앙군사위원회 부위원장을 베이징에 특사로 파견했는데, 당시 중국은 의도적으로 특사와 북한을 냉담한 태도로 대했다. 과거에는 북한의 지도자와 특사가 중국을 방문하는 경우 국가주석, 국무원 총리, 전국인민대표대회 상임위원장, 정치협상회의 주석 등과 같은 중국의 최고지도부 모두를 예방하는 관례가 있었다. 하지만 2013년 최룡해 특사의 방중 시에는 왕자루이 중국공산당 대외연락부장이 맞이하고, 중국공산당 정치국 상무위원 중 하나인 류윈산(劉雲山)이 최룡해를 접견했으나 나머지 지도자들은 만나지 않았다. 다만 시진핑 국가주석과의 만남이 최룡해 특사가 베이징을 떠나기 몇 분 전에야 성사되었다. 또한 2013년 7월 리위엔차오(李源潮) 중국 국가부주석이 한국전쟁 정전협정 체결 60주년 행사 참석을 위해 북한을 방문하고 김정은을 접견한 이후 북중 고위급 회담은 전면 중단되었다. 2014년 한 해 동안 시진핑 국가주석과 리커창 총리는 40여 차례의 해외순방을 했으나, 동아시아에서는 일본과 북한을 방문하지 않았다. 북한 역시 국제적 고립 탈피를 위해 2014년 9월 리수용 외무상의 유엔총회 참석, 9월 강석주 당국제비서의 유럽 4개국(독일, 벨기에, 스위스, 이탈리아) 순방, 11월 최룡해 노동당 비서의 러시아 방문 등 최고위급의 외교행보가 잇달았으나 중국방문은 이루어지지 않았다. 이처럼 김정은 정권 출범 이후 북중 최고지도자 간 상호방문이 이루어지지 않는 등 정치 분야에서의 관계는 크게 진전되지 않고 있다.

2) 전략적 소통 유지 및 강화

북중관계가 그동안 약간의 기복은 있었지만 전통적 우호협력관계를 오랫동안 유지해온 중요한 이유는 전략적 소통을 강화해왔기 때문이다. 탈냉전 및 한중수교 이후 북중관계가 이상기류를 보였지만, 2001년 장쩌민(江澤民) 국가주석이 방북하여 소원해진 북중관계를 정상화한다는 취지에서 김정일 국방위원장과 16자 방침에 합의했다. 이후 16자 방침은 북중 양국의 우호협력관계의 표상으로 통했고, 2003년 집권한 후진타오 시기에도 거의 매년 16자 방침이 언급되었다. 다만 미국의 방코델타아시아에 대한 제재와 관련하여 북중관계가 소원했던 2007년에는 후진타오 국가주석이 김정일 국방위원장에게 보낸 정권 수립 기념일 축전에서 16자 방침이 인용되지 않았다. 시진핑 국가주석도 2013년에는 김정은 국방위원회 제1위원장에게 보낸 정권수립 기념일 축전에 이 문구를 넣었으나, 2014년 9월 9일 북한 정권수립 66주년을 맞아 축전을 보낼 당시에는 언급하지 않았고, 2015년 1월 김정은 노동당 제1비서의 생일을 맞이하여 중국 외교부가 보낸 축전에는 16자 방침이 다시 복원되었다.

북중 간 전략적 소통 강화 노력은 북한의 잇따른 핵·미사일 도발 과정에서도 지속되었다. 2009년 북한의 2차 핵실험 이후 중국은 6자회담 재개를 통한 북핵문제 해결을 강조하면서 8월 우다웨이 외교부 부부장, 9월 다이빙궈 국무위원, 10월 원자바오 총리 등 당 지도부의 연이은 방북을 추진했다. 2010년 3월 '천안함 사건' 발생 이후 중국은 '냉정과 절제', '시비곡직에 근거한 객관적 판단', '한반도의 평화와 안정을 파괴하는 행위 반대', '대화를 통한 외교적 타결' 등을 주장하며 중립적인 입장을 유지했고, 5월에는 김정일 위원장을 초청하여 정상회담을 통해 5개항-고위층 교류 지속, 전략적 소통 강화, 경제무역협력 심화, 인문교류 확대, 국제·지역협력 강화 등-에 합의함으로써 양국의 전통적 우호협력관계를 대내외에 과시하였다. 시진핑 지도부 출범 이후 북한의 세 차례(2013년 2월, 2016년 1월과 9월)에 걸친 핵실험 강행에도 불구하고 중국은 국제사회의 대북 압박과 제재에는 동참하겠다고 밝혔지만 북한체제를 위협하는 수준의 제재에는 반대하고 있다. 이는 곧 중국이 북한의 전략적 가치와 북중관계를 고려하여 접근하고 있다는 점을 보여준다. 실제로 시진핑 국가주석은 2016년 5월 북한의 7차 당대회 개최와 김정은 당위원장 추대에 대한 축전에서 북중관계를 매우 중시하며 북중 우호협력관계의 발전을 희망한다는 메시지를 보냈고, 이에 화답하여 북한은 당대회 직후 리수용 노동당 부위원장 및 국제부 부장이 중국을 방문해 시진핑 주석에게 김정은의 구두 친서를 전달하였다.

3) 북중 경제협력 및 중국의 대북지원 유지

북중 간 정치외교관계의 경색에도 불구하고 경제협력과 중국의 대북지원은 여전히 지속되고 있다. 냉전시기 및 한중수교 이전에는 북중 경제협력은 지속적으로 증대했고 북한의 중국의존도 역시 갈수록 높아졌다. 하지만 탈냉전과 한중수교 및 1990년대 중반 북한의 경제난 이후에는 북중교역 역시 급격하게 줄어들었다. 2000년대에 들어서면서 북중관계가 상당한 수준으로 회복되고, 남북한 교류협력이 활성화되면서 북중 경제협력도 비약적인 발전을 이룩한다. 2008년 이후 남북관계가 경색된 이후 북한경제의 중국의존도는 더욱 증대되었고, 2012년 김정은 정권 출범 이후 북한과 중국은 많은 분야에서 경제협력을 점진적으로 확대했다.

2012년 8월 장성택을 단장으로 하는 '라선경제무역지대와 황금평, 위화도경제지대 공동개발 및 공동관리를 위한 조중 공동지도위원회' 대표단이 베이징을 방문하여 후진타오 국가주석과 원자바오 총리 등을 접견했고, 쑨정차이 지린성 당서기와 왕민 랴오닝성 당서기, 왕자루이 당 대외연락부장 등과의 회담을 통해 북중 경제협력과 중국의 대북지원을 논의했다. 관광산업 분야에서도 북중 국경에 접한 지린성이 적극적인 태도를 보였으며, 북한은 중국 관광객이 무비자로 북한을 관광할 수 있게 하는 등 전향적인 조치를 통해 북중 간의 관광교류가 대폭 확대되었다.

하지만 2013년 북한의 3차 핵실험 및 장성택 처형 이후 북중 경제협력과 중국의 대북지원은 갈수록 줄어들었고, 2014년 7월 북중 우호조약 체결 53주년 기념행사와 10월 북중수교 65주년 기념행사가 취소되었고, 북중경협의 상징인 신압록강대교 연말 개통도 무산되었다.

북중 무역액은 1992년 6.9억 달러 수준에서 2000년대 들어 꾸준히 증가하기 시작하여 2013년 65.4억 달러까지 도달했으나, 이후 감소하기 시작하여 2016년 58.3억 달러를 기록하고 있다. 문제는 2016년 1월과 9월의 4, 5차 북핵실험 이후 국제사회의 대북 압박과 제재가 강화되고 있는 추세 속에서 북중 경제협력은 더 많은 영향을 받을 가능성이 있다는 점이다.

4. 북중관계에 대한 영향

1) 한중관계 발전

한중관계의 급속한 발전은 북중관계를 소원하게 한 가장 중요한 요인이다. 한중관계는 1992년 수교 이후 경제·사회 분야를 중심으로 상전벽해(桑田碧海) 수준으로 급속하게 발전했고, 최근에는 정치·안보·국방 분야로 협력의 범위를 확대하고 있다. 한중관계는 수교 당시 '선린우호협력관계'를 수립한 이후, 1998년 '21세기를 향한 한중 협력동반자관계', 2003년 '한중 전면적 협력동반자관계', 2008년 '한중 전략적 협력동반자관계'로 발전을 거듭했다. 한중 교역액은 1992년 수교 당시 44억에서 2016년말 기준 2,113억 달러로 약 50배 이상 증가했고, 인적교류 역시 수교당시 9만 명에서 2014년에 이미 1천만 명을 돌파했으며, 2014년 11월 APEC회의에서는 한중 FTA 체결에도 합의했다. 최근 북핵과 사드배치 문제를 둘러싸고 한중관계에 부정적인 영향을 미치고 있지만, 중국은 자국의 대외전략에서 한국이 차지하는 전략적 위상을 고려하여 한중관계를 유지 및 관리하려는 노력을 지속할 것이다.

반면, 북중관계는 1949년 수교 이후 1950년 한국전쟁 당시 중국 인민지원군이 참전하고 1961년 '북중 우호협력 및 상호원조에 관한 조약'이 체결되는 등 전통적인 우호협력관계가 지속되었으나, 한중수교 이후 북중관계는 소원해졌다. 1993년 북한의 핵확산금지조약(NPT) 탈퇴 선언으로 조성된 핵위기가 현재까지 지속되고, 2013년 3차 핵실험 강행 이후 북중관계의 냉각상태는 현재까지 지속되고 있다. 김정은 체제 출범 이후 시진핑 국가주석과 리커창 총리의 북한방문이 이루어지지 않고 있으며, 중국 지도부가 그동안 북한을 먼저 방문한 이후 한국을 방문하던 관례를 깨고 2014년 시진핑 주석은 한국만 방문했다. 특히 북한의 핵·미사일 고도화에 따른 국제사회의 대북 압박과 제재 강화 추세가 지속될 경우 북중 경제관계에도 영향을 줄 가능성이 크다.

2) 미중 전략경쟁의 심화

미중관계와 같은 국제전략환경의 변화도 북중관계에 영향을 주었다. 냉전시기 및 한중수교 이전에는 미소 냉전체제 및 미중 데탕트와 같은 요인이, 탈냉전 시기 및 한중수교 이후에는 주로 '중국의 부상'과 미중 강대국(G2) 체제의 등장 및 그에 따른 미중관계의 변화 등이 북중관계의 대립과 협력에 영향을 주었다. 탈냉전 직후 미국 주도의 패권 질서 속에서 중국의 전략적 공간은 매우 제한적이었고 동아시아 및 한반도 정책 역시 체계적으로 수립되지 못했다. 하지만 중국은 북핵위기 발생 이후 6자회담의 중재자 역할을 통해 동아시아 지역질서 구축의 중요한 행위자로 등장하였고, 2008년 미국발 금융위기 이후 G2 체제하에서 자국의 '평화적 부상'을 위해 미중관계를 안정적인 협력 기조로 관리하기 위해 북한·북핵문제를 전략적 지렛대로 활용하고자 하였다. 북한 역시 미중 전략경쟁 심화 추세를 활용하여 자신들의 안보를 위해서는 미국과, 경제적 지원을 위해서는 중국과의 관계를 활용하고자 하였다. 동아시아에서 전개되고 있는 미중 전략경쟁의 영향으로 인해 한반도문제는 미중관계의 하부구조로 인식되고 있다. 한반도에 대한 영향력 유지 및 확대를 중시하는 중국의 입장에서는 현존 패권국 미국과의 전략경쟁에 대비하여 미국의 역내 영향력을 약화시키는 것이 중요하고, 이를 위해서는 한국과의 전략적 관계 발전뿐만 아니라 북한체제에 대한 안정적 관리도 동시에 중시할 필요성이 있는 것이다. 이러한 이유로 인해 중국은 북핵에 반대하며 북핵

저지를 위한 국제사회의 대북제재에도 동참하지만, 북한 체제의 안정을 위협하는 수준의 제재에는 거부 의사를 밝히고 있다. 한미 주도로 이뤄지는 대북 압박으로 인해 북한 정권이 붕괴할 경우 미국과의 역내 영향력 확대 경쟁에서 불리한 입장에 설 수 있다고 판단하기 때문이다.

3) 중국 국가정체성의 변화

중국의 국가정체성(national identity) 변화 역시 북중관계 변화의 주요한 요인이다. 1949년 이후 중국은 같은 사회주의 국가이자 제3세계 국가로서 북한을 정치·경제적으로 적극 지지·지원하는 역할을 수행했다. 하지만 최근 강대국으로 부상한 중국이 국제무대에서 차지하는 위상과 영향력을 고려하여 '국제적 책임과 의무'를 강조하고 있는 상황에서 더 이상 '북한 편들기' 식의 정책을 고수하기는 어려워졌다. 시진핑 지도부는 "중화민족의 위대한 부흥"이라는 '중국의 꿈(中國夢)'을 제시하고, 강대국으로서 위상과 지위에 부합하는 대외정책을 추진할 것을 천명했다. 이를 위해 평화발전(和平發展) 전략의 유지와 핵심이익(Core Interest)의 수호를 동시에 강조하고, '친(親), 성(誠), 혜(惠), 용(容)'의 주변국외교도 중시하고 있다.

중국의 한반도정책은 상황에 따라 우선순위가 바뀌기도 했지만 기본적으로 세 가지 원칙적 입장-한반도의 평화와 안정 유지, 한반도 비핵화, 대화를 통한 문제 해결-을 유지해왔다. 하지만 강대국 정체성을 기반으로 핵심이익 수호를 강조하고 주변외교를 통한 영향력 확대를 모색하고 있는 시진핑 지도부의 입장에서는 패권국 미국과의 전략경쟁에 대비함은 물론 미국의 역내 영향력을 약화시키기 위해 남북한 모두와의 관계를 '유지' 및 '관리'해야 하는 '딜레마'적 상황에 직면하고 있다. 이러한 중국의 대외전략 변화 속에서 주변 안보환경에 부정적인 영향을 주고 있는 북핵문제 해결에 진전이 없는 상황에서 중국은 북한과 정상적인 국가 간 관계로 변화를 모색하기 시작했고, 이는 곧 북한의 중국에 대한 불만 내지는 불신으로 이어졌다고 할 수 있다.

4) 북한의 정치·경제·외교적 도전

북한이 처한 대내외적 도전-체제 안정성 확보, 만성적 경제난 극복, 대외적 고립 탈피 등-을 해결하는 과정에서 북중관계에도 영향을 주었다. 체제 안정성 확보와 관련하여 북한 최고지도자가 정치적 안정성을 확보하고 자신만의 통치 스타일을 확립하기 위해 취한 조치들이 북중관계에 영향을 주기도 하였다. 예를 들어, 2012년 '북중 공동지도위원회' 대표단 단장인 장성택이 중국을 방문하여 북중 경협사업의 밑그림을 확정했으나, 2013년 친중파인 장성택 숙청 이후 관련 사업들이 지연되거나 추진되지 않고 있다. 만성적인 경제난 극복을 위해 북한은 개혁개방이 필요하지만, 정권의 안보에는 위협으로 작용한다. 중국은 북한을 중국식 개혁개방으로 유도하고자 노력했지만 북한은 제한적 개방과 선택적 개혁을 선택함으로써 체제 유지를 위한 통제력 확보를 중시하였다.

외교적 고립을 탈피하기 위해 북한은 북미관계 개선을 중시하고 있지만 그 핵심 과제는 결국 핵문제라고 할 수 있다. 그러나 북한은 공식적으로 스스로를 '핵국가'로 부르기 시작했으며, 5차례의 핵실험을 강행하는 등 공격적이고 도발적인 정책을 지속함으로써 국제사회의 압박과 제재를 자초하고 있다. 북미관계는 오랫동안 교착상태에 있고, 남북경색 국면도 지속되고 있으며, 북한의 러시아·유럽·일본 등과의 관계개선 노력 역시 별다른 성과가 없다는 점에서, 가장 중요한 외부 지원 국가는 중국이 될 수밖에 없지만 중국 역시 무조건적인 북한 지지를 표명할 수 없는 상황에 직면하고 있다. 북한 김정은 체제의 중국에 대한 '전략적 불신' 역시 최근 북중관계 경색의 또 다른 요인이다. 북한은 그동안 중국을 사회주의 형제국으로 인식하고, 동북아에서 전개되는 한미동맹 혹은 한미일 동맹 구도에 맞서 북중동맹 혹은 북중러 동맹구도를 형성해왔다. 하지만 2013년 1월 중국정부가 북한의 미사일 발사에 대한 유엔제재 결의안에 동의하자 북한은 중국을 "미국의 강권에 눌려 지켜야 할 원칙마저 버렸다"고 비난하는 등, 중국의 '나약한'(无能) 외교에 대한 실망과 불신을 표출했다. 또한 북한은 그동안 자국이 중국의 완충지대(buffer-zone)로서 미국의 위협을 일정 정도 차단하는 역할을 수행하고 있기 때문에 중국의 대북지원을 당연한 것으로 인식했으나, 최근 중국의 부상에 따라 중국이 미국과의 신형대국관계를 구축하는 과정에서 북한문제에 대한 관심이 낮아질 수 있다는 우려를 하고 있다.

5) 북핵문제를 둘러싼 전략이익 차이

북핵문제에 대한 인식과 정책상의 차이는 최근 북중관계 변화의 핵심 요인이다. 중국은 북한의 잇따른 미사일 발사와 핵실험이 자국의 안보이익을 침해하고 역내 영향력 확대에도 제약을 가한 것으로 인식했고, 국제사회의 대북제재에 동참하는 등 이전과 다른 행태를 보여주었다. 2013년 2월 3차 북핵실험 이후 중국 내에서 나타난 북한에 대한 부정적인 여론이 증대되면서 중국정부는 '비정상적인' 북한에 대한 입장과 정책 변화를 모색했고, 북중관계도 소원해지기 시작했다. 하지만 2016년 1월과 9월의 4, 5차 북핵실험 이후 중국은 북학의 핵보유에 반대하고 국제사회의 대북제재에도 참여하고 있지만, 북한체제를 위협하는 수준의 제재에는 부정적인 입장을 취하고 있다. 반면, 북한 김정은 체제는 핵·경제 병진 노선을 선언하고 핵보유국 지위를 포기하지 않을 것을 천명한 상태에서 중국의 대북제재 동참에 대해 '대국주의자'로 비난하는 등 불만을 표시했고, 다른 한편으로는 경제난 해결과 중국 의존도 탈피 및 국제적 고립 해소 등을 위해 일본과 러시아 등과의 접촉을 강화하기도 했다. 하지만 북한의 이러한 노력이 큰 성과를 거두지 못함에 따라 중국과의 협력관계 유지는 여전히 중시되고 있다.

5. 전망과 과제

북중관계는 오랫동안 전통적인 우호협력관계를 유지한 상태에서 대립과 협력을 반복해왔으나, 탈냉전 및 한중수교 이후에는 기존의 지도자 개인과 이념적 유대에 기초한 혈맹관계에서 탈피하여 서로의 전략적 고려와 현실적 필요에 따라 갈등과 협력을 반복했다. 하지만 북중관계가 여전히 군사동맹을 기반으로 하는 '특수관계'인지, 아니면 국가이익을 추구하는 '정상국가관계'로 변화하고 있는지에 대한 논란은 여전히 진행 중이다. 최근 북핵문제를 둘러싼 북중관계 경색 국면에서 중국이 북한과 정상국가관계로의 '변화'를 모색하고 있는 것으로 보이지만, 양국은 여전히 많은 전략적 이해관계를 공유하고 있고 양국관계에 영향을 주는 요인들 역시 다양해지고 있다는 점에서 '지속'의 측면도 여전하다.

시진핑-김정은 시기 북중관계가 북핵문제로 인해 소원해졌고 냉각된 것이 사실이지만, 양국관계가 근본적으로 변했거나 중국이 북한을 '포기'할 정도의 수준은 아니다. 양국은 여전히 많은 전략적 이해관계를 공유하고 있고, 북중관계에 영향을 주는 구조적 요인이 건재하기 때문이다. 따라서 향후 북중관계는 급격하게 변화 내지는 퇴보하기보다는 북한 체제의 안정·유지(維穩)를 전제로 양국이 자국의 국가이익을 극대화하기 위해 노력할 가능성이 높다. 즉, 양국은 상대방을 적으로 돌리지 않으면서도 우호적인 관계를 유지하고자 할 것이다. 최근 몇 년간 북중 간 고위급 교류가 크게 감소한 것은 양국관계의 경색 국면을 반영하고 있지만, 동아시아에서 미국의 대중국 봉쇄가 지속되고, 북한 붕괴 시 미국의 한반도에 대한 영향력 확대 가능성에 대한 우려 등으로 중국은 북한에 대한 최소한의 경제적 지원은 중단하지 않을 것이다. 다만 최근 중국 내에서 북한에 대해 '자산'과 '부담' 사이에서 다양한 목소리가 나타났고, 이러한 논란은 그 자체로 북한의 중국에 대한 불신을 가중시키는 원인이 되고 있다는 점에서 중국의 대북정책에서 일정한 조정의 가능성이 있다.

향후 북중관계는 기존의 전통적인 동맹관계를 중시하는 입장(전통파)과 상대방의 새로운 전략적 가치에 중심을 두는 입장(전략파)에 따라 다르게 나타날 수 있다. 현재 진행되고 있는 북중관계 발전 추세를 볼 때, 중국은 몇 가지 위협요인에도 불구하고 적극적인 북한 안정화 전략을 추구하고 있는 것으로 보인다. 즉 중국은 북한의 붕괴는 중국의 대북 영향력 상실을 가져올 것으로 보고, 김정은 체제의 존속을 자국의 핵심국가이익으로 상정하고, 이를 기초로 북한과의 경제협력 강화 및 대북 영향력 유지·확대 정책을 취할 것이다. 특히 중국은 한반도 문제와 관련하여 자국의 전략적 이익이 침해받았다고 인식하거나, 역내 전략적 균형이 훼손되었다고 인식할 경우 북한문제를 전략적 지렛대로 활용하여 자국의 역내 영향력 확대를 시도할 가능성이 있다. 북한 역시 핵보유국 지위를 추구하는 과정에서 중국과의 갈등과 마찰이 발생하겠지만, 국제사회의 대북제재를 회피하기 위해서는 중국과의 협력강화를 통해 체제안정과 경제지원을 확보하는 전략을 동시에 추구할 것이다.

향후 북중관계는 지속과 변화의 측면이 동시에 존재한다. 우리의 입장에서는 북중관계의 표면적이고 일시적인 변화에 일희일비하기보다는 김정은 시기 북중관계를 결정하는 구조적인 요인 및 양국의 전략적 이해관계가 무엇인지에 대한 냉철한 판단이 필요하다. 최근 중국의 대북 인식이 점차적으로 정상화(正常化)되고 있으나 실질적인 대북정책의 변화는 크지 않았다는 점에서, 중국의 대북 영향력에 대한 과도한 기대나 역할을 주문하기보다는 한국이 장기적인 비전을 갖고 한반도 및 북핵 문제의 주도권을 확보하는 노력이 필요하다. 이를 통해 중국과의 전략적 소통을 유지하면서 중국의 한반도 및 대북 정책에 우리의 국가이익을 투영할 수 있는 정책협력 방안을 마련해야 한다.

　한반도가 처한 지정학적 특수성으로 인해 한국은 현재 북한 비핵화를 통한 한반도의 평화와 통일의 실현이라는 과제를 동시에 달성해야 하는 딜레마에 처해 있다. 하지만 북한 비핵화 실현을 위해서는 유엔의 대북제재가 순조롭게 진행되어야 하지만 현재와 같은 북중 경제협력 및 중국의 대북지원이 유지되는 상황은 한국을 포함한 국제사회의 대북 압박과 제재 효과를 반감시키고 있다. 또한 한반도의 평화와 통일을 위해서는 북한의 '변화'가 불가피하고, 북중경협 강화는 이러한 북한의 변화를 추동하는 작용을 하기도 한다. 특히 북한 경제난 극복을 위한 현실적 대안으로 중국식 개혁개방이 자주 거론된다는 점에서, 북중경협이 갖고 있는 긍정적인 면을 부인하기도 쉽지 않다. 따라서 한국의 입장에서는 지정학적 관점에서 북핵문제 해결을 위한 정책 방안을 마련하는 것도 중요하지만, 지경학적 관점에서 북중 경제협력 유지·심화 및 중국의 대북지원에 따른 대응 및 관리 방안을 마련하는 것 역시 매우 중요하다.

　지정학적 관점에서 북핵문제를 해결하기 위해서는 한중 협력뿐만 아니라 한미중 3국 협력이 중요하다. 미중은 모두 북한체제 붕괴와 같은 불안정성을 바라지 않고 북한 비핵화에 입장을 같이하고 있다. 그러나 북핵문제 해결이 지연될 경우 결국 북한의 핵능력 강화는 물론 미중관계도 갈등으로 이끌 가능성이 높고, 이러한 상황은 북핵문제를 포함한 한반도 문제를 주도적으로 해결하려는 한국정부의 정책방향과 부합하지 않는다. 중국의 한반도정책에서 북한의 전략적 가치가 여전히 높지만 한국의 전략적 가치 역시 여전히 높다는 점에서 중국의 대외정책에서 한국이 차지하는 전략적 가치를 높일 수 있는 방안 마련이 필요하다. 북한이 핵무장화를 쉽게 포기하지 않을 것이라는 점에서 현재 한중 양국의 북핵 대응책은 여전히 뚜렷하지 않지만, 북핵문제가 악화될수록 한중관계에 부정적인 영향을 줄 개연성이 커지기 때문에 한중 간의 이해관계를 증진시키려는 노력이 필요하다. 또한 북핵·북한문제 해결을 위해서는 한미중관계의 안정적 관리가 필수적이다. 한국은 미국, 중국과 함께 북한체제의 안정을 보장해주는 대신, 북한 비핵화와 개혁개방의 추진 및 핵무기 개발 위협과 무력도발에 대한 공동 대처 등에 합의할 필요가 있다. 이를 통해 한반도를 포함한 동북아시아에서의 핵위협과 안보불안 상태에서 벗어나 한국과 중국은 물론 북한까지 평화적으로 상생할 수 있는 길을 찾아야 한다.

지경학적 관점에서 북한체제의 '변화'를 추동하기 위해 남북중 3국 혹은 남북중러 4국 간 새로운 경제협력 방안이 모색되어야 한다. 이를 위해서는 첫째, 기존의 남북경협사업에 대한 객관적이고 종합적인 평가를 통해 남북한 공동관리를 강화하는 방안이 모색되어야 한다. 특히 '남북한 경제공동체' 형성을 통해 한반도의 평화와 통일 실현에 기여할 필요가 있다. 둘째, 한중 협력을 통해 우선적으로 '환서해경제권'을 조성한 후 북한이 참여할 수 있는 방안을 모색해야 한다. 서해안권은 대륙과 해양의 교류를 선도하는 한반도의 관문(gateway)이자, 남북한 간 산업과 인프라의 발전을 이끄는 회랑(corridor)이다. 한반도의 경쟁력 강화에 기여하고 한반도 통일시대를 대비하기 위해서는 한반도와 중국의 네트워크를 강화하여 환서해권의 공동발전을 도모해야 한다. 셋째, 한국이 창지투 개발 및 나진항 건설 등 북중경협에 참여할 수 있는 방안이 마련되어야 한다. 일단 한중경협과 남북경협을 병행 추진하되, 한중경협과 남북경협이 상호 조응할 수 있도록 심화시킨 후, 중장기적으로 남북한 및 중국의 3자 협력을 모색하고 이를 동북아 협력과 연계시켜야 한다.

결국, 향후 한중관계를 미래지향적으로 발전시키고 내실화하기 위해서는 북중관계와 한중관계를 선순환 구조로 전환하는 것이 중요하고, 중국의 한반도정책에 우리의 국가이익 우선순위를 투영할 수 있는 지정학적·지경학적 정책협력 방안을 마련하는 것이 중요하다.

| 참고문헌 |

박동훈,『글로벌 금융위기 이후의 중국과 한반도』, 한국학술정보, 2014.

성균중국연구소 편,『북중관계 다이제스트: 한중 소장 학자들 에게 묻다』, 다산, 2015.

이기현·전병곤·이석·박동훈,『한중수교 이후 북중관계의 발전: 추세분석과 평가』, 통일연구원, 2016.

이종석,『북한-중국관계: 1945-2000』, 중심, 2001.

정덕구·추수룽 외,『기로에 선 북중관계』, 중앙북스, 2013.

최명해,『중국·북한 동맹관계』, 오름, 2009.

Freeman, Carla (ed.), China and North Korea: Strategic and Policy Perspectives from a Changing China, PalgraveMacmillan, 2015.

Kim, Samuel S., "The Dialectics of China's North Korea Pplicy in a Changing Post-Cold War World," Asian Perspective, No. 18, Vol. 2 (Fall-Winter 1994), pp.5-36.

US-China Economic Security Review Commission, Diminishing China-North Korea Exchanges: An Assessment, 2015.

任洪生, "国家战略, 经济周期与中朝关系的政治经济学", 「外交评论:外交学院学报」, 2016(6).

沈志华, "中朝关系史研究综述及思考", 「东北亚研究」, 2014(3).

王俊生, "中朝'特殊关系'的逻辑: 复杂战略平衡的产物", 「东北亚论坛」, 2016(1).

杨昭全, "建国60年来我国的朝鲜·韩国史和中朝中韩关系史研究综述", 「朝鲜韩国历史研究」, 2012.

杨希雨, "朝鲜核问题与中国的对朝政策", 「现代国际关系」, 2017(1).

제10장

재중한인

김윤태(동덕여자대학교)

1. 개관

1992년 한중 양국의 수교는 한국기업과 개인의 중국 진출을 촉진시켰다.
한국인의 중국 진출과 더불어 베이징(北京), 톈진(天津), 칭다오(靑島), 선
양(瀋陽), 상하이(上海), 광저우(廣州) 등 중국의 주요 도시에서는 한국인
집단거주지가 출현하였고, 집단거주지를 중심으로 하는 한인 커뮤니티[1]
가 형성되었다.

　　외교부의 재외동포 통계에 따르면, 2014년 12월 말 기준[2] 재중동
포는 2,585,993명이다. 이 중 '조선족'으로 불리는 외국국적동포(중국국적
동포)의 수는 2,216,644명이고, '대한민국 국적을 소지한 재중한국인' 즉

1　'재중한인'은 올드커머(Old comer)인 '조선족'과 뉴커머(New comer)인 '재중한
　　국인'을 포함한다. 중국에 거주하는 북한 동포가 있으나 이 글에서는 한국국적 소
　　지자에 한정한다. '재중한국인'은 1992년 한중수교를 계기로 본격적으로 중국에
　　진출하여 장단기 체류하고 있는 한국국적 소지자를 가리키며, '조선족'은 청나라
　　말엽부터 중국으로 건너가 중국에 거주하고 있는 중국국적 한인을 지칭한다.
2　이 통계자료는 외교부 재외동포영사국 재외동포과에서 해외에 주재하는 우리나
　　라 재외공관(대사관, 총영사관, 분관 또는 출장소)에서 작성한 공관별 재외동포
　　현황을 취합, 정리(2014년 12월 말 기준, 2015년 하반기 공표)한 것이다. 즉 주
　　재국의 인구 관련 통계자료, 한국인회 등 동포단체 조사자료, 재외국민등록부 등
　　공관 민원 처리기록 직접조사 등을 근거로 산출한 추산치이다. 또한 이 자료는 2
　　년에 한 번씩 조사가 이루어지며, 홀수 년도 하반기에 업데이트 된다. 다만 중국
　　의 시민권자 동포는 대부분 조선족이지만 중국의 2010년 인구조사통계에 따르면
　　2010년 말 기준 조선족 인구는 1,830,929명이다. 한국 외교부의 추산치가 약 40
　　만 명이 많은 이유는 호적지를 떠나 중국 전역으로 유동하는 조선족을 중복 계산
　　했기 때문인 것으로 추정한다. 『환구시보(环球时报)』(2009.10.8)는 중국에서 거
　　주하는 한국인이 100만 명을 넘었다고 보도하기도 했다.

재외국민의 수는 369,349명이다. 재외국민 중 거주자격별 구성을 보면, 일반 체류자가 305,657명으로 가장 많고, 다음이 유학생으로 58,120명이며, 영주권자는 5,572명이다. 영주권자의 상당수(5,508명)는 홍콩 거주자여서 실제 홍콩을 제외한 다른 지역의 영주권자는 그다지 많지 않다.

재중한국인의 지역별 분포로는 베이징, 톈진 지역 거주자가 가장 많다. 그다음이 산둥, 광둥, 상하이, 동북3성 지역의 순이다. 한국정부가 파악하고 있는 재중한국인의 수는 재외국민 등록자 수에 근거한 것이 아니라 중국정부의 통계에 근거한 추정치다. 따라서 실제 재중한국인 수는 그보다 더 많은 것으로 추산할 수도 있다. 물론 외국기업 및 체류자에 대한 관리가 강화되고 2008년 미국발 금융위기에 따른 경제여건 악화로 재중한국인 수가 감소 추세를 보이기도 하였으나, 2010년에 접어들면서 한국과 중국 경제가 상대적으로 빠르게 안정세를 보였고, 이에 따라 한국인의 중국 진출 또한 다시 증가하여 최소한 2015년까지는 기존의 수치를 회복했다.

한국의 재외동포는 남북한 총인구의 약 10%를 차지할 정도로 높은 비중을 차지하고 있다. 최근에는 재미동포를 제치고 재중동포가 재외동포 중 가장 많은 비중을 차지하는 집단으로 성장했다.[3] 역동적으로 변화하고 있는 재중한인 사회는 향후 한중관계 발전의 중개자뿐만 아니라 촉진자로서의 성격도 지닌다고 할 수 있다.

한중수교 이후 재중한국인 사회가 형성된 지 25년이 되었다. 주재원 중심으로 구성되었던 재중한국인 사회는 다양한 계층이 장기 거주하는 사회로 변화하고 있다. 자영업자, 대기업과 중소기업의 주재원에 더하여,

---

3   2014년 12월 말 기준 재중동포는 2,585,993명, 재미동포는 2,238,989명, 재일동포는 855,725명으로, 이미 중국은 가장 많은 재외동포 거주국가가 되었다.

표 1. 거주자격별 재중동포 현황

구분 영주권자		재외국민			외국국적 (시민권자)	총계
		일반 체류자	유학생	계		
총계		5,572	305,657	58,120	369,349	2,216,644	2,585,993
중국	주선양(총)	-	34,565	9,835	44,400	1,607,500	1,651,900
	주중국(대)	-	76,250	23,237	99,487	182,794	282,281
	주칭다오(총)	-	75,041	7,376	82,417	210,125	292,542
	주광저우(총)	-	69,341	2,420	71,761	115,831	187,592
	주상하이(총)	63	37,217	10,225	47,505	86,091	133,596
	주홍콩(총)	5,508	6,164	1,143	12,815	-	12,815
	주청두(총)	-	3,200	950	4,150	5,030	9,180
	주시안(총)	1	3,178	1,203	4,382	3,880	8,262
	주우한(총)	-	701	1,731	2,432	5,393	7,825

자료 출처: 외교부, 2015 재외동포 현황(2014년 말 기준)

유학생과 불법체류자 등 다양한 인구집단이 유입되면서 재중한국인 사회에서는 내적으로 큰 폭의 계층 분화가 진행되고 있다. 조선족 사회도 빠르게 변화하고 있다. 1978년 중국의 개혁개방은 조선족이 농토를 떠나 새로운 세상으로 이주하게 했다. 기존 동북 3성에 형성되었던 민족 집거지역을 떠나, 중국의 동남부 연해지역으로, 나아가 한국, 일본, 미국, 심지어 아프리카까지, 전 세계 곳곳으로 재이주의 범위를 넓혀가고 있다. 더 나은 미래를 위해, 학문을 위해, 가족과의 상봉 등 그 사유 또한 다양하다. 재이주 경로와 재이주 후 현지 사회에서의 정착양상도 그에 못지않게 다양하다. 밀입국에서 정상적인 이주, 불법체류자의 신분에서 영주권의 취득, 다양한 신분과 삶의 모습으로 재이주의 삶을 개척하고 있다.

중국 국내에서 유동하는 조선족만 하더라도 동북3성의 기존 민족 집거지역을 떠난 이들은 예전과는 확실히 다르다. 동남부 연해의 도시에서 재중한국인과 더불어 재중한인 사회의 또 다른 구성원으로서 역할을 하고 있다. 재중한국인 기업의 직원으로, 재중한국인의 현지정착의 동반자로서, 신생 기업인으로서 활동하면서 미래 조선족의 경제사회적 지도를 다시 그리고 있다.

이처럼 재중한인 사회는 중국의 개혁개방, 한중수교와 더불어 두 가지 특징적인 변화를 보여주고 있다. 첫째는 한인 사회 구성의 다양성이다. 조선족 중심의 사회에서 조선족과 재중한국인이란 두 집단이 함께 구성하는 한인 사회로 변화하고 있다. 둘째는 지역적 재구성이다. 기존에는 올드 커머(Old comer)의 집거지역인 동북3성이 한인 사회의 중심이었으나, 한중수교 이후 뉴 커머(New comer)인 재중한국인의 진입에 따라 이 두 집단은 중국의 전 지역으로 확산되어가고 있다. 글로벌 환경의 변화는 재중한인 사회를 급속하게 변화하게 하고 있다.

2. 재중한인 사회의 변화

1) 조선족 사회의 변화

개혁개방 이후 조선족은 농촌에서 도시로, 동북3성의 집거지역을 떠나 산하이관(山海關) 이남의 연해도시로 대거 이동했다. 중국의 인구조사 결과에 의하면, 동북지역 조선족 인구가 1990년 186.8만 명에서 2010년에는 160.8만 명으로 약 13.9% 감소되고 동북3성 외 타 지역은 5.5만 명에서 22.3만 명으로 약 305.5% 증가되었다.[4] 호적제도가 여전히 존치하는 중국의 특성상 동북3성을 벗어나 동남부 연해지역 등 타 지역으로 이동한 조선족은 인구조사 통계치를 훨씬 웃도는 것으로 추정된다. 동북3성에는 어린이와 노인만 남아 있고, 젊은이는 대부분 중국 연해 대도시 혹은 한국이나 미국, 일본 등지로 진출했다.

조선족의 동남 연해도시로의 확산은 사실상 한국기업의 중국진출 지도와 상당 부분 일치한다. 재중한국인 사회와 마찬가지로 조선족 사회 역시 산둥성, 광둥성, 베이징, 톈진, 상하이를 중심으로 형성되고 있으며, 그 규모 또한 재중한국인 사회의 규모(4-50만 명 추정)를 초월했다. 또한 한국으로 진출한 조선족(재한 조선족) 역시 이미 70만 명에 이르고 있다. 이러한 사실을 근거로 추산한다면, 조선족 총인구 183만 명 중 30% 가량은 중국 연해도시를 비롯한 전국 각지로, 또 다른 30-40%는 한국, 일본, 미국 등 글로벌 중심지역으로 진출하여, 정작 집거지인 동북3성에는 겨우 30-40% 정도만 남아 있다고 볼 수 있다.

조선족이 처음으로 한국을 방문한 시기는 한중수교 이전이었다. 그 당시 한중 양국은 이념을 달리했기 때문에 공식적 인적교류를 할 수 없었다. 그러나 한국정부는 조선족에 대해 같은 민족이라는 인식하에 적극적으로 수용하는 정책을 추진했다. 초기 방문자들이 여권조차 휴대하고 있지 않더라도 임시 서류로 대체했고, 체류기간과 입국 숫자에 제한을 두지 않았다. 한국인 연고자의 초청이 있으면 간단한 확인만으로 입국을 허용했다.

이렇게 시작된 조선족의 한국방문은 한중수교를 맞아 공식적 방

---

4 정신철, 「도시지역 조선족민간단체의 네트워크역할」, 『2017년 세계한인학술대회 프로시딩』, 2-3쪽.

문이 가능하게 되었다. 일부는 친인척 방문으로, 또 다른 일부는 방문취업비자(H2)로, 결혼이민이나 유학생, 산업연수생 자격으로, 혹은 투자기업 자격으로 한국에 합법적으로 장단기 거주하기 시작했다. 한국에 체류하고 있는 조선족(재한 조선족) 수는 이미 약 70만 명에 이른다. 이중 한국 국적 회복자가 7만여 명, 장단기 체류자가 60여만 명으로 지난 25년간 비약적인 성장을 했다.

한편 조선족의 한국으로의 재이주 외에 일본이나 미국 등지로의 재이주 현상도 뚜렷하게 나타나고 있다. 그러나 한국 외의 다른 해외에서 조선족의 인구를 정확하게 집계하기는 쉽지 않다. 이들이 소지하고 있는 중국여권에 조선족이라는 민족명까지 표시하지 않기 때문에 해외에 나가 있는 조선족의 정확한 규모를 파악하기가 쉽지 않기 때문이다.

일본에 장단기 체류하고 있는 조선족의 경우, 2014년 6월 당시 국적·지역별 체류외국인수 통계 중에서 "중국" 648,734명, "한국·조선" 508,561명 속에 포함되어 있을 것으로 추정된다. 언론 등에서 추정하는 일본 체류 조선족 총수는 5만 명 내지 10만 명으로 일정치 않다. 최초 조선족의 일본으로의 진출은 국비유학생의 유학으로 알려져 있다. 그 후 대학교수, 연구원 또는 일본 사회에 연고가 있는 조선족들이 국비 혹은 자비 유학을 통해 지속적으로 일본으로 건너갔다. 고학력자인 극소수 엘리트층이 먼저 도일한 후, 점진적으로 일반 유학생으로 확산되었다. 임기만료나 학위 취득 후 일본에서 취직을 하거나 회사를 설립하고 정착한 경우를 비롯하여, 경제계·학술계·법조계·의료계 등 다양한 분야에서 활동하는 엘리트 조선족들이 증가했다. 해외의 다른 지역과는 달리 일본 체류 조선족은 엘리트 중심으로 형성되었다.

조선족은 미국, 캐나다 및 유럽 국가로도 재이주를 확산하고 있다. 미국의 센서스 자료에 근거하면, 1980년대 미국 거주 조선족 수는 800

여 명에 불과했으나 2000년에는 5천 명 이상으로 증가되었다. 이는 1990
년대에 조선족의 미국 이주가 본격적으로 이루어졌음을 짐작할 수 있게
한다. 조선족이 미국에 이주한 유형은 전문기술직의 직업이민이나 유학
생 신분도 있으나 대부분은 방문비자나 불법입국자들이다. 미국에 귀화
한 시민권자는 극소수에 그치고 있으며, 영주권자 중에서도 상당수는 불
법으로 미국에 들어간 경우이다. 미국 센서스는 외국 출생자들의 출신국
가를 묻기 때문에 미국에 있는 조선족 이민자들의 숫자를 파악할 수는
있지만, 조선족 이민자의 미국 출생 자녀들은 센서스에도 잡히지 않는다.
조선족 이민자의 미국 출생 자녀들은 전체 조선족 이민자의 약 30%에 해
당하는 3,000여 명 정도로 예상할 수 있다. 따라서 조선족 이민자와 미국
출생 자녀들까지 합하면 2010년 기준으로 약 1만 3천여 명의 조선족이
미국에 거주하였다고 추측할 수 있다. 조선족 이민자가 가장 많이 거주하
는 곳은 캘리포니아주로 전체 조선족 이민자의 27%가 이곳에 거주하고
있다. 두 번째로 큰 집중 거주 지역은 뉴욕·뉴저지 지역으로 총 24%가
거주하고 있다. 그다음으로는 일리노이, 워싱턴DC-버지니아-메릴랜드
지역, 워싱턴주 및 조지아주로, 한국 이민자가 집중되어 있는 주들이다.
이들이 한국 이민자들이 집중되어 있는 도시로 몰리는 주된 이유는 한국
이민자와의 사회연결망의 결과가 아니라, 그들이 한인 가게에서 일자리
를 찾기 위해 일부러 한인 집중 지역을 택한 것으로 해석할 수 있다.

2) 재중한국인 사회의 발전

중국에 장단기 거주하는 한국인은 크게 유학생, 기업인 혹은 주재원과 그
가족, 단기 체류자 등의 집단으로 분류할 수 있다. 이를 통칭해서 재중한
국인이라고 한다. 주중 한국대사관 및 중국 각 지역의 총영사관에서 집계

한 자료에 근거하면, 재중한국인은 1992년 한중수교를 계기로 매년 급증하는 추세를 보였으나 2007년을 정점으로 다시 감소세로 돌아섰다. 그러나 2010년을 지나면서 소폭 증가세에 힘입어 안정되어가는 추세를 보이고 있다. 이러한 변화는 금융위기의 여파로 2008년부터 중국투자 열풍이 사라졌고, 2010년 들어서서는 비교적 빠르게 회복세를 보인 한국과 중국의 경기회복과 관련이 깊은 것으로 판단된다.

지역별 재중한국인 증감 추이를 살펴보면, 2007년을 기점으로 선양, 베이징, 칭다오, 상하이 등 한국인이 집중적으로 거주했던 지역은 전반적으로 감소하는 추세를 보이는 반면, 광저우를 대표로 하는 우한, 시안 등의 남부 및 중서부 지역은 오히려 증가하는 추세를 보이고 있다. 대내외 환경 변화에 따른 재중한국인 분포에 변화가 발생하고 있다. 한중수교를 전후로 초창기 중국에 진출한 한국인은 주로 대기업의 주재원과 중소제조업의 기업인과 주재원 중심이었다. 한중수교 이전부터 우리 기업들은 중국과 많은 물밑 접촉이 있었고 한중수교를 계기로 기업의 중국진출은 급물살을 탔다. 삼성과 현대, LG 등 한국의 대기업들은 베이징에 사무실을 내고 본격적인 진출을 시도했다. 이 밖에 중국의 값싼 인건비를 활용하려는 제조업과 무역업자들의 중국 진출이 본격적으로 시작되었다.

한편 중국이 갖는 미래수요 청사진에 따라 중국 유학생 역시 빠른 속도로 증가했다. 기존 타이완으로 몰렸던 유학생이 베이징(北京)대학, 칭화(淸華)대학, 푸단(復旦)대학 등 중국의 유명 대학으로 방향을 전환하기 시작했다. 한국 학생의 해외유학 연도별 추이를 살펴보면, 중국지역으로의 유학 비중이 2001년 10.9%에서 2008년 26.5%, 2016년 29.8%로 꾸준히 증가해 2016년 말 기준으로 전체 해외유학생의 30% 가까이 차지했다.

또한 2016년 말 기준 중국 교육부가 발표한 통계자료에 의하면, 205개 국가 출신의 재중 외국인 유학생 442,773명 중 한국인이 7만 540

명으로 가장 많은 비중을 차지했으며, 이는 전체 외국인 유학생의 16%에 해당한다. 특히 학위생(학사 및 석박사)의 비중이 매년 증가하고 있다. 전공 역시 기존의 중국어 어학전공이나 인문학 관련 전공에서 사회과학 전반으로 다양화되고 있다. 유학생의 증가와 더불어 베이징, 톈진, 상하이, 다롄, 선양, 하얼빈, 옌볜 등 각 지역의 유학생들이 단체를 조직하고 활발하게 활동하고 있다.

　　기업가와 주재원, 그리고 유학생이 중심이 된 재중한국인 사회를 1세대라 한다면, 1998년 IMF 경제위기를 계기로 2002년까지 중국에 진출한 2세대는 엑소더스적 성격이 강했다. 이들은 중국에 대한 이해가 부족한 채 한국을 탈출해 중국에서 재차 기회를 찾아보려는 영세 자영업자들이 대부분이었다. 그러나 한국에서 월드컵이 열린 2002년부터는 중국에 대해 사전공부를 하고 사업의 준비기간도 상대적으로 충분했던 투자자들이 신중하게 진출했다. 이들을 소위 3세대라 부르는데, 이들의 중국 진출로 한국인 집단 거주지역은 다시 활기를 찾게 되었다.

　　대기업이 주로 진출한 베이징, 톈진, 상하이 등 대도시와 중소제조업이 진출한 산둥, 선양, 광둥 등에 한국인 집단 거주지역이 형성되기 시작했다. 베이징의 왕징(望京)과 우다오커우(五道口), 상하이의 홍첸루(虹泉路) 일대, 톈진의 메이장(梅江), 홍칸(红磡), 칭다오의 청양구(城陽區) 일대, 선양의 시타(西塔) 지역이 대표적인 한인타운이다. 중국 측 관방의 통계자료에 따르면 베이징 올림픽 후 중국 체류 한국인은 100만 명 시대에 진입했으며, 거주 한국인이 1만 명을 넘어선 도시가 14개에 달했다. 칭다오에 10만 명, 상하이에 7만 명, 톈진에 5만 명이 살고, 베이징에는 20만 명이 거주하여 가장 많은 한국인이 살고 있는 도시로 꼽혔다.

3) 재중한인 사회의 새로운 현상

2008년 세계금융위기를 거치면서 중국정부는 경제발전 모델인 수출주도형 성장모델을 내수주도형 성장모델로 전환했다. 또한 2008년부터 '노동계약법', '취업촉진법'과 '노동쟁의 조정중재법' 등을 포함하는 소위 '신노동법' 시행을 통해 친기업적 정책에서 친노동형 정책으로 전환했다. 두차례에 걸친 금융위기와 중국 정책기조의 변화에 따라 재중한인은 새로운 도전과 위기에 직면했다. 2003년을 기점으로 하여 무단철수 기업이 등장하기 시작했고, 특히, 2003-2007년 산둥성 칭다오 지역 소재 한국기업의 무단철수는 빠른 속도로 증가했다. 또 다른 조사에 의하면, 한국의 노동집약적 중소기업이 대거 진출해 있는 칭다오 지역에서 2003년부터 2007년까지 206개의 한국기업이 무단철수했고, 이러한 무단철수는 2008년 이후에도 줄어들지 않았다. 중소 수출기업이 집중적으로 진출했던 선양의 수자툰(蘇家屯) 지역의 경우에도 50% 이상의 기업이 문을 닫거나 타 지역으로 이전했다. 이와 같은 사례는 노동집약적이고 수출지향적인 한국의 중소기업이 더 이상 중국에서 생존하기 어렵게 되었다는 것을 보여준다.

이러한 환경 속에서 재중한국인 사회 또한 빠르게 변화했다. 금융위기 여파로 원화 가치가 급락해 1위안당 200원 시대가 도래하면서 경제난과 사업상의 경영난 등을 이기지 못하고 귀국하는 한국인이 크게 늘어났다. 중국 내 전체 교민(재중한국인) 규모를 70만 명으로 보고 있는 '중국한국인회'는 금융위기 이후 몇 년 사이 전체의 15% 수준인 10만 명 정도가 귀국한 것으로 추정하고 있다. 주중 한국대사관 통계에 따르면 교민 규모가 60만 명 이하로 축소되었다고 파악했다. 다른 한편 재중한국인 사회가 새롭게 재편되었다. 비록 절대규모는 줄었지만, 연해 대도시에 집중되었던 한국인 사회가 중국의 내륙지역 등 전국 각 지역으로 확산되는 계기가 되었고, 위기를 극복하고 생존한 경쟁력 있는 기업 위주로 재편되어, 보다 건전하고 발전적인 재중한국인 사회가 건설되는 측면도 있었다.

한편 재중 조선족의 지위도 과거와는 달라졌다. 조선족은 재중한국인과는 달리 경제사회적 지위상승을 경험하고 있다. 우선 기존 한국기업의 중간관리자, 통역 및 하급직원으로 근무하던 조선족의 계층지위가 시간이 지날수록 한국기업을 벗어나 자영업자로, 기업가로 변신하고 있다. 실제 베이징의 왕징과 같은 한인타운에서는 예전에 한국인이 운영하던 식당을 조선족이 인수받아 더욱 크고 세련되게 운영하는 모습을 종종 확인할 수 있다. 성공한 조선족 기업의 성공역사 중에는 한국기업에서 일하면서 학습한 노하우를 토대로 기업을 성공적으로 일구었다는 얘기가 심심치 않게 들린다.

특히 조선족 기업의 양적확대와 더불어 중국의 500대 기업 안에 드는 대형기업도 속출할 정도로 질적 성장도 빠르게 진행되고 있다. 중국의 조선어 신문인『흑룡강 신문』에 따르면, 현재 약 17,500여 조선족 기업이 전국 각 지역에서 활동하고 있다. 그뿐만 아니라 이들의 네트워크 또한 왕성하게 구축되고 있다. 현재 중국 조선족 기업인들을 한데 묶어낸 조직으로는 '중국조선족기업가협회'와 '세계한인무역협회(World-OKTA) 중국지회'가 대표적이다. 조선족 기업의 양적 성장과 함께 질적인 성장도 빨라졌다. 세계한인무역협회의 경우, 얼마 전까지만 해도 한국기업이 중국 각 지역의 지회장을 맡은 경우가 많았으나, 지금은 대부분 지역에서 조선족 기업이 지회장을 맡고 있다. 조선족 기업의 경제적 지위가 그만큼 상승했다는 증거이기도 하다. 또한 조선족 기업들의 한국으로의 진출, 미국이나 일본 등 해외로의 진출도 점차 증가하고 있다. 조선족 기업의 글로벌화가 본격화되고 있는 셈이다. 조선족은 이제 미국이나 일본, 한국 등

지로 재이주하기도 하고, 한국으로의 투자와 연계를 강화하기도 하면서 초국가적 네트워크를 활발하게 구축하고 있다. 한국기업에서 벗어나 현지기업으로서의 장점을 살려 그들의 경제사회적 지위를 높여가고 있다.

3. 재중한인의 경제사회적 특징

1) 경제 영역

글로벌 경제환경의 변화와 중국의 정책기조 변화, 중국 중소기업의 발전과 거대 국영기업과의 경쟁 속에서 재중 한국기업들은 초국가주의 실천을 더욱 강화할 수밖에 없게 되었다. 2005년부터 중국에서는 소위 '에너지 소모형', '오염형', '자원 소모형' 기업에 대하여 배척하는 정책을 채택했고, 2008년부터 실시한 '신노동법'은 중국투자 한국기업의 노동원가를 대폭 증가시켰다. 임금상승 압력과 중국 정부정책의 압박을 견디지 못한 제조업의 경우, 업종을 전환하거나 혹은 동남아 등 제3국으로의 분산투자, 한국으로의 유턴, 내수전략으로의 전환 등 여러 가지 대응전략을 사용하게 되었다. 그러나 중국은 여전히 매력적인 시장을 가진 나라이다. 따라서 중국의 시장을 떠나지 않고 제조기지만을 제3국으로 옮기는 방안 등을 구사하게 된다. 자연스럽게 기업은 여러 나라에 그 기반을 두는 초국가적 기업형태가 된다. 초국가주의 실천을 통해 초국가적 경제영역을 구축해나가는 것이다.

조선족 기업 역시 초국가주의 실천을 강화하고 있다. 개혁개방정책의 실시 이후, 동북3성의 대도시 지역으로의 진출은 물론이고 연해 대도시로, 심지어는 한국을 비롯한 미국과 일본 등지의 해외지역으로 그 활동영역을 부단히 확대하고 있다. 그뿐만 아니라 조선족 기업은 빠르게 그 네트워크를 구축하고 있다. 예컨대, 조선족 기업 간 네트워크, 중국 내 한국투자기업과의 네트워크, 중국 현지 기업과의 네트워크, 글로벌 기업과의 네트워크 등을 발 빠르게 구축하고 있다. 모국인 한국으로의 투자진출과 모국 산업과의 연계도 현격하게 증가되었다. 한국 상품의 수입, 중국 투자 한국기업과의 연계, 그리고 한국 내 기업과의 연계 등을 강화하여 글로벌 생존능력을 높이는 동시에 그들만의 초국가적 경제영역을 구축해 나가고 있다.

2) 정치 영역

정치적 영역에서도 이들의 초국가주의적 실천은 더욱 활발해지고 있다. 정치적 영역에서의 초국가주의 실천이란 이주자들이 현재의 거주지와 출신지 모국이 연계된 정치적 관계를 형성하고 유지하는 행위를 가리킨다. 이러한 정치활동은 거주국을 떠나지 않은 상태에서 모국의 정당, 단체 및 선거에 직접적으로 참여한다든가, 경선활동이나 모국의 정치 관련 회의에 참여하는 등의 활동을 포함한다. 또한 시민권, 이민, 무역이나 기타 거주국에서의 생활적응 등과 관련된 제도적 차원의 활동을 포함한다.

초기에 투자한 한국기업들은 현지 중국 사회에 대해 돈 벌면 곧 떠난다는 전형적인 과객심리를 가졌다. 때문에 기업에 문제가 발생해도 현지 정부와 대화채널을 구축하여 해결하려 하기보다는, 개인적 관계(꽌시)를 통해 상급기관에 압력을 넣거나 혹은 언론에 알리는 등 외부의 힘을 빌려 문제를 해결하려 하는 형태를 보였다. 그러나 중국의 투자환경이 지속적으로 개선되고 초기 투자자들의 이익실현이 현실적으로 나타나자, 관련 업종 간 유기적인 연결구조를 취하며 장기형 투자로 그 성격을 달리하기 시작했다. 현지 사회에 대해 갖고 있던 심리에도 상당한 정도의 변화가 일어나기 시작했다. 초기와는 달리 현지 사회와 공동으로 발전하고자 하는 현지화 의식이 매우 강하게 표출되기 시작했다. 선전(深圳)과 광저우(廣州)의 일부 한국기업은 할 수만 있다면 자신들도 중국의 '정치협상회의'와 '인민대표대회'의 대표로 참여하여 외자기업의 이익을 보호할 수 있게 되기를 희망하고 있었다. 물론 이러한 움직임은 한국기업이 이미 현지 사회에 적극적으로 편입되기를 희망하는 증거이며 그들의 정치적 공간의 필요성과 정치적 역량 확대를 적극적으로 요구하고 있음을 증명하는 것이기도 하다.

재중한국인들의 권익보호를 위해 한국정부 역시 여러 가지 제도적 지원을 제공하고 있다. 베이징 주재 주중대사관 산하에 각 지역별 총영사관을 설치, 운영하고 있다. 또한 재중한국인(교민)과 진출기업의 현지 적응 및 권익보호를 위해, 각급 지원기관도 갈수록 많이 설치, 운영되고 있다. 공공기관의 설치·운영과는 별도로 중국 내 한국인들의 자율적 사회단체도 점차 증가하고 있는 추세이다. '재중국 한국인회', '중국 한국상회' 및 '재중국 한국유학생회', 각종 종교단체, 동호회 및 동향회 등이 활발하게 활동하면서 재중한국인들의 권익보호와 친목을 도모하고 있다.

재중한국인들은 중국 현지에서의 정치적 역량 강화 노력 외에도, 모국인 한국과의 정치적 연계를 통해, 한국인으로서의 권리를 유지하려는 태도를 명확히 드러내고 있다. 이들의 호적과 여권에 대한 태도, 투표권리에 대한 태도 등에서 이들의 한국정체성 유지 노력을 확인할 수 있다. 2012년부터 실시된 재외국민선거에 적극 참여하면서 이들은 참정권 행사와 더불어 재외국민으로서 권익신장과 모국과의 네트워크 강화에 적극적인 태도를 보였다. 비록 재외선거 실시 초창기에는 저조한 투표율을 보였지만, 2017년 대선에서는 매우 높은 참여율을 보여주었다. 주요 국가별 투표자수는 미국 48,487명(71.1%), 중국 35,352명(80.5%), 일본 21,384명(56.3%) 순으로 나타났다. 재외국민 진출 역사가 미국과 일본에 비해 훨씬 짧은 사실을 고려한다면 중국의 약진은 주목할 만하다. 특히 공관별 투표자 수에서는 상하이 총영사관이 10,936명으로 뉴욕 총영사관과 LA 총영사관을 제치고 1위를 차지했다.[5] 재중한국인 사회의 외형 규모 성장과 더불어 적극적인 국내 정치참여 태도를 확인할 수 있었다.

재중한국인 사회가 구축하고 있는 네트워크는 정보화시대에 들어서면서 온라인, 오프라인 상에서 시공간적 범위를 초월하여 모국과의 긴밀한 연계뿐만 아니라 세계의 한상(韓商)들과 연계됨으로써 상호작용의 효율성을 증대시키고 있다. 세계한상대회가 대표적인데, 이 세계한상대회(World Hansang Convention)는 세계 각국에서 활동하고 있는 해외 한인 경제인들과 국내 기업인들 간 네트워크를 구축하고, 한민족 경제역량을 강화하기 위해 지난 2002년부터 매년 가을 국내에서 개최되고 있는 대표적인 모국 연계 경제 활동이다. 세계한상대회를 통하여 한상 상호 간의 교류와 함께 모국 투자와 수출에도 적극적으로 기여하고 있으며, 특히 모국인 한국의 지역을 순회하며 이 대회를 진행하고 있어 실질적인 지역경제 발전에도 기여하고 있다는 평가도 받고 있다. 또한 매년 진행되는 세계한상대회에 중국 거주 한상의 참가비중은 늘 미국과 더불어 수위를 차지했다. 이는 미국과 더불어 중국에 거주하고 있는 한인의 규모가 비교적 크기 때문이며, 이들의 모국참여의지 또한 타 지역에 비해 결코 떨어지지 않는다는 점을 의미한다. 이 밖에 세계한인무역협회(옥타)나 민주평화통일자문회의 등의 조직을 통해 재중한국인들은 이들만의 초국가적 정치 공간을 확보하고 있다.

5   중앙선거관리위원회 보도자료(2017.05.01).

조선족의 경우는 재중한국인보다 훨씬 더 일찍 초국가주의를 실천했다. 거주국 중국에서 지속적으로 고유한 언어와 문화 등 민족정체성을 유지해왔으며, 중국 주류사회로의 적극적 참여를 통해 민족의 정치적 권익을 확보하고 유지해왔다. 개혁개방과 한중수교를 맞이하면서 현지에서 '조선족'과 '중국인'이라는 한계를 극복하며, 거주국의 국민으로서 인정을 받을 뿐만 아니라, 글로벌 조선족 네트워크, 글로벌 한민족 네트워크에 적극 참여하는 역동적 집단으로 거듭나고 있다. 조선족은 특유의 유동성과 적응성을 바탕으로 초국가적 정치영역 구축에 힘쓰고 있다. 수많은 재한 조선족 단체들이 조선족의 한국에서의 권익보호에 앞장선다든지, 2017년 대선에서 문재인 후보의 지지성명을 낸다든지 하는 적극적 정치참여의 모습에서 이들의 초국가주의 실천을 충분히 확인할 수 있었다.

3) 사회문화 영역

사회문화적 영역에서도 이들은 초국가주의를 적극적으로 실천하고 있다. 베이징의 왕징과 같은 한인 집거지역에서의 일상생활은 이들만의 초국가적 생활공간이다. 중국도 아니며 한국도 아닌 중국과 한국이 공존하는 생활공간으로 형성되어 있다. 그뿐만 아니라 한국방문도 수시로 이루어진다. 한국방문은 그들의 정체성을 유지시켜주는 아주 직접적이고 실질적인 행동이다. 2013년에 중국 주요도시에 거주하고 있는 재중한국인을 대상으로 필자가 진행한 설문결과에 의하면, 1년에 두 번 이상 한국을 방문한다는 응답자가 전체의 58.3%를 차지하며, 1년에 한 번 방문하는 자가 34.1%를 차지하는 것으로 나타났다. 전체 응답자의 90% 이상이 최소한 1년에 한 번은 한국을 방문한다는 것이다.

거주국에서 모국의 방송이나 신문, 인터넷 등 미디어의 상용화는 모국 문화의 재생산과 모국 문화로의 접근성을 용이하게 하는 데 있어 큰 역할을 한다. 재중한국인들은 통상적으로 집에 인터넷을 설치, 연결하고 있었다. 본 조사에서 95.4%의 이주자가 인터넷 연결이 가능하다고 답했다. 그들의 일주일 인터넷 사용 횟수 조사결과, 80.1%의 이주자가 매일 이용하는 것으로 나타났다. 이들은 인터넷을 통해 한국 및 현 거주지의 각종 소식을 접하면서 그들만의 초국가적 활동 영역을 더욱 강화하고 있다. 이를 통해서 한국의 소식을 항상 접하고 한국정체성을 유지하게 된다. 특히 요즘은 카카오톡, 위챗과 같은 SNS를 통해서 언제든지 전화통화를 할 수 있기 때문에 마치 한국에 있는 것과 마찬가지로 친지나 친구들과 안부를 전하고 묻곤 한다. 이를 통해서 한국과 중국을 연결하는 그들만의 초국가적 커뮤니티를 구축하고 있다. 또한 온라인 커뮤니티는 이들의 초국가적 사회공간을 창출하는 데 지대한 역할을 하고 있다. 전 세계 각국에 진출해 있는 한국기업인 가정이 지역별, 국가별로 분류되어 최근의 이슈와 각종 생활정보를 올리고 있으며 특정 주제에 대한 설문조사 및 토론도 이루어지고 있다.

자녀교육 선택 역시 한국과 중국 사이를 오가는 초국가주의 실천을 가늠하는 매우 중요한 주제이다. 재중한국인들은 초국가주의 공간 속에서 각각의 이주 목적과 체류 기간별로 거주공간과 자녀교육 방식의 차이를 보이고 있다. 개인적 경제력, 경험, 직업현황 등의 개인적 영향에 의해 자녀들의 교육 또한 다양화되고 있다. 중국학교를 통한 현지화 교육, 한국학교의 한국정체성 교육, 그리고 국제학교를 통한 국제화 교육, 그리고 중국학교의 국제부를 통해 다원적이고 초국가적인 교육을 실천하고 있다.

조선족 역시 사회문화적 영역에서 초국가주의를 끊임없이 실천하고 있다. 한국방문과 한국단체와의 연계를 통해, 한국으로의 유학을 통해, 온라인 매체를 통해, 조선족은 끊임없이 초국가주의적 사회문화 영역을 구축하고 있다. 미국 거주 조선족의 경우도 전화나 인터넷을 통해 한국 및 중국에 있는 조선족과 강한 연계를 유지하고 있고, 문화 콘텐츠를 동시에 소비하는 등 사회문화적으로 높은 초국가적 연계를 나타내고 있다. 실제 한국에 유학 온 중국 유학생 중 상당수는 조선족 유학생이며, 한국 거주 중국인 중 대부분은 조선족이다. 중국 전체 조선족 수의 30%에 해당하는 70만 명에 가까운 조선족이 한국에 체류하고 있다. 이들은 수시로 중국 현지에 있는 조선족 가족과 연락하며 생활하고 있다. 초국가적 생활환경을 구축하고 있는 것이다.

4. 전망과 과제

한중 양국의 수교 후 재중한인 사회는 빠르게 변화했다. 첫째, 재중한인 사회의 구성이 다양해졌다. 기존 올드 커머인 조선족 중심의 사회에서 뉴커머인 재중한국인 집단이 진입함에 따라 두 집단이 함께 구성하는 한인 사회로 변화했다.

둘째, 한인 사회의 지역적 재구성이다. 기존에는 조선족의 집거지역인 동북3성이 한인사회의 중심 지역이었으나, 한중수교 이후 재중한국인의 진입과 더불어 이 두 집단은 중국의 동남 연해도시를 비롯한 전 지역으로 확산되어가고 있다.

셋째, 재중한인 사회의 계층 구성이 재편되고 있다. 한국인의 중국 진출 초기에 형성된 재중한인 사회의 계층구성은 비교적 단순했다. 한국인 주재원이나 기업가, 그리고 재중 한국기업에 종사하는 조선족 노동자 및 중간관리자, 한국인을 대상으로 하는 서비스업의 조선족 종사자 등으로 비교적 단순한 계층 구성이었다. 계층적 지위 역시 재중한국인과 조선족의 구분은 명확했다. 하지만 시간이 지날수록 유학생, 조기 유학생, 자영업자 등이 늘어나면서 계층 구성이 다양해지고 있고, 재중한국인과 조선족의 계층 지위의 차이 또한 점차 간극을 좁혀가고 있다. 조선족 기업가의 성장 등 조선족의 경제사회적 지위 상승을 바탕으로 기존 고용인과 피고용인의 관계를 극복하고 상호 대등한 관계로 재편되고 있다.

넷째, 재중한국인과 조선족의 협력적 관계와 상생발전의 기틀이 마련되고 있다. 한국인의 중국 진출 초기, 재중한국인과 조선족 사이에 다소 심각한 갈등관계가 있었다. 하지만 조선족의 경제사회적 계층지위 상승과 더불어 두 집단 간의 갈등의 정도는 갈수록 옅어지고 이제는 상호협력하고 상생발전하는 모습도 자주 발견할 수 있게 되었다.

다섯째, 재중한인 사회가 모국인 한국과 지속적이고 다양한 연계를 통해 고유한 초국가주의적 영역을 구축하고 있다. 현지 사회와 공동으로 발전하고자 하는 현지화의식이 매우 강하게 표출되고 있으며, 거주국인 중국을 떠나지 않은 상태에서, 모국인 한국의 정당, 단체 및 선거에 직접적으로 참여한다든가, 중국시장과 한국시장 및 제3국 시장과의 연계를 강화하는 초국가주의적 정치·경제활동을 강화하고 있다. 그뿐만 아니라 잦은 한국방문과 한국단체와의 연계를 통해, 한국으로의 유학을 통해, 온라인 매체를 통해, 문화 콘텐츠를 동시에 소비하는 등의 행위를 통해 재중한인은 끊임없이 초국가주의적 영역을 구축하고 있다. 이러한 변화는 재중한국인과 조선족의 지리적 공간 개념을 무의미하게 만들었다. 양국을 연결하여 구축된 '사회적 공간'이 그들에게 있어 실질적 의미를 갖는 공간으로 자리 잡았다. 지리적 공간의 경우는 그들로 하여금 중국 혹은 한국에서 생활하는 사람들로 갈라놓았다. 하지만 각종 관계에 의한 연계를 통해 재중한국인과 조선족은 두 개 이상의 생활근거지를 유지할 수 있게 되었고, 다중적 연결과 다중적 정체성을 갖게 되었다. 비교적 완전한 '사회적 공간'을 새롭게 구축하게 된 것이다.

이러한 사회적 공간의 구축은 재중한인에게 새로운 가치를 제공했다. 한편으로는 이주를 통해 야기된 정체성의 혼란을 해결해주는 계기가 되었으며, 또 다른 한편으로는 양국 사회에 동시에 구축하고 유지하는 다중의 '사회적 자본'을 형성시키고 축적하는 계기가 되었다. 이로써 한중 양국에서의 사회적 지위의 향상을 도모할 수 있게 되었다.

이렇게 초국가적 역동성을 지닌, 다중의 사회적 자본을 형성하고 축적하는 재중한인 사회를 바라보는 시각의 재정립이 필요하다. 세계화와 정보화의 진행으로 물리적인 국경 개념이 의미를 잃어가고 있는 지금, 여전히 디아스포라의 틀로 재외한인 사회를 바라보는 시각은 지양되어야 할 것이다. 최근의 이민은 자발적이고 중산층 중심으로 이루어지며 이민자들의 국적 개념이 유연하고 다중적이라는 특징이 있다. 또한 모국과 긴밀하게 연계되어 있고 유동성이 높은 이민의 성격을 갖고 있다. 따라서 새롭게 재구성된 재중한인 사회에 대해 중국정부나 한국정부 모두 초국가주의 개념으로 접근할 필요가 있다.

초국가주의는 일종의 '전 지구를 무대로 하는 새로운 상상적 공간'을 제공하고 있다. 이러한 추세는 단일민족국가 모델에 심각한 도전이다. 재중한인은 지역과 국가를 떠나 새로운 글로벌 공간을 창출하고 있는 인재집단이다. 세계 경제인의 일원으로서 모국과 글로벌 경제를 연결하는 중요한 매개이다. 따라서 세계의 많은 국가에서는 재외국민을 본국으로 연결시키는 정책을 실천하고 있다. 이러한 정책실천의 효과는 종종 경제적 범위를 훨씬 초과하여 나타난다. 모국으로의 U턴 투자 유치 및 모국기업의 중국진출 중개, 중국기업의 한국투자 중개 등의 역할을 유도하는 정책적 실천이 요구된다.

또한 재중한인의 공공외교 역할 역시 중시할 필요가 있다. 재중한인의 거주국(중국)과 모국(한국)의 정치참여 활동은 한중 양국의 우호적 정치교류의 새로운 창구가 될 수 있다. 군사, 안보, 국가전략, 외교와 같은 국가적 정치 영역과 더불어 경제, 사회문화, 환경, 이민 등의 민간의 정치 영역 또한 소홀히 할 수 없는 중요한 영역이다. 재중한인의 사회적·문화적 네트워크를 통한 공공외교의 강화와 관련한 정책적 실천 또한 중시되어야 할 것이다.

| 참고문헌 |

구지영, "지구화 시대 한국인의 중국 이주와 초국적 사회공간의 형성-칭다오(靑島)의 사례를 통해", 「한국민족문화」 40호, 2011.

김윤태 외, 『재중한국인 사회조사 연구』, 다해출판사, 2014.

김윤태 외, 『한상의 모국진출현황: 중국 조선족 기업의 네트워크 및 한국경제에 대한 기여』, 재외동포재단, 2016.

김윤태, "재중 대만인의 중국사회 적응과 발전: 초국가적 사회영역을 중심으로", 「중소연구」 40(3), 2016.

백권호·장수현·김윤태·정종호·설동훈, "재중한인사회 연구: '코리아타운'을 중심으로", 경제·인문사회연구회 대중국 종합연구 협동연구 총서 10-03-3, 2010.

설동훈 외, 『재중 조선족 동포 사회조사 연구』, 다해출판사, 2014.

양한순, "세계화와 상업화 과정 속의 중국 국제학교", 「사회과교육」 50(2), 2011.

예성호, "한중 문화 간 교류의 변증법적 상호작용 패턴: 재중한국인들의 문화갈등 현상을 중심으로", 「중소연구」 36(4), 2012/2013 겨울.

예성호·김윤태, "'초국가주의 역동성'으로 본 재중한국인 자녀교육 선택에 대한 연구-상해지역을 중심으로", 「중국학연구」 68, 2014.

이희옥, "중국의 부상과 한중관계의 새로운 위상", 「한국과 국제정치」 28(4), 2012.

임채완, "지구화시대 디아스포라의 초국가적 활동과 모국", 「국제정치논총」 48(1), 2008.

장수현, "중국칭다오 한국조기유학생들의 초국적 교육환경: 교육의 시장화와 다양성의 딜레마", 「열린교육연구」 21(1), 2013.

Portes, A,, W. Haller and L. Guarnizo, 2002, "Transnational Entrepreneurs: The Emergence and Determinants of an Alternative Form of Immigrant Economic Adaptation," American Sociological Review, (67).

Steven Vertovec, 2003, Migration and Other Modes of Transnationalism: Towards Conceptual Cross-Fertilization, International Migration Review, 37(3).

부록

서정경(성균관대학교)

1. 양국 정상 공동성명

◇ 대한민국과 중화인민공화국 간의 외교관계 수립에 관한 공동성명

◇ 김대중 대통령 국빈 방중 계기 한중 공동성명

◇ 노무현 대통령 국빈 방문 계기 한중 공동성명

◇ 후진타오 주석 국빈 방한 계기 한중 공동성명

◇ 이명박 대통령 국빈 방중 계기 한중 공동성명

◇ 후진타오 주석 국빈 방한 계기 한중 공동성명

◇ 박근혜 대통령 국빈 방중 계기 한중 미래비전 공동성명

◇ 시진핑 주석 국빈 방한 계기 한중 공동성명

◇ 노태우 대통령 공식 방중 계기 한중 공동언론발표문

◇ 이명박 대통령 국빈 방중 계기 한중 공동언론발표문

2. 역대 양국 대사(大使)

3. 통계자료

◇ 한중 수출입 무역통계: 한국 측 데이터

◇ 한중 수출입 무역통계: 중국 측 데이터

◇ 한중 양국 간 투자규모(1992-2016): 건수 및 금액

◇ 한중 양국 간 투자규모(1992-2016): 금액 및 점유 비중

◇ 중국 현지 진출 한국 법인 수

◇ 한중 양국 방문자 현황(1994-2016): 관광객

◇ 한중 양국 유학생 현황(2003-2016)

◇ 북중 고위급 상호방문 현황(1992-2016)

4. 한중 수교 25년 주요 일지(1992-2016)

5. 한중 정부 및 산하교류

　◇ 외교부

　◇ 한국국제교류재단

6. 지방정부 교류

　◇ 지방자치단체 중국 도시와의 자매/우호결연 현황(1992~2016년)

　◇ 한중 지방정부의 자매/우호결연 현황(행정단위별)

1. 양국 정상 공동성명

◇ 대한민국과 중화인민공화국 간의 외교관계 수립에 관한 공동성명

1. 대한민국 정부와 중화인민공화국 정부는 양국 국민의 이익과 염원에 부응하여 1992년 8월 24일자로 상호 승인하고 대사급 외교관계를 수립하기로 결정하였다.

2. 대한민국 정부와 중화인민공화국 정부는 유엔헌장의 원칙들과 주권 등 영토보전의 상호존중, 상호 불가침, 상호 내정불간섭, 평등과 호혜, 그리고 평화공존의 원칙에 입각하여 항구적인 선린우호협력 관계를 발전시켜나갈 것에 합의한다.

3. 대한민국 정부는 중화인민공화국 정부를 중국의 유일 합법정부로 승인하며, 오직 하나의 중국만이 있고 대만은 중국의 일부분이라는 중국의 입장을 존중한다.

4. 대한민국 정부와 중화인민공화국 정부는 양국 간의 수교가 한반도 정세의 완화와 안정, 그리고 아시아의 평화와 안정에 기여할 것으로 확신한다.

5. 중화인민공화국 정부는 한반도가 조기에 평화적으로 통일되는 것이 한민족의 염원임을 존중하고, 한반도가 한민족에 의해 평화적으로 통일되는 것을 지지한다.

6. 대한민국 정부와 중화인민공화국 정부는 1961년의 외교관계에 관한 비엔나 협약에 따라 각자의 수도에 상대방의 대사관 개설과 공무수행에 필요한 모든 지원을 제공하고 빠른 시일 내에 대사를 상호 교환하기로 합의한다.

1992년 8월 24일 베이징

대한민국 정부를 대표하여   중화인민공화국 정부를 대표하여

◇ 김대중 대통령 국빈 방중 계기 한중 공동성명

1998.11.13, 베이징

1. 대한민국의 김대중 대통령은 중화인민공화국 장쩌민 주석의 초청으로 1998년 11월 11일부터 15일까지 중국을 국빈 방문하여 중국정부와 국민의 정중한 환영과 따뜻한 영접을 받았다.

2. 방문기간 동안 대한민국 김대중 대통령은 중화인민공화국 장쩌민 주석과 우호적인 분위기 속에서 회담을 가졌다. 김대중 대통령은 중화인민공화국 전국인민대표대회 상무위원회 리펑 위원장, 주룽기 국무원 총리, 후진타오 국가부주석과 면담하였다. 회담과 면담을 통해 양측은 한중 관계의 진일보한 발전과 공동으로 관심을 갖고 있는 지역 및 국제 문제에 관해 심도 있게 의견을 교환하고, 광범위한 인식의 일치를 보았다.

3. 한중 양국 정상은 수교 이래 6년여 기간 동안 양국 간 선린우호협력관계가 정치·경제·사회·문화 등 제반분야에서 주목할 만한 발전을 이루어온 데 대해 만족을 표명하고, 이러한 발전은 양국 각자의 발전에 유리할 뿐만 아니라, 동북아를 포함한 지역의 안정과 번영에 기여해왔음을 평가하였다.

양국 정상은 유엔헌장의 원칙과 한중수교 공동성명의 정신 및 수교 이래 발전해온 양국 간 선린우호협력관계에 기초하여, 미래를 바라보면서 21세기의 한중 협력동반자관계를 구축키로 합의하였다.

4. 양측은 아시아 금융위기의 심각성을 인식하고, 양국이 금융위기 극복을 위해 정보교류와 경제연구기관 간 협력을 강화해나가기로 결정하였다.

한국 측은 중국의 인민폐 환율 안정과 내수확대를 통한 경제성장 유지 정책이 아시아 금융위기를 완화하는 데 크게 기여하고 있음을 높이 평가하였다.

중국 측은 앞으로도 능력범위 내에서 이러한 기여를 계속할 것임을 표명하고, 동시에 한국정부가 추진하고 있는 광범위한 경제개혁 및 금융위기 극복과 경제 회복을 위한 노력에 대해 긍정적인 평가를 하였다.

5. 중국 측은 앞으로 한반도의 평화와 안정 유지를 위해 계속 노력해나갈 것을 재천명하고, 최근 남북한 민간경제교류에서 얻어진 긍정적인 진전을 환영하며, 한반도 남북 양측의 대화와 협상을 통한 한반도에서의 자주적인 평화통일 실현을 지지하고, 한반도 비핵화 공동선언의 목표가 하루 속히 실현되기를 희망하였다.

양측은 4자회담의 추진을 통해 한반도에서 항구적인 평화체제가 점진적으로 수립되기를 희망하였다.

6. 중국 측은 세계에 하나의 중국만이 있으며, 대만은 중국 영토의 불가분의 일부분임을 재천명하였다. 이에 대해 한국 측은 충분한 이해와 존중을 표시하고, 지금까지 실행해온 하나의 중국의 입장을 견지한다고 하였다.

7. 양측은 양국 지도자, 정부의 각 부문, 의회 및 정당 간의 교류를 확대·강화해나가기로 합의하였다.

8. 양측은 수교 이래 6년여 기간 동안 이룩해온 양국 간 경제·무역관계의 발전을 높이 평가하고, 21세기에도 계속해서 경제·무역 협력을 확대, 심화시켜 양국의 공동 번영과 이 지역의 안정 및 발전에 기여하기로 합의하였다.

양측은 양국 간 "경제·무역 및 기술협력 공동위원회"의 수석대표를 차관급으로 격상시키기로 결정하였다.

양측은 현재 양국 간 무역의 불균형에 대해 유의하고, 이러한 무역불균형 현상을 양국 간 무역확대를 통해 개선해나가기 위하여 공동 노력하기로 결정하였다.

한국 측은 한중 간 무역확대를 위한 중국의 한국 측에 대한 수출금융제공 제의를 환영하고, 동 수출금융이 양국 간 무역확대에 도움이 되기를 희망하였으며, 중국 측은 한국정부의 조정관세 축소방침을 환영하였다.

양측은 새로운 무역상품 발굴 및 반덤핑제도 등 무역제한 조치 완화를 위해 협력을 강화해나가기로 합의하였다.

한국 측은 중국의 방콕협정 가입을 적극적으로 지지하였고, 중국 측은 이에 대해 사의를 표시하였다.

한국 측은 양국 간 경제협력을 확대하기 위해 중국 안후이성의 2개 사업에 대한 70억 원(한화)의 대외경제협력기금(EDCF)차관 제공을 금년 중 결정하기로 하였다.

양측은 금융감독관리 부문과 금융시장 상호개방 분야에서 협력을 강화해나가기를 희망하였다.

9. 양측은 산업, 과학기술, 정보통신, 환경, 에너지, 자원, 농업, 임업, 원자력의 평화적 이용, 사회간접자본 건설, 철도 등 부문에서 협력을 가일층 강화하는 데 있어 아래와 같이 인식을 같이하였다.

"한중 산업협력 위원회"의 협력사업을 지속적이고 적극적으로 추진하여 21세기 양국 간 산업협력 관계를 더욱 많은 성과를 거둘 수 있는 새로운 단계로 발전시켜나가기로 하였다.

양측은 "한중 과학기술협력에 관한 협정"에 따라 양국 정부 및 민간의 과학기술협력을 지속적으로 강화해나가기로 하였다.

최근 홍수, 가뭄, 지진 등 자연재해가 양국에 막대한 피해를 주고 있음을 감안하여 양측은 상술한 부문에서의 정보교류 및 조기예보, 연구조사 등 분야에서의 협력을 강화해나가기로 결정하였다.

양측은 기초과학 부문에서의 교류를 강화하고, 동시에 첨단기술의 산업화 분야에서의 협력을 적극 촉진해나가기로 결정하였다.

정보화시대를 맞이하여 양측은 초고속 정보통신망 및 전자상거래 등 국가 정보화 부문에서 협력을 강화하고, 첨단통신기술 연구개발 분야에서의 협력을 지속적으로 추진해나가기로 결정하였다.

양측은 "한중 환경협력협정"에 기초하여 양국 정부 간 환경 보호 및 환경산업 협력을 강화하고, 양국이 관심을 가지고 있는 황사 및 산성비 등 환경오염, 황해환경보호 등 문제에 대하여 정부 간 공동조사 연구를 강화해나가고, 동북아지역 협력 활동에 적극 참여하기로 결정하였다. 양측은 황해환경보호를 위해 양국 유조선 사고 발생 시 해상오염 예방을 위해 공동 협력하기로 합의하였다.

양측은 에너지, 자원 등 부문의 공동개발 이용 분야에서 협력을 확대해나가기로 합의하였다.

한국 측은 1999년 쿤밍 세계원예박람회 참가를 결정하고, 중국 측은 이를 환영하였다. 양측은 이를 계기로 원예 부문에서 교류와 협력을 강화해나가기로 합의하였다.

양측은 한중 시범농장을 공동으로 건립하고 농작물 병충해 방지에 대하여 공동연구를 추진해나가기로 결정하였다.

양측은 삼림이 자연생태계에서 차지하는 중요성과 삼림의 유지와 합리적 이용이 생태환경 개선, 나아가 인류생존 환경에 매우 중요한 역할을 한다는 것을 인식하고, "한중 간 임업협력 약정"에 기초하여 산림녹화, 토사유실 방지 등 분야에서 임업협력을 강화해나가기로 합의하였다.

양국은 "한중 간 원자력의 평화적 이용에 관한 협력을 위한 협정"에 근거하여 핵 과학 기술 및 핵에너지 분야에서의 교류와 협력을 지속적으로 강화해나가기를 희망하였다.

한국 측은 호혜의 원칙하에 중국의 사회간접자본 건설에 참가하기를 희망하였으며, 중국 측은 이를 환영하였다. 양측은 또한 제3국 건설 분야에서 공동 진출 협력을 추진하기를 희망하였다.

양측은 "한중 철도분야 교류 및 협력약정"을 체결하였고, 철도 분야에서 과학기술 교류와 교육훈련 분야의 협력을 강화해나가기로 결정하였다.

10. 양측은 미래지향적인 양국관계를 발전시키기 위해서 정부 간 교류뿐 아니라, 양국 국민 간 상호 이해증진과 다양한 교류확대가 필요하다는 데 인식을 같이하였다.

양측은 양국의 각 분야에서의 문화교류 및 협력을 강화, 발전시키기 위하여 한중 양국 정부 간 문화협정에 의거, "한중 문화공동위원회"를 정기적으로 개최키로 하였다.

양측은 양국 각각의 정부수립 및 건국 50주년을 기념하여 금년과 내년에 각종 행사를 개최키로 하고, 양국 정부는 이를 적극 지원하기로 합의하였다.

양측은 1998년 체결된 "교육교류 약정"을 기초로 교육 및 학술부문의 교류를 강화해나가기로 하였다.

양측은 양국 관광 분야의 교류 및 협력을 강화하도록 장려하고, 양국 관광업계의 발전을 공동으로 촉진해나가기로 하였다.

양측은 양국의 각급 지방정부 간 자매결연 등 방식을 통해 경제, 문화 등 제반분야에서의 교류를 확대해나가기로 합의하였다.

양측은 양국이 "한중 형사사법공조조약", "한중 사증발급절차 간소화 및 복수 사증발급에 관한 협정" 및 "한중 양국 정부 간 청소년 교류 양해각서" 등 문서에 서명하고, 어업협정을 가서명한 데 대해 환영을 표시하고 상술한 문서가 양국관계 발전과 양국 간 교류 및 협력의 확대에 기여하기를 희망하였다.

11. 양측은 핵무기 확산 방지와 핵에너지의 평화적 이용 및 생·화학무기 감축, 환경, 마약, 테러, 국제조직범죄 등 국제문제에 있어서 협력을 강화하기로 합의하였다.

한국 측은 중국의 세계무역기구(WTO) 조기 가입을 지지하는 입장을 재천명하였으며, 양측은 아시아·태평양 경제협력체(APEC), 아시아·유럽정상회의(ASEM), 아세안지역안보포럼(ARF) 및 유엔 등 국제무대에서의 협력을 강화하고, 2000년 한국에서 개최되는 제3차 아시아·유럽 정상회의의 성공적인 개최를 위해 협력해나가기로 합의하였다.

12. 양측은 김대중 대통령의 중국방문이 순조롭게 이루어져 성공을 거두었다고 평가하였다. 김대중 대통령은 중국 측의 따뜻한 환대에 대해 사의를 표시하고, 장쩌민 주석이 편리한 시기에 한국을 방문해주도록 초청하였다. 장쩌민 주석은 이에 대해 사의를 표시하고 동 방한초청을 흔쾌히 수락하였다.

◇ 노무현 대통령 국빈 방중 계기 한중 공동성명

2003.7.8, 베이징

1. 대한민국 노무현 대통령은 중화인민공화국 후진타오(胡錦濤) 주석의
   초청으로 2003년 7월 7일부터 10일까지 중국을 국빈 방문하여 중국
   정부와 국민의 정중한 환영과 따뜻한 영접을 받았다.

   방문기간 동안 노무현 대통령은 후진타오 주석과 정상회담을 가졌으
   며, 중화인민공화국 우방궈(吳邦國) 전국인민대표대회 상무위원회 위
   원장, 원자바오(溫家寶) 국무원 총리, 쩡칭훙(曾慶紅) 국가부주석과 면
   담하였다. 회담과 면담을 통해 양측은 한중 우호협력관계의 더 나은
   발전과 지역 및 국제문제에 관한 공동관심사에 관해 심도 있게 의견을
   교환하고, 광범위한 분야에서 인식의 일치를 보았다.

2. 한중 양국 정상은 수교 후 11년 동안의 양국 선린우호협력관계의 발
   전을 전반적으로 회고하면서 총결산하고, 양국의 정치·경제·사회·문
   화 등 제반분야에서의 협력이 그간 현저한 성과를 거둔 데 대해 만족
   을 표명하였으며, 이는 양국 국민에게 큰 이익을 가져다줄 뿐만 아니
   라, 이 지역의 평화, 안정 및 번영을 촉진시키는 데에도 중요한 기여를
   해왔다고 평가하였다.

   양국 정상은 유엔헌장의 원칙과 한중수교 공동성명의 정신 및 기존의
   협력동반자관계를 기초로, 미래를 지향하여 전면적 협력동반자관계를
   구축하기로 합의하고 이를 선언하였다.

3. 양측은 각기 국내정세 및 대외정책을 소개하였다. 중국 측은 한국정부가 경제발전과 한반도 및 이 지역의 평화와 번영을 위해 적극적으로 노력해온 점을 높이 평가하였다. 한국 측은 중국정부가 개혁개방 및 현대화 건설을 추진하여 거둔 성과와 중국이 추진하고 있는 인접국과의 선린·동반자 외교정책을 높이 평가하였다.

4. 양측은 한반도의 평화와 안정을 유지하고, 한반도의 비핵화 지위가 확보되어야 한다는 데 인식을 같이하였다. 양측은 북한 핵문제가 대화를 통해 평화적으로 해결될 수 있다고 확신하였다.

한국 측은 북한 핵문제가 검증 가능하고 불가역적인 방식으로 완전히 해결되어야 한다는 점을 강조하였다. 중국 측은 북한의 안보우려가 해소되어야 한다고 주장하였다.

양측은 금년 4월 개최된 베이징회담이 유익했다고 인식하였다. 한국 측은 중국 측이 동 회담 개최를 위해 기울인 노력을 평가하고 지지하였다. 양측은 베이징회담으로부터 시작된 대화의 모멘텀이 지속되어 나가고, 정세를 긍정적인 방향으로 발전시켜나가기를 희망하였다. 중국 측은 한국 측이 남북관계 개선과 긴장완화를 위해 취해온 긍정적인 조치들을 평가하고, 한국 측이 한반도문제의 당사자로서 건설적인 역할을 발휘하는 것을 지지하였다.

양측은 북한 핵문제를 포함한 한반도문제에 관하여 협조와 협력을 가일층 강화해나가기로 합의하였다.

5. 중국 측은 세계에 하나의 중국만이 있으며, 대만은 중국 영토의 불가분의 일부분임을 재천명하였다. 한국 측은 여기에 대해 충분한 이해와 존중을 표시하고 중화인민공화국 정부가 중국의 유일 합법정부라는 것과 하나의 중국 입장을 계속 견지해나갈 것임을 밝혔다.

6. 양측은 한중 고위층 교류 및 양국 정부, 의회, 정당 간 교류가 양국 간 전면적 협력을 가일층 강화해나가는 데 중요한 의의를 가진다는 데 인식을 같이하였다. 이를 위하여 양측은 양국 지도자 간 상호 방문과 회동을 강화하고, 교류와 대화체제를 확대하고 발전시켜나가기로 하였다.

7. 양측은 양국 간 경제·통상협력을 더욱 확대, 심화하는 것이 양국의 공동이익에 부합되고, 양국의 공동발전에 도움이 된다는 데 인식을 같이하였다. 양측은 양국 간 경제·통상협력 방향을 연구하기 위한 공동팀을 구성하기로 합의하였다.

양측은 적극적인 조치를 취하여 양국 간 무역의 건전하고도 순조로운 발전을 추진하고, 또한 무역을 확대하면서 균형을 이루어나간다는 원칙하에 무역불균형을 개선토록 상호 노력하기로 하였다. 양측은 상호이익과 우호적인 협의 정신에 따라 무역과 관련하여 발생하는 문제를 예방하고 원만히 해결해나가기로 합의하였다. 이를 위하여 양측은 양국 간에 품질감독·검사·검역 협의체를 조속히 설치하기로 합의하였다.

양측은 한중 투자보장협정을 개정하여 양국 상호 간 투자확대를 위해 유리한 환경을 함께 조성해나가기로 합의하였다.

8. 양측은 새로운 협력 분야의 협력방식을 개발하여 양국간 "미래지향적 경제협력 관계"를 모색해나가기로 합의하였다. 양측은 완성차 생산, 금융, CDMA 등 분야에서의 협력을 높이 평가하고, 동 분야의 협력을 계속 강화하기로 합의하였다.

또한, 이러한 분야에서의 성과를 바탕으로 차세대 IT산업, 생명공학, 신소재 등 첨단기술 분야에서의 공동 연구와 산업화 협력을 강화하고, 유통, 자원개발 및 에너지, 교통 등 인프라 건설 분야에서의 교류와 협력을 확대해나가기로 합의하였다.

양측은 환경보호와 환경산업 분야에서의 협력을 강화하고, 양국 정부와 업계, 학계 및 관련 단체들이 참가하는 "한중 환경보호 산업투자 포럼"을 공동개최하기로 합의하였다. 양측은 황사 모니터링, 사막화 방지 및 생태계 건설 등 분야에서의 협력을 계속 강화하기로 합의하였다.

한국 측은 2008년 베이징 올림픽, 2010년 상하이 엑스포와 중국의 서부 대개발 계획을 적극 지지하였으며, 중국 측은 한국기업의 적극적인 참여를 환영하였다.

9. 양측은 "2002 한중 교류의 해" 활동이 성공적으로 이루어진 것에 대해 만족을 표명하고, 동 성과를 바탕으로 "한중교류제"를 매년 정기적으로 개최하는 방안을 검토키로 하였으며, 양국 간 문화교류와 문화산업 협력을 더욱 강화하기로 합의하였다.

양측은 양국 간 교육, 체육, 언론 등 분야와 우호단체, 청소년 및 양국의 자매도시 간의 교류를 더욱 확대하여 양국 국민들 간 우호협력의 기초를 튼튼히 하기로 합의하였다.

한국 측은 중국 정부와 국민이 SARS 퇴치에 있어서 큰 성과를 거둔 것을 높이 평가하였다. 중국 측은 한국 측이 중국의 SARS 퇴치 노력을 지지하고 지원해준 데 대해 사의를 표명하였다. 양측은 양국간 전염병 예방과 퇴치 등 분야에서 교류협력을 강화하기로 합의하였다.

양측은 양국 국민의 왕래가 빠르게 증가하고 있는 데에 따른 수요에 부응하기 위하여 양국 간 항공협력을 확대해나가는 한편, 항공자유화를 점진적으로 추진하기로 합의하였다.

양측은 영사 및 사법 분야에서 협력을 강화하고, 양국의 법집행 기관 간의 협의와 인적교류를 확대하여 양국 국민들의 정상적인 왕래를 위한 법적인 보장을 제공하기로 합의하였다.

양측은 "한중 간 민사 및 상사 사법공조 조약", "한중 간 표준화 및 적합성 평가분야 협력에 관한 약정" 및 "한국공학한림원과 중국공정원 간의 공학기술협력에 관한 양해각서"를 체결하게 된 것을 환영하였다. 중국 측은 한국이 청두(成都)에 총영사관을 설치하는데 동의하였다. 양측은 이러한 조치가 양국관계의 발전과 양국 간 교류·협력의 확대에 기여할 수 있기를 희망하였다.

10. 양측은 아태지역에서 부상하고 있는 역내협력 과정의 추진을 위해 적극적으로 노력하기로 합의하였다. 양측은 ASEAN 3 과정을 통해 동아시아 협력을 지속적으로 확대·심화시켜 나가는 것을 지지하여

지역평화와 공동번영을 위해 기여해나가기로 하였다. 양측은 한중일 간 협력 강화가 동아시아 협력의 발전을 촉진시키는 데 도움이 된다는 데 인식을 같이하고, 현재 3국의 경제연구기관 간에 진행되고 있는 한중일 FTA의 경제적 효과에 관한 공동연구가 많은 성과를 거두기를 기대하였다.

양측은 유엔, 세계무역기구, 아태경제협력기구, 아시아·유럽 정상회의 등 지역 및 국제무대에서의 협조와 협력을 강화하는 데 의견을 같이하고 특히, 2005년 한국에서 개최되는 APEC 정상회의의 성공적 개최를 위하여 긴밀히 협력하기로 하였다.

양측은 마약, 국제테러리즘, 금융경제범죄, 해적, 하이테크범죄 등 비전통적 안보 분야를 포함한 공동관심사에 관하여 협력을 더욱 강화해나가기로 합의하였다.

11. 양측은 노무현 대통령의 중국방문 성과에 대해 만족을 표명하고, 노무현 대통령의 금번 방문이 향후 양국관계의 장기적인 발전에 중요한 계기가 될 것이라는 데 인식을 같이하였다. 노무현 대통령은 중국측의 환대에 사의를 표하고, 편리한 시기에 후진타오 주석이 한국을 방문하여 주도록 초청하였다. 후진타오 주석은 이에 대해 사의를 표하고 초청을 흔쾌히 받아들였다.

◇ 후진타오 주석 국빈 방한 계기 한중 공동성명

2005.11.17, 서울

중화인민공화국 후진타오(胡錦濤) 국가주석은 대한민국 노무현 대통령의 초청으로 2005년 11월 16일부터 17일까지 대한민국을 국빈 방문하였다.

방문기간 중 후진타오 주석은 노무현 대통령과 정상회담을 가졌으며, 김원기 국회의장, 이해찬 국무총리 등 한국 지도자들과 각각 면담하였다.

양국 정상은 2003년 7월 베이징에서의 만남 이후 한중관계가 새로운 진전을 거둔 데 대해 만족을 표하고, 양국간 합의한 "한중 간 전면적 협력동반자관계"를 더욱 심화시켜나갈 것과, 지역 및 국제문제 등 상호 공동 관심사에 대해 허심탄회하고 심도 있는 의견교환을 하였으며, 광범위한 공동인식에 도달하였다.

I

양측은 1992년 한중수교 이래 양국이 외교, 안보, 경제, 사회, 문화, 인적교류 등 각 분야의 교류와 협력에 있어 중요한 진전을 거두게 된 것을 높이 평가하였다.

양측은 2003년 7월의 "한중 공동성명"이 효과적으로 이행되고 있는 데 대해 만족을 표명하였다. 양측의 정치적 상호신뢰는 계속 깊어지고 있으며, 각 분야에서의 교류와 협력이 날로 확대·심화되고 있는 바, 한중 간 전면적 협력동반자관계가 새로운 발전단계에 접어들었다는데 인식을 같이하였다.

양측은 양국 간 "전면적 협력동반자관계"에 따라 선린우호협력관계를 계속 공고히 하고 발전시켜나가는 것이 양국 국민의 근본적인 이익에 부합되며, 이 지역은 물론 세계의 평화, 안정 및 번영에도 긍정적인 기여를 할 것이라는 데 공감하였다.

또한, 양측은 각 분야에서의 양국 간 교류와 협력을 계속 확대, 심화시켜나가고, 양국관계 발전 과정에서 발생하는 문제들을 한중 우호협력관계 발전의 큰 틀 속에서 원만하게 해결해나감으로써, 한중관계가 장기적으로 건전하고 안정적으로 발전해나갈 수 있도록 공동의 노력을 기울여나가기로 하였다.

Ⅱ

양측은 베이징 제4차 6자회담에서 채택한 공동성명을 환영하고, 동 공동성명을 통해 6자회담의 목표와 원칙에 합의함으로써, 한반도 비핵화 실현을 위한 중요한 기초를 다졌다는 데 인식을 같이하였다. 양측은 관련 각측이 계속 성의를 가지고 신축성을 보여주어야 하며, 동 성명을 성실히 이행하여 회담의 프로세스가 계속 진전을 이루도록 해야 한다는 데 인식을 같이하였다.

중국 측은 남북한 간 화해 협력이 적극적인 진전을 거두게 된 것을 환영하고, 남북한 양측의 관계가 개선되어 최종적으로는 평화통일이 실현되기를 계속 확고불변하게 지지한다는 점을 재천명하였다. 중국 측은 한국 측이 남북관계 개선 및 한반도 평화와 안정유지를 위해 기울여온 노력을 평가하고, 한국 측이 한반도문제의 직접 당사국으로서 이를 위해 계속적으로 적극적인 역할을 발휘하기를 바라며, 이를 지지한다고 하였다.

양측은 한반도 및 동북아의 평화와 공동의 번영을 위해 계속 협력해나가기로 하였다.

양측은 동북아 지역의 교류와 협력이 날로 증대되고 있는 것을 환영하고, 역내 통합과 협력의 질서창출을 위해 적극 협력하기로 하였다. 중국 측은 한국 측의 '평화와 번영 정책'을 평가하였으며, 한국 측은 중국이 동북아의 평화와 발전을 위해 수행하고 있는 건설적인 역할을 높이 평가하였다.

Ⅲ
중국 측은 세계에서 중국은 오직 하나뿐이며, 대만은 중국 영토의 불가분의 일부분이라고 강조하였다. 한국 측은 이에 대해 충분한 이해와 존중을 표명하였으며, 중화인민공화국 정부만이 중국을 대표하는 유일한 합법정부임을 재확인하고, 하나의 중국 입장을 계속 견지해나갈 것임을 밝혔다.

Ⅳ
양측은 양국의 고위급 교류 및 정부, 의회, 정당 간의 교류가 양측의 상호 이해와 신뢰를 증진하고, 양국 간 전면적 협력동반자관계의 지속 심화 발전을 촉진하는 데 있어서 중요한 의의가 있다는 데 의견을 같이하였다. 양측은 고위급 상호방문 모멘텀을 계속 유지하기로 하고, 양국 지도자 간의 빈번한 만남을 강화하기로 하였다. 양측은 양국 의회 간 고위급 정기 교류체제의 조속한 구축과 양국 정당, 단체 간 각종 형식의 교류와 협력을 지지하기로 하였다.

양측은 양국 외교부 간의 협상과 협력을 보다 강화해나가자는 데 동의하고, 양국 외교장관 간 상시 의견교환이 가능하도록 직통전화채널(hot-line)을 개설하기로 하였다. 또한, 양국 외교부 차관급 정례협의채널을 설치하고, 공동관심사에 대해 논의하기로 하였으며, 양측 외교 당국 간 다양한 수준에서의 정기협의 메커니즘을 활성화하기로 하였다.

양측은 양국 국방·안보 분야의 대화와 접촉을 강화하고, 양국 군사교류를 확대해나가기로 하였다. 양측은 2002년 베이징에서 개최된 한중 외교·국방 당국 간 제1차 안보대화를 긍정적으로 평가하고, 2006년 서울에서 제2차 대화를 개최키로 합의하였으며, 이를 정례화하기 위해 노력하기로 하였다.

V

양측은 양국 간 경제무역관계가 날로 긴밀해지는 것은 양국 국민들에게 실질적인 이익을 가져다줄 뿐만 아니라, 양국의 공동 발전과 번영에도 도움이 된다고 하고, 이에 대해 만족을 표명하였다.

양측은 양국의 공동연구팀이 2003년 양국 정상 간 합의에 따라 완성한 "한중 경제통상협력 비전 공동연구보고서"에 대해 높이 평가하고, 동 보고서가 향후 양국의 무역·투자 등 중장기 경제협력의 중요한 지침이 될 것이라고 하였다.

양측은 양국 간 연간 1,000억 달러 무역 목표액을 3년 앞당겨 2005년 달성이 예상되는 것을 기쁘게 생각하며, 한중수교 20주년이 되는 2012년에 양국 간 무역액이 2,000억 달러를 달성할 수 있도록 지속적인 노력을 기울여 나가자고 하였다.

양측은 양국 간 무역을 확대시켜나감과 동시에 점진적으로 균형을 이루어나가도록 상호 적극적인 노력을 기울여나가자는 데 의견을 같이하였다. 이를 위하여 한국 측은 구매사절단 파견 등 적극적인 노력을 계속해 나가기로 하였다.

한국은 중국의 시장경제지위를 인정하기로 하였다.

양측은 한중 양자 간 FTA 민간공동연구가 2005년부터 2년 예정으로 가동되고 진전을 거둔 데 대해 만족을 표명하고, 양국의 연구기관이 이를 심도 있게 논의, 연구보고서를 예정대로 완성하여 정부에 정책건의를 하게 되기를 희망하였다.

양측은 양국경제무역과학기술 공동위원회, 경제장관 회의 등 대화와 협력체제를 가일층 강화·정비하고, 양국 경제협력의 분야와 채널을 지속·확대해 나가기로 하였다. 양측은 현재 운용중인 한중 무역 구제기관 협력회의의 기능을 확대 강화시켜 상호 이익, 호혜와 우호협상의 정신에 따라, 무역 과정에서 발생하는 문제들을 사전에 예방하고 원만하게 처리해 나가기로 하였다. 양측은 품질감독검사검역에 관한 고위급 협의체를 조속히 가동시킴으로써 식품위생, 동식물 검사검역 등 품질검사 분야의 문제를 대화와 협상을 통해 해결하기로 하였으며, 상업정보 분야 교류협력을 추진해나가기로 하였다.

양측은 투자협력 확대를 위한 양호한 환경 조성에 필요한 지원을 하고, 〈한중 투자보장협정〉 개정에 조속히 합의하여 양국의 상호투자 확대라는 수요에 부응할 수 있도록 하기로 합의하였다.

양측은 〈대한민국 산업자원부와 중화인민공화국 상무부 간의 무역구제 분야 협력 확대에 관한 양해각서〉 및 〈대한민국 산업자원부와 중화인민 공화국 상무부 간의 무역투자협력 확대에 관한 양해각서〉의 체결을 환영 하고, 이들 양해각서의 체결을 통해 양국의 기업들에게 보다 개선된 비즈 니스 환경을 제공하게 될 것으로 기대하였다.

양측은 첨단기술, 인프라, 서비스업 및 대형프로젝트 분야에서의 양국의 협력을 긍정적으로 평가하고, "한중 경제통상협력 비젼 공동연구보고서" 에서 건의한 양자 간 무역투자 원활화를 위한 5개 조치 및 정보통신, 자 동차, 철강 등 12개 분야에서의 협력 등 17개 중점산업 분야에서의 협력 을 한층 더 강화해나가자는 데 합의하였다.

양측은 정보기술, 생명공학, 신소재 등 첨단기술 분야에서 더욱 긴밀한 협력을 전개하고, 과학기술정보 교류를 확대하며, 관련 연구성과를 공유 하고 효과적으로 이용하는 방안을 추진하자는 데 동의하였다.

양측은 또한, 환경기술에 대한 공동 연구 및 응용방안을 추진하며 순환경 제, 황사 모니터링, 사막화 방지, 위생매립장 관리, 매립가스 발전 등 분 야에서의 협력을 계속해서 강화해나가기로 하였다.

양측은 차세대 인터넷과 이동통신, 공개 소프트웨어 등의 IT 분야에서 보다 더 긴밀하고 구체적인 협력관계를 구축하는 등 양국 간 IT협력을 한 단계 더 발전시키기로 합의하였다. 양측은 정보화 혜택으로부터 소외 되어 지식정보사회로의 진입에 어려움을 겪고 있는 아시아와 세계 각국 의 빈곤계층에 대한 정보 접근기회 제공 등 국제정보격차 해소를 위해서 협력하기로 합의하였다.

양측은 에너지 문제가 세계경제 발전에 미치는 영향에 대해 깊은 관심을 표명하고, 석유수입에 관한 양국 간 대화체제를 구축하는 방안을 검토하기로 하였으며, 에너지 분야에서의 기업 간 교류와 협력을 장려하고, 평등호혜, 상호협의의 원칙하에 양국 간 에너지 분야의 협력을 강화하기로 하였다.

또한, 양측은 석유 공동 비축, 전력건설 및 신재생 에너지 등 분야에서 교류를 계속 강화해나가기로 합의하였다.

양측은 양국 간 물류·유통 분야의 협력체제를 계속 정비시키고, 동북아 전체의 물류 분야 협력을 공동으로 추진하기로 하였다. 이를 위해 양국 간 해상운수협력 장관급 회의를 정례적으로 개최하기로 합의하였다.

양측은 양국이 현재의 기초 위에 전통의약 및 전염병 방지 등 분야에서의 교류와 협력을 보다 강화해나가자는 데 동의하였다.

양측은 조류 인플루엔자의 예방과 치료 분야에서의 정보교류와 협력을 강화해나가자는 데 동의하였다.

한국 측은 2008년 베이징 올림픽과 2010년 상하이 세계박람회, 중국의 서부대개발, 동북노후공업지역 진흥계획 등에 지속적으로 협력하고 참여할 뜻을 밝혔으며, 중국 측은 이를 환영하였다.

VI

양측은 양국의 문화, 교육, 관광, 스포츠, 언론 등 분야와 우호단체, 지자체 간의 교류를 더욱 확대하여 양국민의 우호협력을 위한 기초를 공고히 해나가기로 하였다.

양측은 한중수교 15주년이 되는 2007년을 한중교류의 해로 정하기로 하고, 양국 정부 차원에서 각종행사를 진지하게 기획하고 조직하여, 양국의 민간교류 확대와 이해증진의 중요한 계기가 되도록 하자는 데 인식을 같이하였다.

양측은 청소년 교류가 양국관계의 미래에 중요한 의의가 있다고 하고, 최근 2년간 "한중 청소년교류합의"의 운영상황을 높이 평가하였다. 중국 측은 양국 청소년 간의 교류를 더욱 활성화시키기 위해, 2006년부터 방중 초청대상 한국청년 규모를 100명을 늘려 초청해나갈 것이라고 하였으며, 한국 측이 매년 500명의 중국청년을 한국으로 초청하는 사업이 중국청년들의 한국에 대한 이해와 양국 청년 간 우의를 제고시키는 데 좋은 성과를 거두고 있음을 기쁘게 생각한다고 하였다.

양측은 경제무역, 인적교류의 신속한 발전 요구에 부응하기 위하여 항공·해운협력을 지속적으로 확대해나가기로 하였으며, 항공·해운 자유화를 점진적으로 추진하기로 하였다. 한국 측은 중국의 항공사를 위해 중국에서 제주도까지의 항공노선에 최대한 편의를 제공해줄 의향이 있다고 하였다.

양측은 양국문화공동위원회가 금년 5월 채택한 "2005-2007년도 한중문화교류계획"에 대해 긍정적으로 평가하고, 동 계획에 따라 정기적으로 문화분야의 전문가, 배우 및 관련 공무원을 상호 파견하여 학술교류와 문화산업협력을 추진해나가기로 하였다.

중국 측은 한국 측이 시안(西安)에 총영사관을 개설하는 것을 환영하였으며, 한국 측은 중국의 주한 중국대사관 주광주 영사사무소 개설을 환영하였다.

양측은 〈해상 수색 및 구조협정〉을 조속히 체결하여 해상 인명과 재산의 안전을 확보하자는 데 동의하였으며, 양국 간 정상적인 경제활동과 인적 왕래를 위한 법률 및 제도적 보장을 위해 영사, 사법 등 분야의 협력을 지속 강화해나가자는 데 동의하였다.

양측은 〈중국 국가임업국과 한국 산림청 간 동북 호랑이 번식 협력에 관한 약정〉의 체결을 환영하고, 동 약정의 체결이 양국 국민들 간의 우호와 협력을 가일층 증진시키는 데 도움이 되기를 기대하였다.

Ⅶ

양측은 ASEAN+3, 동아시아 정상회의, 한중일 협력, ARF, APEC, ASEM, 아시아·라틴아메리카 포럼 등 각종 지역 및 지역 간 협력체에서 긴밀히 협력하고, 역내 FTA 연구와 구축을 촉진하며, 지역협력의 과정을 추진해나가자는 데 동의하였다.

양측은 21세기 국제사회가 당면한 기회와 도전에 대처하기 위하여 효율적 다자체제를 보다 강화해나가야 할 필요성에 공감하면서, 유엔 등 국제무대에서 지속적으로 상호 협력키로 하였다.

양측은 특히 효율적 다자주의의 미래를 위해 광범위하고 합리적인 유엔 개혁이 필요함을 강조하고, 유엔체제가 유엔의 권위 및 효율성제고, 새로운 도전과 위협에 대처할 수 있는 능력제고, 보다 투명하고 민주적이며 대표성을 확보하는 방향으로 개혁되어야 한다는 데 의견을 같이하였다.

양측은 또한, 안보리 개혁이 충분한 협상과 가장 광범위한 공감대가 형성된 기조 위에서 추진됨으로써 유엔의 전반적 개혁에 긍정적 영향을 미치는 방향으로 이루어져야 함을 강조하였다.

양측은 마약퇴치, 국제 테러리즘, 금융경제범죄, 해적, 하이테크범죄, 종교적 극단주의 등 비전통적 안보 분야에서의 협력을 강화해나가자는 데 동의하였다.

양측은 부산 APEC 정상회의의 성공적 개최를 위해 협력하고, 궁극적으로 아시아·태평양 지역의 공동 번영을 위해 함께 노력해나가기로 하였다.

Ⅷ
양측은 후진타오 주석의 방한이 큰 성과를 거두게 된 데 대해 만족을 표명하고, 금번 방문이 장래 양국관계 발전에 있어서 중요한 의의가 있다는 데 의견을 같이하였다.

후진타오 주석은 노무현 대통령에게 한국정부와 국민들의 따뜻하고 우호적이며 성대한 환대에 대해 사의를 표하고, 노무현 대통령께서 편리한 시기에 중국을 재차 방문해주실 것을 청하였다. 노무현 대통령은 후 주석의 초청을 수락하였다. 구체적인 방문 일시는 양측 간 외교채널을 통하여 협의 후 결정하기로 하였다.

◇ 이명박 대통령 국빈 방중 계기 한중 공동성명

2008.5.28, 베이징

이명박 대한민국 대통령은 후진타오(胡錦濤) 중화인민공화국 주석의 초청으로 2008년 5월 27일부터 30일까지 중국을 국빈 방문하여 중국정부와 국민의 정중한 환영과 따뜻한 영접을 받았다.

방문기간 동안 이명박 대통령은 후진타오 주석과 정상회담을 가졌으며, 원자바오(溫家宝) 국무원 총리, 자칭린(賈慶林) 전국정치협상회의 주석과 각각 면담하였다.

이명박 대통령은 최근 쓰촨성(四川省) 원촨(汶川)에서 발생한 지진으로 막대한 인명피해 및 재산피해가 발생한 데 대해 깊은 애도와 위로를 표시하고, 중국 측의 피해자 구호에 필요한 지원을 제공할 용의가 있음을 표명하였다. 후진타오 주석 등 중국 지도자들은 한국정부와 국민들이 중국의 재난 상황에 관심을 갖고, 긴급원조를 제공하고 구조대를 파견한 것에 대해 사의를 표명하였다. 양측은 지진, 해일, 태풍 등 자연재해 분야에서 양국 간 협력을 강화해나가기로 하였다.

회담과 면담을 통해 양측은 한중 우호협력관계의 가일층 발전과 지역 및 국제문제 상호 관심사에 대해 심도 있게 의견을 교환하고 광범위한 분야에서 인식의 일치를 보았다.

1. 한중관계 발전

양국 정상은 1992년 수교 이래 한중 양국이 이룬 급속한 관계 발전을 높이 평가하고, 양국관계를 '전면적 협력동반자관계'에서 '전략적 협력동반자관계'로 격상하기로 하였으며, 외교, 안보, 경제, 사회, 문화, 인적교류 등 분야에서 교류와 협력을 한층 강화시켜 나가기로 하였다.

양측은 양국이 외교·안보 분야 대화와 협력을 증진시켜나갈 필요가 있다는 인식하에, 외교 당국 간 고위급 전략대화 체제를 구축하기로 합의하고, 기존 양측 간 '한중 외교·안보 대화'를 정례화하기로 하였다.

양측은 양국 지도자, 정부 각 부처, 의회와 정당 간의 교류를 더욱 강화시켜나가기로 하였다.

중국 측은 세계에 하나의 중국만이 있으며, 대만은 중국 영토의 불가분의 일부분임을 재천명하였다. 한국 측은 이에 대해 충분한 이해와 존중을 표시하고, 중화인민공화국 정부가 중국의 유일 합법 정부라는 것과 하나의 중국 입장을 계속 견지해나갈 것임을 밝혔다.

2. 경제·통상 협력 확대

양측은 2005년 양국 정상이 채택한 "한중 경제통상협력 비전 공동연구보고서"를 양국 간 경제·통상관계 발전의 새로운 상황을 반영하여 보다 실질적인 경제·통상 협력의 토대로 활용할 수 있도록 조정·보완해나가기로 하였다.

양측은 한중 자유무역협정(FTA) 산관학 공동연구가 순조롭게 진행 중임을 평가하고, 동 연구 결과를 토대로 한중 자유무역협정 추진에 대하여 양국 간 상호이익이 되는 방향으로 계속 적극 검토해나가기로 하였다.

양측은 〈한중 투자보장협정〉의 개정 및 공포에 대해 환영을 표하고, 이 협정이 한중 양국 간의 상호 투자를 확실히 보호하고 확대하는 데 도움이 되며, 양국 호혜공영의 경제·통상 관계 발전방향에 부합한다는 데 인식을 같이하였다.

양측은 양국 간 무역이 점차적으로 확대 균형을 이룰 수 있도록 공동 노력해나가기로 하였다. 한국 측은 중국수출입상품교역회, 중국국제 중소기업박람회 등 각종 무역투자박람회 적극 참가, 구매사절단 및 투자조사단 파견 등 노력을 계속해나가기로 하였다. 중국 측은 이를 높이 평가하였다.

양측은 이동통신 분야에서의 구체적인 협력의 필요성에 공감하고, 양국 통신기업간 자본 및 기술협력이 확대될 수 있도록 적극 지원하며, 전자정보통신 분야에서의 협력을 소프트웨어, 무선주파수식별시스템 (RFID) 등의 분야로 확대해나가도록 상호 긴밀히 노력하기로 하였다.

양측은 원전, 석유비축, 자원 공동개발과 신재생 에너지 등 에너지 분야에서 포괄적이고 호혜적인 협력을 지속적으로 강화해나가고, 향후 에너지 절약 분야에서도 구체적인 성과를 도출하기 위해 노력하기로 하였다.

양측은 지적재산권 보호, 식품안전 및 품질검사, 물류 및 노무 협력 등 분야에서의 협력을 강화하기로 하였다.

양측은 금융 분야에서의 협력 강화가 양국의 금융업 발전에 유리 하다는 데 인식을 같이하였다. 양측은 금융시스템 구축 과정에서 얻은 경험을 상호 교류하고 배우며, 금융시장의 개혁과 개방을 추진하고, 국제 및 지역 금융기구에서의 협조와 협력을 강화하기로 하였다.

양측은 남북 극지 과학 기술 등 분야에서 양국간 공동 연구 및 조사 등의 협력을 강화하기로 하였다.

양측은 환경 보호 강화를 위한 협력의 중요성에 인식을 같이하고, 특히, 환경산업, 황사 관측, 황해 환경보전 등 분야의 교류와 협력을 강화하기로 합의하였다.

양측은 2010년 상하이 세계박람회와 2012년 여수 세계박람회의 성공적 개최를 위해 적극 협력하기로 하였다.

3. 인적·문화 교류 강화

양측은 기존의 청소년 상호 초청규모를 점진적으로 확대하는 한편, 상호 초청을 통한 청소년 홈스테이 프로그램 및 대학 장학생 교류도 확대하기로 합의하였다.

양측은 양국 국민 간 교류 확대를 위해 사증 편리화 조치를 취하는 것을 적극 검토하기로 하였다.

중국 측은 한국 측의 주우한(武漢) 총영사관 설립 계획을 환영하였다.

양측은 양국의 유구한 교류역사가 한중 우호관계의 소중한 자산임을 인식하고, 상호 이해를 강화하기 위해 양국 학술기관이 역사, 문화 등 분야에서 교류를 전개하는 것을 지원해가기로 하였다.

4. 지역 및 국제무대에서의 협력 추진

중국 측은 남북한 양측이 대화와 협상을 통해 관계를 개선하고, 궁극적으로 평화적인 통일을 실현하는 것을 변함없이 지지한다는 점을 재확인하였다.

한국 측은 한반도 평화와 안정 실현을 위한 그간의 중국 측의 역할을 평가하고, 앞으로도 계속 건설적인 역할을 할 것을 기대하였다.

한국 측은 북핵문제의 해결을 진전시키고 남북한 간 경제·사회 등 제반분야의 교류와 협력의 폭을 확대하고자 하는 입장을 표명하였다. 중국 측은 이에 대해 이해를 표시하고 남북한 화해협력이 증진되기를 기대하였다.

양측은 6자회담 관련 〈9·19 공동성명〉의 이행을 위한 제2단계 행동계획이 "행동 대 행동"의 원칙에 따라 전면적이고 균형적으로 조기에 이행되어야 한다는 데 인식을 같이하였다.

양측은 관계 각측과 함께 다음 단계 행동계획을 검토·작성하고, 9·19 공동성명의 전면적인 이행을 위해 건설적인 노력을 하기로 하였다.

양측은 한중 협력이 6자회담과 한반도 비핵화 과정을 추진하는 중요한 요인으로 작용한다는 데 인식의 일치를 보았으며, 한반도 및 동북아의 평화와 안정을 실현하기 위해 계속 긴밀히 협력해나가기로 하였다.

양측은 범세계적 문제 해결을 위한 유엔의 역할의 중요성을 재확인하고, 유엔 관련 사안에 대해 계속 긴밀히 협력하기로 합의하였다. 또한 유엔개혁이 유엔의 권위와 역할 및 효율을 강화하고, 유엔의 투명성, 민주성, 대표성을 제고하는 방향으로 회원국들 간의 최대한 광범위한 합의를 바탕으로 이루어져야 한다는 데 의견을 같이하였다. 양측은 유엔의 효율성과 책임성을 제고하기 위한 유엔사무총장의 제반노력에 대한 지지 입장을 표명하였다.

양측은 한중일 협력이 아시아의 평화, 안정 및 번영에 있어 매우 중요하다는 데 인식을 같이하였다. 양측은 3국 정상회의와 외교장관회의의 3국 내 순환 개최 등 3국 간 빈번한 교류를 지속시키기 위해 노력하기로 하였다.

양측은 금년 베이징에서 개최되는 제7차 아시아·유럽 정상회의(ASEM)의 성공적인 개최를 위해 공동 노력하기로 하였다. 양측은 기후변화, 대량살상무기(WMD)의 확산방지, 국제테러리즘, 금융경제 범죄, 해적, 하이테크 범죄 등 공동관심 문제에 대해 협력을 강화하기로 하였다.

5. 조약·양해각서 서명

양측은 양국이 〈한중 수형자 이송 조약〉, 〈중화인민공화국 과학 기술부와 대한민국 교육과학기술부 간 극지(極地)에서 과학기술협력에 관한 양해각서〉, 〈한중 학위학력 상호인증 양해각서〉 체결을 환영하였다.

6. 평가 및 향후 정상교류

양측은 이명박 대통령의 금번 중국 방문의 긍정적인 성과에 대해 만족을 표명하고, 금번 방문이 향후 양국관계 발전에 중요한 의의를 지닌다는 데 인식을 같이하였다.

후진타오 주석은 이명박 대통령의 베이징 올림픽 개막식 참석을 기대하며, 이를 환영한다고 하였다. 이에 대해 이명박 대통령은 베이징 올림픽이 인류 화합의 제전으로서 큰 성공을 거두기를 기대한다는 입장을 표명하고, 개막식에 참석하겠다는 의향을 표명하였다.

이명박 대통령은 중국 측의 환대에 사의를 표하고, 후진타오 주석이 조기에 한국을 방문하여 주도록 초청하였다. 후진타오 주석은 이에 대해 사의를 표명하고 이 대통령의 초청을 흔쾌히 수락하였다.

◇ 후진타오 주석 국빈 방한 계기 한중 공동성명

2008.8.25, 서울

Ⅰ. 후진타오(胡錦濤) 중화인민공화국 주석은 이명박 대한민국 대통령의 초청으로 2008년 8월 25일부터 26일까지 한국을 국빈 방문하였다. 방문기간 동안 후진타오 주석은 이명박 대통령과 정상회담을 갖고 광범위한 분야에서 인식의 일치를 보았다.

Ⅱ. 양 정상은 1992년 한중수교 이래 양국 관계가 정치, 경제, 사회, 문화 등 각 분야에서 이룩한 다대한 발전에 만족을 표시하였고, 이것이 양국의 발전을 촉진하였을 뿐만 아니라, 아시아를 비롯한 전 세계의 평화와 발전에도 긍정적인 기여를 한 것으로 평가하였다.

Ⅲ. 이명박 대통령은 중국이 베이징 올림픽을 성공적으로 개최한 것을 축하하였다. 후진타오 주석은 이명박 대통령이 베이징 올림픽 개막식에 직접 참석하는 등 베이징 올림픽의 성공적 개최를 지원하여 준 데 대해 사의를 표하였다.

양측은 한중관계가 양측 모두에게 중요한 양자관계라는 데 인식을 같이하였다. 양측은 2008년 5월 이명박 대통령 방중 시 양측이 발표한 〈한중 공동성명〉을 기초로 한중 전략적 협력동반자관계를 전면적으로 추진해나가기로 하였다.

Ⅳ. 양측은 장기적인 공동 발전 실현을 기본 목표로 상호 협력을 전 방위적으로 확대·심화하고, 지역 및 국제사회의 중요 문제에 있어 협조를

강화하기로 하였다. 또한 양측은 항구적인 평화와 공동번영의 세계를 구축하기 위해 노력하고, 인류 발전과 진보를 위하여 힘쓰기로 하였다. 이를 위해 양측은 아래와 같은 방향으로 양국관계를 발전시켜나가기로 하였다.

1. 정치적 신뢰를 증진하고, 상대방의 평화적 발전을 상호 지지한다. 양국 간의 고위층 교류를 유지 강화한다. 양국 정부, 의회 및 정당 간의 교류와 대화를 심화 확대한다. 국방 분야의 대화와 교류를 강화한다.

2. 호혜협력을 심화한다. 서로의 장점으로 상호 보완하고 호혜상생하는 원칙에 입각하여 양측 간 새로운 협력분야를 부단히 발굴하고, 협력의 폭과 깊이를 확대해 나간다. 실용적 협력을 통해 양국의 지속가능한 발전을 촉진한다.

3. 인적·문화적 교류를 촉진한다. 양국 간 유구한 교류의 역사와 깊은 인적·문화적 유대를 바탕으로 교류를 폭넓게 전개함으로써 양국 국민 간 상호 이해와 우호적인 감정을 심화시켜 나간다.

4. 지역 및 범세계적인 문제에 대한 조율과 협력을 강화한다. 한반도 및 동북아의 평화와 안정을 유지하기 위해 함께 노력한다. 아시아 지역 협력에 적극적으로 참여한다. 국제다자 무대에서 대화와 협력을 강화한다. 인류 생존 및 발전과 관련된 중대한 문제에 적극적으로 협력한다.

V. 한국 측은 남북한 간 화해와 협력을 통해 상생·공영의 남북관계를 발전시켜 나가고자 하는 입장을 표명하였다. 중국 측은 남북한이 화해·협력하고 남북관계를 개선하여, 궁극적으로 평화통일을 실현하는 것

을 계속 지지한다고 재천명하였다. 한국 측은 대만 문제 관련, 2008
년 5월 《한중 공동성명》에서 밝힌 입장을 재천명하고, 하나의 중국
정책을 계속 견지하기로 하였다.

Ⅵ. 양측은 양국관계 발전을 위하여 우선적으로 아래와 같은 구체사업을
추진해 나가기로 하였다.

1. 정치 분야

(1) 양측은 양국 고위 지도자들의 빈번한 상호방문 및 접촉을 유지
하기로 합의하였다.

(2) 양측은 양국 외교부 간 제1차 고위급 전략대화를 2008년 내 개
최함으로써 양국의 공동이익과 관련된 중대 문제에 대해 의견
을 교환하는 전략대화 체제를 가동하기로 하였다. 또한, 양국
외교부 간 실무급 업무 협의 체제를 정례화하여 대외정책 및
국제정세에 대한 의사소통을 강화하기로 하였다.

(3) 양측은 양국 전문 학자들로 하여금 한중 교류 및 협력의 전면
적 추진에 관하여 공동연구를 추진하고 양국 정부에 관련 보고
서를 제출하는 방안을 추진하기로 하였다.

(4) 양측은 양국 국방 당국 간 고위급 상호 방문을 활성화하고, 상
호 연락체제를 강화하며, 다양한 직급과 다양한 영역에서의 교
류와 협력을 추진해나가기로 하였다.

(5) 양측은 한중 해양경계획정 문제를 조속히 해결하는 것이 양국 관계의 장기적이고 안정적인 발전을 위하여 중요한 의미가 있다는 데 동의하고, 이를 위해 회담을 가속화하기로 하였다.

2. 경제 분야

(6) 양측은 2,000억 달러 무역액 달성 목표를 2010년으로 앞당기기 위해 함께 노력하고, 이를 위해 무역 및 투자 원활화, 품질검사·검역, 무역구제조치, 지적재산권 분야 등에 있어서 협력을 강화하여나가기로 하였다.

(7) 양측은 2008년 5월 정상회담 합의에 따라 "한중 경제통상 협력 비전 공동연구 보고서"의 보완·수정 작업을 계속해나가기로 하였다.

(8) 양측은 경제무역을 확대하기 위하여 양국 경제무역 협의와 무역실무 협력체제를 진일보 강화하기로 하였다.

(9) 양측은 환경보호, 에너지, 통신, 금융, 물류 등 중점 분야에서의 협력을 가일층 강화하기로 하였다.

(10) 양측은 상호 투자 확대가 양국의 호혜적 경제발전에 기여한다는 데 인식을 같이하고, 이를 위해 정부 차원의 협력과 지원을 강화하고, 양호한 투자환경 조성을 위해 서로 노력하기로 하였다.

(11) 양측은 한중 FTA 산관학 공동연구 결과를 토대로 한중 FTA 추진을 상호 이익의 원칙에 따라 적극 검토해나가기로 하였다.

(12) 양측은 2010년 상하이 세계박람회와 2012년 여수 세계박람회의 성공적인 개최를 위하여 〈중국 2010년 상하이 세계박람회 조직위원회와 한국 2012년 여수 세계박람회 조직위원회 간 교류 양해각서〉 등을 체결하여 상호 협력을 강화하고 경험을 공유하며 정보를 교환해나가기로 하였다.

(13) 양측은 양국 정부 간 합의에 따라 고용허가제 노무협력을 가동하고, 양국 노무자들의 합법적인 권익을 보장하기로 하였다.

(14) 양측은 금융 분야에서 호혜적인 협력 성과를 환영하고, 향후에도 양국 금융기관의 상호 금융시장 진출과 관련하여 협력을 강화해나가기로 하였다.

(15) 양측은 유관 정부 및 기업 간 〈정보기술 혁신협력에 관한 양해각서〉를 체결하고, 이동통신 분야에서 기존 협력관계를 더욱 강화·발전시켜나가기로 하였다.

(16) 양측은 친환경적·자원 절약형 사회 건설을 위해 상호 적극 협력하기로 하였다.

(17) 양측은 지진, 쓰나미, 태풍 등 자연재해 대응 분야의 교류와 협력을 강화하기로 하였다.

(18) 양측은 〈에너지절약 분야 협력에 관한 양해각서〉를 체결하여, 에너지 절약 컨설팅, 인력 교류, 기술개발 등 협력을 추진하여 나가기로 하였다.

(19) 양측은 지구생태환경 보호의 중요성에 대해 공감하고, 〈사막화방지 과학기술협력 관련 양해각서〉 체결을 통해 사막화방지를 위한 생명공학 분야 공동연구, 전문가 교류, 정보교환 등을 추진해나가기로 하였다.

(20) 양측은 〈무역투자정보망의 운영 및 유지 협력에 관한 양해각서〉를 체결하고, 양국 간 무역투자정보망을 개통하여 최신 무역·투자 관련 정보를 제공해 나가기로 하였다.

(21) 양측은 〈첨단기술 분야 협력에 관한 양해각서〉를 체결하여 향후 5년 간 전자정보, 통신기술, 신에너지 등 분야에서 협력하고, 앞으로 첨단기술 협력 사업을 적극 발굴해나가기로 하였다.

(22) 양측은 〈수출입수산물 위생관리에 관한 약정서〉 체결을 환영하고, 수산물수입의 검사 검역 강화, 관련 법률 정보교환, 수산물 검역을 위한 검사관 양국 상호 방문 보장 등 위생관리 협조를 강화해나가기로 하였다.

3. 인적·문화 교류 분야

(23) 양측은 현재 연간 600만 명 수준인 인적교류를 가일층 확대하

고, 이를 위해 사증편리화 조치 검토를 포함하여 필요한 모든 편리를 제공하기로 하였다.

(24) 양측은 2010년 및 2012년을 각각 중국방문의 해와 한국방문의 해로 정하고, 관광을 비롯한 다양한 양자 교류 행사를 추진하여 양국 간 인적교류를 촉진하기로 하였다.

(25) 중국 측은 주한 중국대사관의 광주 영사사무소를 총영사관으로 승격하기로 하였으며, 한국 측은 이를 환영하였다.

(26) 양측은 〈한중 교육교류약정〉 개정을 통해, 정부 상호 초청 장학생을 각각 40명에서 각각 60명으로 확대하고, 매년 상호 초청을 통한 한중 청소년 교류 프로그램을 실시하기로 하였다.

(27) 양측은 양국 문화계, 언론계, 우호도시, 학술계, 민간단체 간 교류 활성화를 통하여 상호 이해를 증진시켜나가기로 하였다. 이와 관련, 양국 민간 부문에서 진행되고 있는 문화 및 언론 분야 교류행사와 역사·문화 등 분야에서의 양국 학술기관 간 교류를 지원하기로 하였다.

(28) 양측은 〈중국 따오기 기증 및 한중 따오기 증식·복원 협력 강화를 위한 양해각서〉를 체결하여, 중국 측은 한국 측에 따오기 한 쌍을 기증하기로 하였고, 한국은 이에 사의를 표하였으며, 멸종 위기종인 따오기 복원을 위한 양국 간 협력을 강화하기로 하였다.

4. 지역 및 국제협력

(29) 양측은 6자회담 틀 내에서의 협의와 협력을 강화하여, 조기에 2단계 조치의 전면적이고 균형 있는 이행을 촉진시키고, 9·19 공동성명을 전면적으로 이행하기 위한 건설적인 노력을 계속 경주하기로 하였다.

(30) 양측은 ASEAN+한중일, 한중일 협력, 동아시아정상회의(EAS), 아세안 지역안보포럼(ARF), 아시아태평양 경제협력체(APEC), 아시아 협력대화(ACD), 아시아유럽회의(ASEM), 동아시아·라틴아메리카포럼(FEALAC), 아시아·중동대화(AMED), 아시아-아프리카정상회의 등에서의 조율과 협력을 유지하기로 하였다.

(31) 양측은 양국 외교부 간 유엔업무 협의 체제를 수립하여 유엔업무에서의 상호 이해와 협력을 강화하기로 하였다.

(32) 양측은 국제 인권 분야에서의 대화와 협력을 추진해나가기로 하였다.

(33) 양측은 대량파괴무기 확산 방지, 국제 테러리즘 대응, 마약, 금융경제 범죄, 하이테크 범죄, 해적 등 문제에 대한 협력을 강화하기로 하였다.

(34) 양측은 전 세계적인 공동 관심사인 기후변화 문제 해결을 위

하여 국제사회와 함께 계속 노력하기로 하였다.

Ⅶ. 양측은 상기 분야에서의 합의를 충실히 이행하기 위해, 양국 외교부 간 고위급 전략대화, 경제무역공동위원회, 관광장관회의 등 양자협의체를 통해 구체 계획을 세우고 이를 효과적으로 추진해나가기로 하였다.

Ⅷ. 중국 측은 후진타오 주석 방한기간 동안 한국 측이 보여준 따뜻한 우의와 환대에 사의를 표하였다.

◇ 박근혜 대통령 국빈 방중 계기 한중 미래비전 공동성명

2013.6.27, 베이징

박근혜 대한민국 대통령은 시진핑(習近平) 중화인민공화국 국가주석의 초청으로 2013년 6월 27일부터 30일까지 중국을 국빈 방문하여 중국 정부와 국민들의 성대한 환영과 따뜻한 영접을 받았다. 방문기간 중 박근혜 대통령은 시진핑 국가주석과 정상회담을 가졌으며, 리커창 국무원총리, 장더장 전인대 상무위원장과도 면담하였다.

양측은 1992년 수교 이래 양국관계 발전성과를 평가하고, 한중관계, 한반도 정세, 동북아를 포함한 지역정세 및 국제문제 등 상호 관심사에 대해 심도 있는 의견 교환을 가졌으며, 한중간 전략적 협력동반자관계를 신뢰에 기반하여 내실 있게 발전시켜나가기 위한 미래비전을 제시하였다.

1. 양국관계 발전 방향 및 원칙

1-1 양국관계 발전 평가

양측은 수교 이래 양국관계가 상호존중, 호혜평등, 평화공존, 선린우호의 정신하에 제반분야에서 눈부신 발전을 이루었다고 평가하였다.

양측은 양국 간의 역사적인 수교와 지난 20여 년간의 관계발전이 양국의 번영, 양국민의 복지증진과 한반도의 평화와 안정, 그리고 아시아의 공동 번영에도 기여해왔다는 데 의견을 같이하였다.

1-2 양국관계 발전 방향

양측은 양국관계 발전성과를 토대로 양국 간 전략적 협력동반자관계를 양자 및 지역 차원뿐만 아니라 국제사회의 평화와 번영을 위한 협력 차원으로까지 더욱 진전시켜나갈 필요성이 있다는 데 인식을 같이 하였다. 아울러, 양측은 앞으로 정치안보 분야의 협력과 경제통상, 사회문화 분야의 협력을 모두 대폭 발전시켜나가기로 하였다.

이러한 방향으로 나아가는 데 있어, 양측은 향후 5년간 함께 협력할 양국 신정부가 공히 국민 행복과 인류사회의 복지 증진을 국정목표의 우선순위로 두고 있다는 점이 중요한 추동력으로 작용할 것이라는 데에 의견을 같이하였다.

1-3 양국관계 발전 원칙

이러한 공통된 인식하에, 양측은 향후 양국관계 발전의 기본 원칙으로 첫째, 상호이해와 상호신뢰 제고, 둘째, 미래지향적 호혜협력 강화, 셋째, 평등원칙과 국제규범의 존중, 넷째, 지역·국제사회의 평화안정과 공동번영 및 인류의 복지 증진에의 기여를 제시하였다.

2. 전략적 협력동반자 관계의 내실화

2-1 중점 추진 방안

이러한 기본 원칙을 바탕으로, 양측은 한중 전략적 협력동반자관계를 신뢰에 기반하여 내실화하기로 하고, 이를 위해 다음 세 가지 방안을 중점적으로 추진해나가기로 하였다.

첫째, 정치·안보 분야에서 전략적 소통을 강화한다.

이를 위해, 양국 지도자가 긴밀히 소통하고, 양국의 정부, 의회, 정당, 학계 등 다양한 주체 간의 전략적 소통을 포괄적·다층적으로 추진하여 상호 전략적 신뢰를 가일층 제고한다.

이를 통해, 한중관계 발전, 한반도와 동북아의 평화·안정, 지역협력 및 글로벌 이슈의 해결에도 함께 기여한다.

둘째, 경제·사회 분야에서 협력을 더욱 확대한다.

이를 위해, 기존 협력을 더욱 확대하는 동시에 새로운 협력 분야와 사업을 지속적으로 개발한다. 특히, 양측은 실질적인 자유화와 폭넓은 범위를 포괄하는, 높은 수준의 포괄적인 한중 자유무역협정(FTA) 체결을 목표로 한다는 점을 재확인하였다. 양측은 모델리티 협상의 실질적 진전을 평가하고, 한중 FTA 협상팀이 협상을 조속히 다음 단계로 진전시킬 수 있도록 노력을 강화할 것을 지시하였다.

아울러 양국 국민의 건강과 안전확보를 통한 삶의 질 제고를 위해 공동으로 노력하며, 새로운 성장동력을 조성하기 위한 교류협력을 증진시켜나간다.

이를 통해, 양국의 호혜적 이익과 양국민뿐만 아니라 인류의 복지증진에도 기여해나간다.

셋째, 양국민 간 다양한 형태의 교류를 촉진하고, 특히 인문유대 강화 활동을 적극 추진한다.

이를 위해, 학술, 청소년, 지방, 전통예능 등 다양한 인문 분야에서 교류를 적극적으로 추진한다. 아울러 양국 간 공공외교 분야에서의 협력, 그리고 다양한 문화교류도 가일층 촉진시킨다.

이를 통해, 양국관계의 장기적, 안정적 발전의 기반이 되는 양국민 간의 상호 이해와 신뢰를 제고한다.

2-2 세부 이행계획

양측은 전략적 협력동반자관계의 내실화를 위한 상기 세 가지 중점협력 방안을 구체적으로 이행하기 위해, 이 공동성명의 첨부 부속서를 통해 아래와 같은 다섯 가지 사항을 중심으로 하는 세부 이행계획을 제시하였다.

첫째, 정상 및 지도자 간 빈번한 상호방문과 회담, 서한 교환, 특사 파견, 전화 통화 등 방식으로 상시적 소통을 추진한다. 한국의 청와대 국가안보실장과 중국의 외교담당 국무위원 간 대화체제를 구축한다. 외교장관 상호방문의 정례화 및 핫라인의 구축, 외교차관 전략대화의 연간 2회 개최, 외교안보대화, 정당 간 정책대화, 양국 국책연구소 간 합동 전략대화 등을 추진한다.

둘째, 거시경제정책 공조와 국제금융위기 등 외부경제위험에 대한 공동대처 등 경제통상 협력을 더욱 강화하고, 정보통신, 에너지, 환경, 기후변화 등 미래지향적인 분야에서의 협력사업을 지속 개발한다. 또한, 보건의료, 식품안전, 인구구조 변화 등 사회분야에서도 발전 경험을 공유하기 위해 다양한 협의채널 확충 등의 노력을 강화한다.

셋째, 인문유대 강화를 위한 정부 차원의 협의기구로서 '한중 인문교류 공동위원회'를 설치하고, 동 공동위를 연례 개최하여 관련 협력사업 계획을 수립하고 그 이행을 지도한다. 또한, 교육, 관광, 문화, 예술, 스포츠 등 분야에서의 다양한 교류를 강화한다. 아울러, 이 분야에서의 교류협력을 제3국으로 확대하는 데에도 협력해나간다.

넷째, 양국민 간 교류과정에서 국민에 대한 편의 제공과 권익 보호 등 분야에서 영사 협력을 강화한다.

다섯째, 지역 및 국제무대에서의 협력을 강화한다.

3. 한반도

한국 측은 한반도의 긴장을 완화시키고 지속가능한 평화를 구축하기 위한 "한반도 신뢰프로세스" 구상을 설명하였다. 이에 대해 중국 측은 박근혜 대통령이 주창한 "한반도 신뢰프로세스" 구상을 환영하고, 남북관계 개선 및 긴장 완화를 위하여 한국 측이 기울여온 노력을 높이 평가하였다.

양측은 한국과 북한이 한반도문제의 직접 당사자로서 당국 간 대화 등을 통해 한반도문제 해결을 위하여 적극적인 역할을 해야 한다는데 의견을 같이하였다.

한국 측은 북한의 계속되는 핵실험에 대해 우려를 표명하고, 어떤 상황에서도 북한의 핵보유를 용인할 수 없음을 분명히 하였다. 이와 관련, 양측은 유관 핵무기 개발이 한반도를 포함한 동북아 및 세계의 평화와 안정에 대한 심각한 위협이 된다는 점에 인식을 같이하였다. 양측은 한반도 비핵화 실현 및 한반도 평화와 안정 유지가 공동이익에 부합함을 확인하고 이를 위하여 함께 노력해나가기로 하였다.

양측은 안보리 관련 결의 및 9·19 공동성명을 포함한 국제 의무와 약속이 성실히 이행되어야 한다는데 인식을 같이하였다.

양측은 6자회담 틀 내에서 각종 형태의 양자 및 다자대화를 강화하고, 이를 통하여 한반도 비핵화 실현 등을 위한 6자회담의 재개를 위해 긍정적인 여건이 마련되도록 적극 노력하기로 하였다.

한국 측은 한반도 평화와 안정을 위한 중국 측의 노력을 평가하고, 한반도에서의 새로운 변화를 통해 동 지역의 평화와 안정이 증진될 수 있도록 중국 측이 건설적인 기여를 해줄 것을 희망하였다. 중국 측은 남북한 양측이 대화와 신뢰에 기반하여 관계를 개선하고 궁극적으로 한민족의 염원인 한반도의 평화통일 실현을 지지한다고 표명하였다.

4. 대만

중국 측은 세계에 하나의 중국만이 있으며, 대만은 중국 영토의 불가분의 일부분임을 재천명하였다. 한국 측은 이에 대해 충분한 이해와 존중을 표시하고, 중화인민공화국 정부가 중국의 유일 합법정부라는 것과 하나의 중국 입장을 계속 견지해나가기로 하였다.

5. 지역·국제무대 협력

5-1 한중일 3국 협력

양측은 한중일 3국 협력이 3국 각자의 발전에는 물론 동북아의 평화와 공동 번영에 매우 중요한 역할을 하고 있다고 평가하였다. 이를 위해, 양측은 3국 정상회의를 정점으로 하는 3국 협력체제가 안정적으로 발전해나가야 한다는 데 인식을 같이하고, 금년 제6차 3국 정상회의가 성공적으로 개최될 수 있도록 공동 노력하기로 하였다.

5-2 동북아 평화협력 구상

양측은 아시아 지역이 경제 발전과 상호의존의 확대에도 불구하고 정치·안보 협력은 이에 미치지 못하는 역설적인 현상에 직면하고 있고, 특히 최근에는 역사 및 그로 인한 문제로 역내 국가 간 대립과 불신이 심화되는 불안정한 상황이 지속되고 있는데 대해 우려를 표명하고, 역내 신뢰와 협력의 구축이라는 공통의 목표를 달성하기 위해 노력하기로 합의하였다. 이러한 맥락에서 중국 측은 박근혜 대통령이 제시한 '동북아 평화협력 구상'에 대해 적극적으로 평가하고 원칙적으로 지지한다는 입장을 표명하였다.

5-3 지역 및 국제이슈에 대한 협력

양측은 지역의 안보 증진과 공동번영을 위해 함께 노력하기로 하였다. 또한 양측은 국제사회의 안전과 인류의 복지에 새로운 위협이 되고 있는 대량파괴무기 확산, 국제 테러리즘, 사이버 범죄, 마약, 해적, 금융 범죄, 하이테크 범죄, 원자력 안전 등 국경을 초월한 각종 범세계적 문제의 해결을 위해 상호 협력을 강화해나가기로 하였다. 이를 위해 양측은 양국이 지역 및 국제 협력체에서도 아래와 같이 긴밀히 협력해나가기로 하였다.

첫째, 개방적 지역협력을 더욱 확대해나갈 필요성에 공감하고, ASEAN+한중일, 동아시아정상회의(EAS), 아세안지역안보포럼(ARF), 아시아태평양경제협력체(APEC), 아시아유럽정상회의(ASEM) 등에서 정책적 조율과 협력을 계속 유지한다.

둘째, 유엔헌장의 정신을 존중하고 국제사회의 평화와 공동번영, 인권 존중을 위한 업무에 관해 협력을 더욱 긴밀화한다. 2013-2014년 한국의 유엔 안보리 비상임이사국 수임을 계기로 양국 간 유엔 차원의 협력을 강화해나가기로 한다.

셋째, 세계경제의 견실하고 지속가능한 균형성장을 이룩하기 위해 G20을 포함한 국제경제협력체제에서 협력을 더욱 강화해나간다. 또한, 한중일 자유무역협정(FTA), 역내포괄적경제동반자협정(RCEP) 등 동아시아 자유무역협정 논의 과정에서 긴밀히 협력해나간다.

부속서: 한중 전략적 협력 동반자 관계 내실화 이행계획

1. 정치 협력 증진

[전략대화의 포괄적 강화]
양측은 기존 대화채널의 활성화와 다층적인 대화채널 신설을 통해 양국 간 전략대화를 포괄적으로 강화한다.

양측은 양자방문 및 국제회의 계기를 충분히 활용하고, 상호 서한·전보 교환, 특사 파견, 전화 통화 등 방식을 통해 양국 정상 및 지도자 간 소통을 더욱 강화하고, 공동 관심사에 대한 논의를 심화시킨다.

양측은 한국의 청와대 국가안보실장과 중국의 외교 담당 국무위원 간 대화체제를 구축한다.

양측은 외교장관 간 상호 교환방문 정례화를 추진하고, 외교장관 간 핫라인을 가동하여 전략적 사안에 대한 협의를 강화한다.

양측은 외교차관 전략대화를 연 1회에서 연 2회로 확대하고, 전략적 사안에 대한 논의를 심화시킨다.

양측은 외교안보대화를 추진한다.

양측은 양국 정당 간의 국정경험 공유 등을 위한 정당 간 정책대화 설립을 지원한다.

양측은 양국 국책연구소 간 합동전략대화를 연례적으로 개최한다.

[한중 주요 현안]
양측은 양국간 해양경계를 획정하는 것이 양국관계의 장기적 및 안정적 발전과 해양협력을 추진해나가는 데 매우 중요하다는 점을 재확인하고, 해양경계획정 과정을 추진하기 위해, 해양경계획정 협상을 조속히 가동하기로 한다.

양측은 한중 어업공동위 등 어업문제에 관한 기존 협의체가 원만히 운영되고 있음을 긍정적으로 평가하고, 한중 외교 당국이 주관하는 어업문제 협력회의가 정례화된 것을 환영하면서, 양측은 상호 협의하에 어업자원 보호와 조업질서 강화를 위해 소통과 협력을 지속 증진하고, 양국 어업수산 및 유관기관간에 공동단속 등 협조체제를 강화하고, 한중 수산협력 연구체제를 구축하고, 수산고위급 회의를 포함한 인적·기술적 교류를 확대한다.

양측은 역사 연구에 있어서 상호 교류와 협력을 통해 양국관계 증진에 기여할 수 있도록 노력한다. 이와 관련하여 양측은 양국 학계 간에 사료의 발굴과 열람 그리고 연구 등 방면에서 상호 교류와 협력을 전개해나가는 것을 장려하기로 한다.

2. 경제·통상 협력 확대

[무역·투자]
양측은 지역 및 세계 경제 현황을 평가하고, 상생의 발전과 성장을 위해

거시경제정책 공조를 강화하고, 대외경제 위험에 공동 대응해나가고, 보호무역주의에 반대한다.

양측은 〈한중 경제통상협력 수준 제고에 관한 양해각서〉 체결을 통해 양국 간 통상협력을 강화한다.

양측은 2015년까지 무역액 3,000억 달러 목표를 달성하기 위해 양국 간 무역을 지속 확대한다. 양측은 점진적으로 무역균형을 이루어나가도록 적극 노력한다. 또한, 상대 국가가 주최하는 각종 전시회를 적극 지지하고, 보다 많은 기업들의 참여를 독려한다.

양측은 높은 수준의 포괄적인 한중 자유무역협정(FTA)의 체결이 미래 양국 경제통상 관계 발전의 제도적 기반을 마련하고, 나아가 양국 간 전략적 신뢰 구축에도 크게 기여한다는 점에 인식을 함께하고 협상 진전을 위한 노력을 강화해나간다. 또한, 양측은 한중일 자유무역협정(FTA), 역내포괄적경제동반자협정(RCEP), 아태무역협정 협상, 광역두만개발계획(GTI), 한중일 환황해 경제기술교류 회의 등 아시아 지역 경제통합 과정에서도 긴밀히 협조한다.

양측은 세계무역기구(WTO)의 다자무역체제에 대한 지지를 재확인하며, 도하라운드의 추진 및 다자무역체제의 양호한 발전을 위해 지속 노력한다. 양측은 무역·투자 증가에 따른 통상 협력을 증진시켜 나갈 필요가 있다는 인식하에, 한중 투자협력위원회 개최 등 다양한 계기에 양국 통상장관 회담 개최, 국장급 통상협력 조율기제 구축 등 양국간 통상투자 협력을 강화한다.

양측은 양국의 지방정부가 다양한 계층과 형식으로 지방경제협력을 강화하고, 산업협력단지 조성 지지를 통해 지방경제 발전을 이끌도록 한다.

양측은 지속적으로 양호한 투자환경 조성을 위해 협력하고, 상호 투자 확대를 위한 노력을 강화한다. 중국기업의 한국 투자와 한국기업의 중국 투자, 특히 신흥산업 분야, 중국 중서부지역 및 동북지역에 대한 상호투자를 확대하기 위해 공동 노력하고, 한국기업의 중국 신형 도시화 발전전략 참여를 지원한다.

양측은 한중 경제장관회의, 한중 경제·무역 및 기술협력 공동위원회, 무역실무회담 등 주요 경제협의체를 보다 활성화하고, 새로운 협력 분야를 지속적으로 개발한다.

양측은 브랜드 및 마케팅 네트워크 구축 분야의 협력을 강화하고, 기업 교류 및 교육 등 행사를 공동 개최한다.

양측은 하이테크 분야의 협력을 강화하고, 한중 기술 전시상담회를 계속해서 번갈아가며 개최한다.

양측은 한중 고용허가제 관련 협력을 더욱 강화한다.

양측은 양국 간 무역 및 투자 증진에 더 우호적인 환경을 만들기 위해 기업의 사회적 책임(CSR) 활동이 중요하다는 점에 인식을 함께 하고, CSR 활동을 적극 추진한다. 양측은 재한 중국상회 및 재중 한국상회의 업무를 지지하고, 관련 부처에서는 상회 및 투자기업과 비정기적인 좌담회를 갖고 의견 및 건의를 청취한다.

양측은 〈대한민국 수출입 안전관리 우수공인업체 제도와 중화인민공화국 해관기업분류관리제도의 상호인정에 관한 약정〉 체결을 환영하고, 향후 양국 기업의 통관 원활화와 교역 확대에 기여할 수 있기를 기대한다.

[미래지향적 협력 분야]
양측은 정보통신 분야에서의 협력을 강화해나가기 위해 한국 미래창조과학부와 중국 공업정보화부 간 "한중 정보통신 협력 장관급 전략대화！를 신설하여 정례적으로 개최하고, 정보통신, 사이버 안보, 인터넷 주소자원 관리, 국가정보화, 클라우드 컴퓨팅 등 양측이 공동 주목하는 중요 의제에 대해 논의하고 교류한다.

양측은 양국 연구기구 및 기업 간에 특히 차세대 이동통신 분야의 육성을 위해 5G 이동통신 표준 및 신서비스 발굴 등에서 상호 협력을 강화하기로 한다.

양측은 과학기술 분야에서의 협력을 강화하기 위해 한국 미래창조과학부 등과 중국 과학기술부 등 간의 대기과학, 해양, 생명과학, 신소재, 정보통신기술(ICT) 등 과학기술 분야의 전략적 대형 공동연구를 강화하여 그 성과를 공유해나가기로 한다. 또한, 중대한 기초과학분야 연구기관 간 교류 협력을 추진한다.

양측은 〈응용기술 연구개발 및 산업화 협력 강화에 관한 양해각서〉 체결을 통해, 신소재, 신재생에너지, 바이오 등 전략적 신흥산업 분야에서의 기술 협력, 공동 R&D 확대 등의 협력을 강화하고, 기업협력혁신센터 공동 설립을 장려한다.

양측은 〈에너지절약 분야 협력 강화에 관한 양해각서〉를 체결하여 한중 양국의 에너지 절약 분야 협조 메커니즘 구축을 추진하고, 연구기관 간 공동연구 등 에너지절약 및 에너지효율 분야에서의 구체적 협력사업을 발굴하여 공동 추진한다.

양측은 친환경도시, 스마트 도시 건설 관련 기술 경험 공유 및 시범사업 등 지속 가능한 도시개발 분야에서의 협력을 강화한다.

양측은 적절한 시기에 양국 항공회담을 개최하여 양자 간 항공운송 시장의 추가 확대 가능성에 대해 논의한다.

양측은 양국 간 무역에서 역내통화결제를 촉진하고, 금융 및 통화부문 협력을 강화해나가기로 합의하였다. 한중 양국은 2011년 10월 3,600억 위안(64조 원) 규모로 확대체결된 한중 통화스와프협정이 금융시장을 안정시키고, 양국 상호 간의 무역 및 경제발전을 진전시키는데 기여하였다는 데 인식을 같이한다. 양국은 2014년 10월 통화스와프협정 만기 도달 시 만기를 연장하고, 이후 스와프계약의 존속기간(duration)을 연장하는 데 대해서도 추가적으로 고려하기로 합의한다. 양국은 앞으로 국제금융시장 상황, 교역규모, 역내 통화 결제의 진전 등을 감안하여 필요 시 통화스와프협정의 규모를 확대하기로 한다.
양측은 양국 기업의 제3국 공동 진출을 활성화하기 위한 〈한중 수출입은행간 공동 금융 지원에 관한 상호리스크참여약정(RRPA)〉 체결을 환영한다. 또한 치앙마이 이니셔티브의 다자화(CMIM) 등 역내금융협력 분야에서 그간의 진전을 환영하고, 협력을 보다 강화한다. 양측은 대기환경, 황사, 생물다양성 및 환경산업 분야에서 교류와 협력을 강화한다. 양측은 기후변화 대응에 관한 양자 및 다자 협력의 중요성에 인식을 같이하고, 기후변화협상에 대한 의견교환 및 협력모색을 위한 정례대화 개최 및 양국 국내 기후변화대응정책에 관한 교류와 협력을 전개하기로 합의하고, 해당분야에서의 다양하고 실질적인 호혜 협력사업을 발굴하여 추진해나간다.

양측은 해양과학 연구, 해양환경보호, 해양경제, 극지 연구, 대양 탐사 및 개발, 해상 법집행 등 해양 분야의 협력 및 공동연구를 추진한다.

양측은 동북아지역 역내 원전의 안전증진을 위한 협력 필요성에 인식을 같이하고 정보 공유, 기술협력, 사고 시 조기통보 등 협력체제를 강화하기 위해 상호 노력한다.

양측은 기존의 협력 기초 위에서 지식재산권 분야의 교류 협력을 더욱 강화하고, 지식재산권의 창출·활용·보호·관리에 관한 호혜적인 협력사업을 추진한다.

양측은 한중 사회보장협정의 원활한 이행을 위해 지속 협력한다.

양측은 양국 의료기관 간 협력, 건강보험 운영경험 공유, 기초의학과 전통의학 교류 및 협력 등 보건의료 분야의 교류 협력을 활성화하고, 신변종 감염병의 대유행 예방 및 전파 차단을 위한 정보 공유, 인력교류 및 공동대응체계 구축 등에 지속 협력하기로 한다.

양국은 보건의료 교류를 지원하고 양국 환자의 안전을 보호하기 위한 소통기제를 구축해나가는 데 협력하기로 한다.

양측은 인구구조의 급속한 고령화 추세에 대비하여 노후소득보장체계 구축 등 사회복지정책 분야 협력을 확대하고, 고령친화산업·항노화 공동연구 등 고령화 대응을 위한 기술개발협력을 강화해나가기로 한다. 양측은 양국 간 현지 실사제 도입과 긴급대응체계 구축 등 식품안전 확보와 위해요인 차단을 위한 협력을 강화하고, 의약품·의료기기 분야 GMP 상호인증 등을 위한 국장급 협의체를 설치·운영한다.

양측은 농촌개발을 포함한 양국 농업 및 농촌 경제정책에 대해 교류하고, 가축전염병 방역공조, 농업 과학기술 및 위생검역 분야 협력을 강화한다. 양측은 어업자원 보존 및 관리 정책 공유 등 수산분야 협력을 촉진한다.

3. 인적·문화적 교류 강화

[인문유대 강화]

양측은 한중 전략적 협력동반자관계를 더욱 높은 수준으로 발전시켜나가기 위해서는 양국민 간의 심적 거리를 단축시키고 보다 돈독한 신뢰를 구축하는 것이 매우 중요하다는 데에 인식을 같이하고, 이를 위해 한중 간 인문유대를 강화해나간다. 양측은 한중 인문유대 강화를 위한 정부 차원의 협의 기구로서 양국 외교부 차관급을 수석대표로 하는 '한중 인문교류 공동위'를 출범시키고, 향후 동 공동위를 매년 개최하여 관련 구체사업들을 심의, 확정하고 그 이행을 지도한다.

[인적 교류 지원, 관광, 스포츠, 자연]
양측은 한중관계의 미래를 짊어지고 나갈 양국 청소년 간 교류의 중요성을 재확인하고, 향후 청소년 교류를 대폭 확대시켜나가기 위한 구체 방안을 협의해나간다.

양측은 양국의 학생이 상대방 국가에서 공부하고 연수하는 것을 장려하며, 장학금 유학생 상호 교환을 위해 지속적으로 노력한다.

양측은 중학생 상호 교환 교류를 지속적으로 추진한다.

양측은 양국 대학 간 협력을 중요시하며, 양국 대학생 간 교류를 지속적으로 내실화한다.

양국은 한국어의 해, 중국어의 해 상호 지정을 통해 양국에서의 상대국 언어에 대한 이해 제고와 언어 관련 교류 사업 활성화를 위해 협력한다.

양측은 원어민 중국어 보조교사 초청 및 한국교사의 중국 파견에 대해서 상호 협력을 강화한다.

양측은 양국 간 공공외교 분야의 협력 확대를 통해 양국 국민들이 상대국에 대한 이해와 인식을 제고할 수 있도록 금년에 한중 공공외교포럼을 신설한다.

양국은 한중 문화관계의 지속적인 발전을 위해 적극적으로 노력한다.

양측은 문화·예술단의 계기별 상호방문을 장려하고, 예술 분야의 공동 창작을 육성한다. 한중 문화산업포럼을 조속히 개최하고, 양국 문화산업 협력을 지속적으로 추진한다.

양측은 영화, TV프로그램, 게임, 뮤지컬 등 문화산업 분야의 협력을 추진하고 공동제작 및 유통을 강화한다.

양측은 한중 문화협력협정의 틀 안에서 차기 문화교류 시행계획 체결을 추진한다.

양측은 한중 간 지방 차원의 인적·문화적 교류 협력을 더욱 확대한다.

양측은 양국이 서로에게 중요한 관광시장이고, 지속적이고 건전한 관광 발전이 양국 국민정서 증진과 상호 우호관계 발전에 중요한 역할을 했다는 것을 인식하였다. 양측은 또한 관광업계간 협력 확대를 지속적으로 장려하는 데 인식을 같이하였다.

양측은 스포츠 분야 교류를 강화한다. 중국 측은 한국의 2013년 실내무도 아시안게임, 2014년 아시안게임, 2018년 평창 동계올림픽 개최를 적극 지지하며, 한국 측은 중국 측의 2013년 아시아 청소년게임, 2013년 동아시아 경기대회, 2014년 청소년 올림픽 개최를 적극 지지한다. 양측은 한중 청소년 스포츠 교류 대회, 한중 대중스포츠 교류 행사를 개최한다. 양측은 〈따오기 보호·협력에 관한 양해각서〉를 체결하여, 한국 측에 따오기 두마리를 기증하고, 멸종 위기종 복원을 위한 양국 간 협력을 강화한다.

4. 영사 분야 협력 확대

양측은 이번 정상회담 계기에 양국이 〈외교관 여권 소지자에 대한 상호 사증면제에 관한 협정〉을 체결한 것을 환영하고, 중장기적으로 상호 사증면제범위 확대를 위해 노력한다.

양측은 양국 국민 간 교류과정에서 더 많은 법적 보장을 제공하기 위해 양국 영사협정의 조속한 체결을 위해 적극 노력한다.

양측은 상호 재외국민보호를 위해 상대국내 자국 공관을 포함한 당국간 상호협력을 강화한다.

5. 지역 및 국제무대에서의 협력 추진

양측은 전략적 관점과 장기적 시각에서 한중일 3국 협력을 바라보고, 그간의 협력 성과를 바탕으로 한 3국 간 신뢰구축이 긴요하다는 점에 인식을 같이한다. 그러한 측면에서 양측은 3국 협력체제의 안정적 발전 및 3국 협력 사무국의 기능과 역할을 보다 강화하는 것을 검토해나가기로 한다. 양측은 3국 협력의 미래방향으로서 경제통합을 추진하고, 지속가능한 발전 협력을 강화하고, 인문사회 교류 및 지방협력을 확대하는 한편, 3국 및 지역의 평화 안정·번영에 기여한다.

양측은 범세계적 문제 해결을 위한 유엔 역할의 중요성을 재확인하고, 유엔 업무에서의 긴밀한 협력을 유지하기로 한다.

양측은 유엔헌장의 취지와 원칙을 존중한다는 전제하에, 유엔개혁이 유엔의 투명성, 민주성, 대표성을 제고하는 방향으로 이루어질 수 있도록 계속해서 긴밀히 협의한다.

양측은 ASEAN+한중일, 동아시아정상회의(EAS), 아세안지역안보포럼 (ARF), 아시아태평양경제협력체(APEC), G20, 아시아협력대화(ACD), 아시아유럽회의(ASEM), 동아시아·라틴아메리카협력포럼(FEALAC) 등 다자협의체에서의 조율과 협력을 유지한다. 한국은 2014년 중국에서 개최되는 제22차 APEC 정상회의의 성공적 개최를 위해 협력한다.

양측은 개발협력 분야에서 대화와 교류를 유지하고 개발도상국의 의사를 존중하는 것을 기초로, 개발도상국 농업 및 농촌 발전에 기여할 수 있는 개발협력 가능성을 연구, 검토한다.

양측은 대량파괴무기 확산, 국제 테러리즘, 사이버 범죄, 마약, 해적, 금융 범죄, 하이테크 범죄, 원자력 안전 등 문제를 방지하는 데 대한 협력을 강화한다.

양측은 금년 서울 개최 세계 사이버스페이스 총회와 대구 개최 세계에너지총회(WEC)의 성공적 추진을 위해 협력한다.

6. 정상회담 계기 체결 문건

양측은 이번 정상회담 계기에 〈대한민국 정부와 중화인민공화국 정부간의 외교관 여권 소지자에 대한 상호 사증면제에 관한 협정〉, 〈대한민국 산업통상자원부와 중화인민공화국 과학기술부 간의 응용기술 연구개발 및 산업화 협력 강화에 관한 양해각서〉, 〈대한민국 해양수산부와 중화인 민공화국 국가해양국 간의 해양과학기술협력에 관한 양해각서〉, 〈대한민 국 산업통상자원부와 중화인민공화국 상무부 간의 한중 경제통상협력 수 준 제고에 관한 양해각서〉, 〈대한민국 환경부와 중화인민공화국 임업국 간 따오기 보호·협력에 관한 양해각서〉, 〈대한민국 관세청과 중화인민공 화국 해관총서간 대한민국 수출입 안전관리 우수공인업체 제도와 중화 인민공화국 해관기업분류관리제도의 상호인정에 관한 약정〉, 〈대한민국 수출입은행과 중화인민공화국 수출입은행 간 공동 금융 지원에 관한 상 호리스크참여약정〉, 〈대한민국 산업통상자원부와 중화인민공화국 국가 발전개혁위원회 간 에너지 절약 분야 협력 강화에 관한 양해각서〉를 체 결한 것을 환영하였다.

◇ 시진핑 주석 국빈 방한 계기 한중 공동성명

2014.7.3, 서울

1. 시진핑(習近平) 중화인민공화국 국가주석은 박근혜 대한민국 대통령의 초청으로 2014년 7월 3일부터 4일까지 한국을 국빈 방문하여 한국 정부와 국민들로부터 성대하고 뜨거운 환영을 받았다. 방문기간 동안 시진핑 국가주석은 박근혜 대통령과 정상회담을 가졌으며, 정의화 국회의장, 정홍원 국무총리와도 각각 면담하였다.

2. 양 정상은 한중 양국이 1992년 수교 이래 다양한 분야에서 비약적으로 관계를 발전시켜왔으며, 이러한 관계 발전은 양국 간 호혜적 이익 증진과 동북아시아 지역의 공동 번영에 기여해왔다는 데 인식을 같이 하였다. 양 정상은 한중 양국이 2013년 박근혜 대통령의 국빈 방중과 2014년 시진핑 주석의 국빈 방한을 통해 전략적 협력동반자관계 내실화 목표의 완성을 향해 착실히 나아가고 있다는 데 대해 의견을 같이 하였다.

3. 양 정상은 2013년 6월 '한중 미래비전 공동성명'이 제시한 양국관계 발전의 청사진에 따라, 지난 1년여 간 ▲양국 지도자 간 소통을 긴밀히 유지하고, 각 급에서의 다양한 전략대화 메커니즘을 신설하는 등 이전에 볼 수 없었던 높은 수준의 전략적 소통 관계를 구축하였으며, ▲창조와 혁신을 원동력으로 하는 새로운 경제체제 구축과 관련한 협력을 증진하고, 양국 경제협력의 제도적 기반을 착실히 다져왔으며, ▲인문유대 사업 활성화, 공공외교 분야 협력 개시, 교육·문화 교류 강화 등을 통해 인적·문화적 교류의 깊이와 폭을 심화·확대하여 왔다

는 데 인식을 같이하였다.

4. 양측은 한국과 중국이 동북아 지역의 가깝고 중요한 이웃이자 동반자로서, 공동발전을 실현하는 동반자, 지역 평화에 기여하는 동반자, 아시아의 발전을 추진하는 동반자, 세계 번영을 촉진하는 동반자가 되기 위해 '한중 미래비전 공동성명'과 금번 '공동성명'을 토대로 양국관계의 미래를 다음과 같은 방향으로 발전시켜나가기로 합의하였다.

첫째, 상호 신뢰를 바탕으로 각 급에서 공동의 관심사 및 중·장기적 문제를 수시로 긴밀하게 논의하는 성숙한 전략적 협력동반자관계를 구축한다. 한반도와 동북아의 평화와 안정의 증진을 위한 협력을 강화해나간다.

둘째, 함께 창조와 혁신을 통해 미래지향적인 전략적 경제통상 및 산업협력을 확대하고, 양국 국민의 삶의 질을 지속적으로 향상시켜나가며, 동아시아 지역 경제통합 및 세계경제 회복을 추진하기 위해 양국이 함께 노력함으로써 지역 및 세계 경제 성장에 있어서 견인차 역할을 해나간다.

셋째, 쌍방향적이고 국민체감적인 인적·문화적 교류를 통해 양국민 간 정서적 유대감을 심화함으로써, 마음과 마음이 서로 통하는 신뢰관계를 구축해나간다.

넷째, 양국 정부와 국민 간 상호 이해와 신뢰를 기초로, 지역 및 국제사회의 다양한 문제에 대한 협력을 가일층 강화해나감으로써, 동북아 지역의 평화와 안정은 물론, 세계의 발전과 공동 번영에도 기여해나간다.

5. 이를 위해 양 정상은 다음과 같은 주요 사업 추진에 합의하였으며, 분 야별 세부사업은 본 '공동성명'의 부속서에 명기하기로 하였다.

정치·안보 분야에서는 양국 지도자 간 상호 방문 및 한국 청와대 국가 안보실장과 중국 외교담당 국무위원 간 외교안보 고위전략대화를 정 례화하고, 양국 외교장관 간 연례적인 교환 방문을 정착시키며, 양국 정부와 민간이 함께 참여하는 1.5트랙 대화체제를 설치하고, 양국의 미래를 이끌어나갈 청년 지도자들이 참여하는 한중 청년 지도자 포럼 을 정례적으로 개최한다. 양국 국방·군사관계의 양호한 발전 추세를 유지하고, 상호 이해와 신뢰를 부단히 증진하며, 역내 평화와 안정 유 지에 기여해나간다. 또한, 2015년에 해양경계획정 협상을 가동하기로 한다.

미래지향적 호혜협력 분야에서는 높은 수준의 포괄적인 한중 자유무 역협정(FTA)을 체결하기 위한 협상의 진전을 긍정적으로 평가하고, 연말까지 협상을 타결하기 위한 노력을 강화한다. 자국 통화 결제를 활성화하는 것이 양국 간 경제·무역 발전에 이익이 된다는 데 인식을 같이하고, 원화와 위안화 간 직거래 체제를 구축하기 위해 적극 노력 하며, 한국 서울에 위안화 청산 체제를 구축하고, 중국 측은 한국 측에 800억 위안 규모의 위안화 적격해외기관투자자(RQFII) 자격을 부여 하기로 합의한다. 아울러, 국민 위생 및 안전을 위하여 미세먼지 등 대 기오염 감축, 사고·천재지변 등에 대한 긴급구호·지원, 원전 안전, 구 제역·조류인플루엔자 등을 포함한 동물질병과 인체감염병 대처 등에 있어서의 협력을 강화하고, 기후변화 대응 및 해양 분야의 협력을 확대·심화해나간다.

인적·문화적 교류 분야에서는 〈대한민국과 중화인민공화국 간의 영사협정〉 체결을 계기로, 양국 인적왕래의 법률적 기초를 가일층 다지고, 양국 영사관계 및 협력의 수준을 제고한다. 2015년과 2016년을 각각 "중국 관광의 해"와 "한국 관광의 해"로 지정하고, 양측 간 합의된 2014년 인문교류 세부사업을 공동 추진하며, 교육 및 청소년 분야의 교류와 협력을 강화하고, 관용·공무 여권 소지자에 대한 상호 사증면제 협정 문안 합의를 환영하며, 사증면제 범위의 단계적 확대 방안을 적극적으로 협의해나가기로 한다. 지방정부 간 교류와 협력을 활성화하고, 2016년까지 양국 간 인적교류 1,000만 명 목표를 실현하기 위해 노력한다. 양국의 유관기관 등이 판다 공동연구를 실시하는 것을 지지하기로 한다. 〈대한민국 정부와 중화인민공화국 정부 간의 영화 공동제작에 관한 협정〉을 체결한다.

6. 양측은 한반도에서의 핵무기 개발에 확고히 반대한다는 입장을 재확인하고, 한반도 비핵화 실현과 한반도의 평화와 안정 유지가 6자회담 참가국들의 공동의 이익에 부합되며, 관련 당사국들이 대화와 협상을 통하여 이러한 중대한 과제를 해결해야 한다는 데 인식을 같이하였다.

양측은 6자회담 참가국들이 2005년 9월 19일에 합의한 9·19공동성명 및 유엔 안보리 관련 결의들을 성실히 이행해야 한다는 데 입장을 같이하였다.

양측은 한반도 비핵화 실현을 위하여 관련 당사국들이 6자회담 프로세스를 꾸준히 추진하며, 이 과정에서 관련 당사국들이 상호 존중의 정신하에 양자 및 다자 간 소통과 조율을 강화하고, 9·19 공동성명에 따른 관련 당사국들의 관심사항을 해결해야 한다는 데 인식을 같이하였다.

양측은 6자회담 참가국들이 공동인식을 모아 6자회담 재개를 위한 조건을 마련해야 한다는 데 견해를 같이하였다. 양측은 6자회담 수석대표 간 다양한 방식의 의미 있는 대화를 통해 한반도 비핵화의 실질적 진전을 이루기 위해 노력하는 것을 지지하였다.

7. 한국 측은 한반도 신뢰프로세스를 통해 남북 간 상호 신뢰를 형성함으로써 남북관계를 발전시키고 한반도에 평화를 정착시키기를 희망하였다. 또한, 남북한 주민들의 인도적 문제 해결, 남북한 공동번영을 위한 민생 인프라 구축, 남북 주민 간 동질성 회복을 위한 노력이 한반도 평화통일과 동북아의 공동 번영에 기여하게 될 것임을 강조하였다.

이와 관련하여, 중국 측은 남북 관계 개선을 위해 기울인 한국 측의 노력을 적극적으로 평가하였다. 또한, 남북이 대화를 통해 관계를 개선하고 화해와 협력을 해나가는 것을 지지하고, 한반도의 평화적 통일에 대한 한민족의 염원을 존중하며, 궁극적으로 한반도의 평화적 통일이 실현되기를 지지하였다.

아울러, 양측은 이 지역의 평화와 협력, 신뢰 증진 및 번영을 위하여 양자·다자 차원에서의 협력을 강화하고 소지역 협력을 검토해 나가기로 하였다.

8. 중국 측은 세계에 하나의 중국만이 있으며, 대만은 중국 영토의 불가분의 일부분임을 재천명하였다. 이에 대해 한국 측은 충분한 이해와 존중을 표시하고, 중화인민공화국 정부가 중국을 대표하는 유일한 합법정부라는 것과 하나의 중국만이 있다는 입장을 계속 견지해나가기로 하였으며, 양안관계의 평화적 발전을 지지하기로 하였다.

9. 한국 측은 중국 측의 제22차 아시아태평양경제협력체(APEC) 정상회의 개최를 지지하고 이를 위해 긴밀히 협력하기로 하였다. 양측은 금번 APEC 정상회의를 통해 지역경제통합 진전, 혁신적 발전·경제개혁 및 성장 촉진, 포괄적 연계성 및 인프라 개발 강화 등 핵심의제에서 실질적 성과를 거두어 아태지역 발전에 기여할 수 있도록 함께 노력하기로 하였다.

10. 양측은 시진핑 국가주석의 금번 국빈 방한이 양국관계가 새로운 도약을 하는 데 있어서 이정표적 의미를 지닌다는 데 인식을 같이하였다. 시진핑 국가주석은 대한민국 정부와 국민들의 진심 어린 환대에 사의를 표하고, 박근혜 대통령이 편리한 시기에 중국을 재차 방문하여줄 것을 초청하였다. 박근혜 대통령은 이를 흔쾌히 수락하였다.

2014년 7월 3일 서울

부속서

I. 〈한중 미래비전 공동성명〉 이행 현황

1. 정치·안보 분야

한중 양국 정상은 지난 1년여 기간 동안 상대국을 각기 국빈 방문하였고, 함께 참석한 모든 다자회의마다 빠짐없이 회동을 가졌으며, 한반도 정세 등 긴급한 현안이 있을 때에는 수시로 전화통화를 갖고 소통을 하며, 각별한 우의와 신뢰를 쌓아왔다. 양측은 2013년 11월 한국의 청와대 국가안보실장과 중국의 외교담당 국무위원 간 외교안보 고위 전략대화를 성공적으로 가동하였다. 2013년 4월 윤병세 외교부 장관이 중국을 방문하였고, 2014년 5월 왕이 외교부장이 한국을 방문하였다. 양 장관은 그간 4차례 전화통화를 갖고, 국제다자무대에서 2차례 양자회동을 하였으며, 양자관계 및 공동 관심사에 대하여 긴밀한 소통을 유지해왔다.

또한, 양측은 2013년 외교안보대화, 양국 국책연구소 간 합동전략대화 등 양측이 〈한중 미래비전 공동성명〉에서 합의한 전략대화의 메커니즘을 성공적으로 출범시키고, 양국 외교차관 간 전략대화와 제3차 국방전략대화를 개최함으로써 다층적인 전략적 소통체제를 구축하였다.

2. 경제·통상 분야

양측은 2015년까지 무역액 3,000억 달러 목표를 달성하기 위해 세계

경제의 불안정 속에서도 무역박람회 개최, 구매사절단 파견 등 다양한
노력을 통하여 양국 간 무역을 지속적으로 확대하였다.

양측은 2013년 9월 한중 자유무역협정(FTA) 모델리티 협상을 타결하
였고, 협정문 협상을 추진해왔다.

양측은 2013년 체결한 〈대한민국 산업통상자원부와 중화인민공화국
상무부 간의 한중 경제통상협력 수준 제고에 관한 양해각서〉에 의거
한 한중 통상장관회담 및 다양한 경제통상 채널을 통해 무역불균형 축
소 및 비관세장벽 해소 등 양국 간 주요 통상현안의 해결방안을 모색
하였다.

양측은 2013년 9월 및 2014년 4월 한중 무역실무회의를 개최하고,
2013년 11월 한중 경제공동위원회, 12월 한중 경제장관회의를 개최함
으로써 양국 간 경제협력 분야 정책 교류 및 소통을 활성화하였다.

양측은 2013년 10월 한중 어업공동위원회를 개최하여 서해 잠정조치
수역에서의 공동순시 등 효율적인 어업자원관리 추진에 합의하였다.
또한, 양국 외교부가 주관하는 한중 어업문제협력회의를 2013년 7월
과 12월에 두 차례 개최하였으며, 11월에는 중국의 어업정책 및 지도
단속 공무원들의 방한 등 교류사업을 실시하였다.

양측은 〈대한민국 산업통상자원부와 중화인민공화국 국가발전개혁 위
원회 간의 에너지절약 분야 협력 강화에 관한 양해각서〉 및 〈대한민국
산업통상자원부와 중화인민공화국 과학기술부 간의 응용기술 연구개

발 및 산업화 협력 강화에 관한 양해각서〉의 적극적인 이행을 통해 에너지 절약, 신기술 등 분야의 협력을 확대하였으며, 한중 기업협력혁신센터를 통해 양측 기업 간 교류와 기술협력을 확대하였다.

양측은 2013년 12월 제1차 한중 차관급 정보통신협력 전략대화를 개최하고, 동 계기에 양국 연구기관 간 5세대 이동통신 기술교류회를 개최함으로써 정보통신기술 분야에서의 협력을 강화하였다.

양측은 2013년 〈대한민국 해양수산부와 중화인민공화국 국가해양국 간의 해양과학 기술협력에 관한 양해 각서〉를 갱신하고, 제12차 한중 해양과학기술협력공동위원회를 개최함으로써, 해양과학 연구, 해양환경 보호, 해양경제 등 해양 분야의 협력을 강화하였다.

양측은 2014년 4월 〈대한민국 관세청과 중화인민공화국 해관총서 간의 대한민국 수출입 안전관리 우수공인업체 제도와 중화인민공화국 해관기업분류관리제도의 상호 인정에 관한 약정〉의 전면 실시를 통해 양국 우수 기업의 통관을 원활화하였다.

양측은 2013년 10월 제1차 한중 기후변화협상대화를 성공적으로 개최하여 기후변화국제협상 및 정책에 대해 의견을 교환하고, 양국 간 실질협력방안을 협의하였다.

양측은 2014년 5월 제11차 한중 원자력 공동위원회를 개최하여 동북아 역내 원전의 안전증진을 위한 실질협력 방안을 논의하였다.

양측은 양국 지식재산권 당국 간 지식재산권의 창출·보호·관리 등 포괄적 협력기반 조성을 위해 2013년 12월 〈대한민국 특허청과 중화인민공화국 지식산권국 간의 지식재산 분야에서의 포괄적 협력에 관한 양해각서〉를 체결하였다.

양측은 2014년 2월 〈대한민국 고용노동부와 중화인민공화국 상무부 간의 고용허가제하 인력송출에 관한 양해각서〉를 갱신하여, 양국 간 인력송출 협력을 더욱 강화하였다.

양측은 2013년 12월 식품, 화장품, 약품 및 의료기기 분야에서의 양국 주관 부서 간 실무협의회 및 고위급 대화채널을 창설하여, 식품·약품 안전 확보와 위해요인 차단 분야에서의 협력을 강화하였다.

양측은 2013년 9월 제1차 보건정책협의회를 개최하여 양국 간 보건의료 및 의료보험 분야에서의 정책 소통 및 교류·협력을 강화하였다.

중국 측은 〈대한민국 환경부와 중화인민공화국 임업국 간 따오기 보호·협력에 관한 양해각서〉에 따라 2013년 12월 한국 측에 따오기 두 마리를 제공하였으며, 이를 통해 양국 간 생물다양성 보호를 위한 협력을 증진하였다.

3. 문화·인적교류 분야

양측은 한중 인문유대 강화를 위한 정부 차원의 협의기구로서 2013년 11월 한중 인문교류공동위원회를 출범시키고, 학술, 지자체, 전통예능 등 분야에서 다양한 인문유대 세부사업을 발굴하였다.

양측은 2013년 각 500명씩 총 1,000명 규모의 청소년 초청 및 파견 교류를 실시하였다.

한국 측은 2014년 5월 중국 청소년대표단 200명을 방한 초청하였으며, 중국 측은 2014년 6월 한국 청소년대표단 200명을 방중 초청하여 양국 간 인적교류 기반을 강화하였다.

양측은 2013년 11월 〈대한민국 문화체육관광부와 중화인민공화국 문화부 간의 문화산업 협력에 관한 양해각서〉를 체결하고, 한국에서 제1차 한중 문화산업포럼을 개최하는 등 문화산업 협력을 확대하였다.

양측은 〈대한민국 정부와 중화인민공화국 정부 간의 영화 공동제작에 관한 협정〉에 가서명하였으며, 한중 합작영화를 중국에서 성공적으로 개봉하는 등 영화, TV프로그램의 공동 제작을 지속 추진하였다.

양측은 2013년 9월 서울에서 제1차 한중 공공외교포럼을 개최한 데 이어, 2014년 6월 베이징에서 제2차 한중 공공외교포럼을 개최함으로써, 양국 국민들의 상호 이해와 인식을 제고하였다.

4. 지역 및 국제무대에서의 협력 분야

양측은 2013년 이래 한중일 3국 간 외교부 고위급회의, 문화장관회의, 재난관리 기관장회의, 보건장관회의, 특허청장회의, 환경장관회의가 성공적으로 개최된 것과 한중일 자유무역협정(FTA) 협상이 네 차례에 걸쳐 원만하게 진행된 것을 평가하였다.

양측은 유엔 등 국제무대에서 상호 긴밀히 협력하였다. 양측은 유엔 안보리 개혁이 민주성, 책임성, 대표성, 효율성을 제고하는 방향으로 이루어질 수 있도록 상호 긴밀히 협력하였다. 양측은 안보리 개혁 문제 관련, '포괄적' 해결 방안을 모색하여 협상을 통해 가장 광범위한 합의를 달성해야 한다는 데 인식을 같이하였다.

양측은 2013년 제1차 한중 국장급 다자경제 분야 협의회를 개최하여 G20, 아시아태평양경제협력체(APEC) 등 주요 글로벌 경제 협의체에서 다루어지는 다자 경제 이슈에 대해 의견을 교환하였다.

양측은 2014년 3월 한중 해양법·국제법률국장회의를 개최하여, 공동으로 관심을 갖는 해양법 및 국제법 문제에 대해 솔직하고 심도 있게 의견을 교환하였으며, 광범위한 공동인식에 도달하였다.

양측은 2013년 제1차 한중 개발협력 정책대화를 개최하여 개발협력 분야에서 상호 대화와 교류를 유지하고, 구체적인 협력방식과 중점분야에 대해 논의하자는 데 동의하였다.

양측은 2013년 제4차 한중 대테러협의회를 개최하여 관련 지역 테러 정세, 양국 간 대테러 협력 방안 등에 대해 긴밀히 소통하였다.

그 밖에, 양측은 대량살상무기 확산, 해적, 마약, 금융 범죄, 하이테크

범죄, 사이버 안보, 핵안보 등 각종 범세계적 문제의 해결을 위한 협력을 지속해오고 있다.

II. 금번 정상회담의 합의사항

1. 전략적 정치안보협력 강화

양측은 최고 지도자 간의 각별한 신뢰와 긴밀한 소통이 양국관계 발전의 소중한 자산이라는 데 의견을 같이하였으며, 앞으로 양국 정상 간 상호방문을 정례화해나가기로 하였다. 다자회의 계기 회동을 지속하고, 정상 간 서신 교환·전화 통화 등 방식으로 전략적 소통을 계속 유지·강화해나가기로 하였다.

또한, 양측은 한국의 청와대 국가안보실장과 중국의 외교담당 국무위원 간 외교안보 고위전략대화의 정례화를 실현하고, 양국 외교장관 간 연례 교환방문을 지속 추진하며, 양국 외교안보대화를 정례적으로 추진한다는 당초의 합의를 재확인하였다.

양측은 군 고위급 교류와 국방전략대화를 지속 실시하고, 각 급 각 분야 대표단 상호방문을 유지하며, 청년장교 상호방문 교류를 실시하고, 전문분야의 실질적인 협력을 확대하며, 양국 국방부 간 직통전화를 조속히 개통하기로 하였다.

양측은 각 부처, 의회, 정당, 싱크탱크 간 교류를 강화하고, 한중 의회

정기 교류 체제 및 국책연구기관 합동 전략대화 등 채널을 통해 각 분야의 전략적 소통을 지속강화하며, 양국 정당 간 정책대화를 적극 추진하고, 양국 정부 당국자와 학계 등 민간 전문가들이 공동으로 참여하는 1.5트랙 대화 체제를 구축하여 한중 전략적 협력동반자관계를 가일층 발전시켜나가기 위한 방안을 논의해나가기로 하였다.

양측은 양국의 미래를 이끌어나갈 청년 지도자들이 참석하는 한중 청년 지도자 포럼을 정례적으로 개최하기로 하였다. 이와 관련, 양측은 2015년부터 5년간 매년 100명의 상대국 청년 지도자를 상호 초청하기로 하였다.

양측은 〈대한민국 외교부와 중화인민공화국 외교부 간 2014-2015년도 교류협력계획〉의 채택을 환영하였다.

양측은 양국 간 해양경계를 획정하는 것이 양국관계의 장기적이고 안정적인 발전과 해양협력을 추진해나가는 데 있어 매우 중요하다는 점을 재확인하고, 2015년에 해양경계획정 협상을 가동하기로 하였다.

양측은 양국 간 역사적 관계는 소중한 자산이며, 양국관계에 부담이 되지 않도록 상호 노력해야 한다는 데 의견을 같이하였다. 이와 관련하여, 양측은 역사연구에 있어 주요 연구기관을 포함한 학술계의 사료발굴, 조사·열람, 연구 등 분야에서 상호교류와 협력을 계속 강화하기로 하였다. 또한, 양측은 관련 연구기관 간 위안부 문제 관련 자료의 공동연구, 복사 및 상호 기증 등에서 협력해나가기로 하였다.

양측은 한중일 3국협력이 각각의 발전은 물론, 동북아의 평화와 공동 번영에 매우 중요한 역할을 할 수 있다는 데에 인식을 같이하고, 3국 협력의 견실하고 안정적인 발전을 위해 공동 노력하기로 하였다.

양측은 ASEAN+한중일(ASEAN+3) 및 동아시아정상회의(EAS), 아세안지역안보 포럼(ARF), 아시아태평양경제협력체(APEC), G20, 아시아유럽정상회의(ASEM) 등 다자협의체에서의 긴밀한 협력을 계속 유지해나가기로 하였다.

양측은 한국의 2013-2014년 유엔 안보리 비상임이사국 활동 기간 중에 양측이 긴밀하게 협력하고 있음을 평가하고, 유엔 업무에 있어서 협력을 더욱 강화해나가기로 하였다.

한국 측은 중국 측이 제22차 아시아태평양경제협력체(APEC) 정상회의 준비를 위해 노력을 경주하고 중요한 진전을 이루어낸 것을 적극적으로 평가하였다.

양측은 긴밀한 소통을 유지하여 금번 회의가 긍정적이고 실질적인 성과를 거두고 아시아태평양지역의 장기적인 발전과 공동번영에 힘찬 동력을 주입할 수 있도록 공동으로 추진해나가기를 희망하였다.

2. 미래지향적 호혜협력 확대

양측은 세계경제의 불안정 등 대외경제여건하에서도 양국 간 교역을 촉진시켜 2015년까지 무역 규모 3,000억 달러 목표를 달성할 수 있도록 지속 노력해나가기로 하였다.

양측은 높은 수준의 포괄적인 한중 자유무역협정(FTA)을 체결하기 위한 협상의 진전을 긍정적으로 평가하고, 연말까지 협상을 타결하기 위한 노력을 강화하기로 약속하였다.

양측은 자국 통화 결제를 활성화하는 것이 양국 간 경제·무역 발전에 이익이 된다는 데 인식을 같이하였다. 이를 위해, 양측은 우선 한국 내에 원-위안화 직거래시장을 개설하기로 합의하였다. 한국 측은 양 통화 간 직거래시장을 중국 외환시장에 개설하기 위한 여건을 조성하기로 약속하였다. 또한, 양측은 한국 서울에 위안화 청산체제를 구축하고, 서울 소재 중국계 은행을 위안화 청산은행으로 지정하기로 합의하였다.

양측은 한국 투자자들의 중국 증권시장에 대한 투자를 촉진하기 위해 중국이 한국에 800억 위안 규모의 위안화 적격해외기관투자자(RQFII) 자격을 부여하고, 동 쿼터의 활용 상황과 시장 수요에 따라 장래의 적절한 시점에 이를 증액하는 방안을 추진하기로 합의하였다. 한편, 양측은 한국 당국 및 금융기관이 적격해외기관투자자 자격을 통해 중국시장에 대한 투자를 확대해나가는 것을 환영하였다. 또한, 양측은 한국과 여타 다른 국가의 기업 및 금융기관들의 위안화 표시 채권발행을 장려하기로 합의하였다.

양측은 새만금 한중 경제협력단지에 대해 추후 지속 협의해나가고, 이와 관련된 연구를 수행하기로 합의하였다.

양측은 광역두만강개발계획(GTI) 발전이 향후 동북아 지역발전을 선도하는 경제협력기구로 발전할 수 있도록 긴밀하게 협의하기로 하였다. 양측은 2013년 체결된 〈한국 수출입은행과 중국 수출입은행 간 상호리스크참여약정(RRPA)〉을 토대로 〈한국수출입은행과 중국 수출입은행 간 상호리스크참여약정에 따른 초대형 에코쉽 프로젝트 금융계약〉을 체결한 것을 환영하고, 향후 양국 무역거래를 지속 지지해나가기로 하였다.

양측은 해양분야 협력을 더욱 강화하고, 〈대한민국 해양수산부와 중화인민공화국 국가해양국 간 해양분야 협력계획(2014-2018)〉의 수립을 추진하기로 하였다.

양측은 양국 어업수산 및 유관기관 간의 공동단속 등 협조체제와 수산협력연구체제를 강화하고, 인적·기술적 교류를 확대하며, 어업자원 보호와 조업질서 유지를 위한 소통과 협력을 더욱 강화해나가기로 하였다. 특히, 양측은 서해에서 긴밀히 협력하기로 하였다.

양측은 양국 지방경제를 활성화하기 위해 중앙정부 간 및 중앙정부와 지방정부 간 협력채널을 다양화하여 양국 민관공동포럼 및 기업상담회를 더욱 확대하고, 무역 촉진행사를 개최하여 양국 간 새로운 무역기회를 발굴하기로 하였으며, 무역 불균형 완화를 위해 공동 노력하기로 하였다. 또한, 양측은 상호투자 활성화를 위해 투자협력포럼 등 행사를 통하여 유망분야에서의 상호 투자기회를 발굴하고, 양국 산업단지, 경제특별구역에 대한 양국 기업의 상호 투자를 증진하기 위해 공동노력하기로 하였다.

양측은 상대 국가에서 주최하는 각종 전시회에 적극 참여하기로 하고, 중국 측은 한국정부 유관부처와 더 많은 기업이 중국-동북아박람회, 중국(베이징) 국제서비스무역교역회, 중국중부투자박람회, 중국국제투자 무역상담회 등에 참석하는 것을 환영하였다.

양측은 2013년에 합의한 에너지 절약 및 효율 제고 분야 협력강화를 기반으로 양국 간 에너지 협력을 전 분야로 확대함으로써, 양국 경제·사회의 지속가능한 성장을 위한 발판을 마련하기로 하였다.

양측은 양국산업이 점차 고도화되는 상황에서, 하이테크 산업 분야에서의 협력 강화가 매우 필요하다는 데 인식을 같이하였다. 이를 위해 양측은 정부 간 교류 채널뿐만 아니라 양국의 관련 산업 및 정부 부처 간의 교류와 협력을 더욱 강화해나가기로 하였다.

양측은 원전 안전이 매우 중요하다는 데 인식을 같이 하고, 사건정보 통보체제 구축, 지역협력 프로젝트 추진 등 동북아 역내 원전 안전을 증진하기 위한 협력을 강화해나가기로 합의하였다.

양측은 산학연 실용화 대형공동연구를 통해, 기초연구에서부터 실용화 단계까지 가시적인 성과를 창출하고 그 성과를 공유해나가기로 하였다.

양측은 〈대한민국 미래창조과학부와 중화인민공화국 국가신문출판광전총국 간 방송 및 디지털 콘텐츠 분야 협력에 관한 양해각서〉의 체결을 환영하고, 양국 간 방송 및 디지털 콘텐츠 공동제작 등 양국 간 방송 및 디지털 콘텐츠 교류를 보다 확대하기로 하였다.

양측은 해킹 등 최근 증가하고 있는 사이버위협에 공동 대응하기 위하여 긴밀한 양국협력의 중요성을 인식하고, 침해사고에 관한 정보공유 및 공동 대응, 인력교류 등 사이버보안 분야에서의 상호협력을 강화하기로 하였다.

양측은 생태계 보호 및 임업협력을 강화하고, 지속가능한 삼림경영을 착실히 추진하며, 사막화와 토지퇴화를 방지하고, 야생동식물 및 생태계를 보호하기 위한 실질협력을 적극 추진하기로 하였다.

양측은 미세먼지 등 대기오염분야에서 대기오염수치 정보 공유와 대기오염 예·경보 모델 공동연구 등의 협력을 실시하고, 한중 환경산업 포럼 및 철강 등 분야에서 대기오염 방지 시설 실증 시범 프로젝트를 공동 추진하며, 동북아지역차원의 협력 체제를 강화하기 위해 공동 노력하기로 하였다.

양측은 기후변화라는 범세계적 도전에 대해 함께 대응하기로 하고, 2014년 9월 유엔기후정상회의와 2015년 유엔기후변화협약 파리 당사국총회가 소기의 성과를 달성하도록 함께 노력해나갈 것을 강조하였다. 양측은 기후변화국제협상, 각각의 국내 기후변화 대응과 저탄소 경제 및 사회로의 발전에 대한 정책적 행동, 양국 간 기후변화 분야의 실질협력사업 등 문제에 있어서 대화, 교류 및 협력을 지속 강화해나가고, 2014년 하반기에 개최될 제2차 한중 기후변화협상대화를 적극적으로 준비하기로 하였다. 특히, 양측은 포괄적이고 체계적으로 기후변화협력에 대처하기 위하여 한중 기후변화협력 협정을 체결하기로 하고, 조속한 시일내 문안협의를 개시하기로 하였다.

양측은 〈대한민국 관세청과 중화인민공화국 해관총서 간 전략적 협력에 관한 약정〉 체결을 환영하고, 양국 간 수출입 물품의 신속통관 촉진, 무역안전 및 건전한 경제 발전을 위해 양국 세관당국 간 협력을 더욱 강화해나가기로 하였다.

양측은 양국 국민의 건강과 복지 증진을 위해 전통의학 분야에서의 협력을 지속 확대하고, 식품, 약품, 화장품, 의료기기 등 분야의 협력을 지속 강화해나가기로 하였다. 또한, 양측은 양국 기업과 의료기관 간 교류 협력을 촉진해나가기로 하였다.

양측은 보편적 의료보장 달성을 위한 보건의료 정책에 대해 협력을 지속 강화하고, 감염병 예방 및 통제, 기후변화에 따른 건강적응 등 분야에서 협력을 심화하기로 하였다.

양측은 국민의 생명과 안전을 위협하는 사고·천재지변 등 위급 상황 발생시 상호 도움이 되고 가능한 긴급구호 및 지원 분야에서의 협력을 모색해나가기로 하였다.

양측은 양국 농업과학기술 분야에서 정보교환, 인적교류, 합작연구 등을 강화하고 구제역, 조류인플루엔자 등 중대한 동물질병의 예방과 제어분야에서의 협력을 강화해나가기로 하였다.
양측은 식품 기준 분야의 교류와 협력을 지속 강화하고, 김치 등 식품을 우선협력 분야로 삼기로 하였다.

양측은 아시아 경제 발전을 위한 인프라 투자 확대 필요성에 공감하였다. 중국 측은 아시아인프라투자은행 설립 관련 제안을 한국 측에 설명하였으며, 한국 측은 이를 높이 평가하였다. 이와 관련, 양측은 계속 협의하기로 하였다.

양측은 양국 방문·관광객의 편의를 증진하기 위해 양국 방문용 자가용 승용차의 일시 수입을 상호 허용하는 방안에 대해 검토해나가기로 하였다.

3. 쌍방향 인문교류 제고

양측은 한중 인문교류공동위원회를 통해 인문분야의 협력을 더욱 촉진하기로 하였다. 이를 위해 양측은 2014년에 19개의 인문유대 세부사업을 공동 추진하기로 합의하였으며, 2014년 하반기에 제2차 한중 인문교류공동위원회를 개최하기로 하였다.

양측은 양국 공공외교 협력을 지속 강화하여, 매년 윤번제로 한중 공공외교포럼을 개최하고, 한중 인터넷 오피니언리더 원탁회의, 사막화 방지 분야에서의 한중 청년 공동 협력사업 등을 추진하기로 하였다.

양측은 현 양국 간 1,000명 청소년 상호방문교류의 효과를 제고하고, 양국 소년교류의 다양성과 내실화를 기하면서 이를 지속적으로 확대해나가기로 하였다.

양측은 양국 간 민간 문화교류를 통해 양국 국민들이 상대방 국가에 대한 이해와 신뢰를 제고할 수 있도록 양국의 문화예술분야 대표들이 참여하는 문화교류회의를 구성하기로 하였다. 또한, 2014년 중국에서 제2차 한중 문화산업포럼 등의 개최를 포함하여 문화산업분야의 연구 및 프로젝트 협력을 추진하기로 하였으며, 한중 공동펀드를 조성하는 문제에 관해 논의하였다.

양측은 〈대한민국 정부와 중화인민공화국 정부 간의 영화 공동제작에 관한 협정〉의 체결을 환영하였다.

양측은 양국 교육분야에서 정부 대표단을 상호 파견하고, 원어민 중국어 보조교사의 한국 파견 및 한국교사의 중국 파견, 학술세미나, 학술교류 등 실질협력을 적극적으로 독려해나가기로 하였다.

양측은 우수한 교육자원이 장점을 상호 보완하고 공동 발전의 목적을 달성할 수 있도록 학교 간 교류협력을 확대하기로 하였다.

양측은 다양한 경로를 통하여 보다 많은 양국의 우수한 청년들이 상대국에서 학문을 연마할 수 있도록 장려하고, 양국 간 유학생 규모의 지속 확대를 위해 노력하기로 하였다.

양측은 양국 지방정부 간의 교류와 협력이 가일층 확대되고, 더 많은 지방이 우호도시관계로 발전하도록 장려하기로 하였다.
양측은 양국 여성조직 및 기관 간 협력을 지지하며, 양국 각계 여성 간 우호교류를 장려하기로 하였다.

양측은 문화유산 보호·복원, 박물관 분야에서의 연구, 협력 및 인적교류를 증진하고, 문화재 밀수 퇴치 분야에서의 교류와 협력을 강화하기로 하였다.

양측은 양국 유관기관 등이 판다 공동연구를 실시하는 것을 지지하기로 하였다.

4. 국민체감적 인적교류 증진

양측은 〈대한민국과 중화인민공화국 간의 영사협정〉 체결을 환영하고, 이를 바탕으로 상대국에 체류하는 자국 국민에 대해 더 많은 법적 보장을 제공함으로써 그 합법적 권익을 더욱 잘 유지·보호해나가기로 하였다.

양측은 양국 국민들의 상호 방문을 장려하기 위해 2015년을 한국의 '중국 관광의 해'로, 2016년을 중국의 '한국 관광의 해'로 지정하기로 하였다.

양측은 2016년까지 양국 간 연간 인적교류 1,000만 명 목표를 달성할 수 있도록 함께 노력하기로 하였다.

양측은 대규모 종합스포츠대회 등의 준비, 주최, 참가 등에 있어서 협력을 강화하기로 하였다. 중국 측은 한국 측의 2014년 인천아시안게임 및 2018년 평창 동계올림픽의 개최를 지지하였다. 한국 측은 중국 측의 2014년 청소년 올림픽의 개최를 지지하였다.

양측은 관용·공무 여권 소지자에 대한 상호 사증면제 협정 문안 합의를 환영하고, 사증 면제 범위의 단계적 확대 방안을 적극적으로 협의 해나가기로 하였다.

양측은 수요를 보아가며 상호 영사기관을 추가로 설치하기로 하였다.

III. 정상회담 계기 체결 문건

양측은 이번 정상회담 계기에 아래 문건들을 체결한 것을 환영하였다.
〈대한민국과 중화인민공화국 간의 영사협정〉
〈대한민국 정부와 중화인민공화국 정부 간의 영화 공동제작에 관한 협정〉
〈대한민국 기획재정부와 중화인민공화국 국가발전개혁위원회 간 '창조 및 경제의 지속가능한 발전 촉진'에 관한 양해각서〉
〈대한민국 미래창조과학부와 중화인민공화국 국가신문출판광전총국 간 방송 및 디지털 콘텐츠 분야 협력에 관한 양해각서〉
〈대한민국 외교부와 중화인민공화국 외교부 간 2014-2015년도 교류협력 계획〉
〈대한민국 산업통상자원부와 중화인민공화국 상무부 간 양국 지역 통상 활성화 협력 제고를 위한 양해각서〉
〈대한민국 산업통상자원부와 중화인민공화국 공업신식화부 간 산업 협력 양해각서〉
〈대한민국 환경부와 중화인민공화국 환경보호부 간 환경협력에 관한 양해각서〉
〈대한민국 환경부와 중화인민공화국 국가임업국 간 야생생물 및 자

연생태계 보전협력에 관한 양해각서〉

〈대한민국 관세청과 중화인민공화국 해관총서 간 전략적 협력에 관한 약정〉

〈대한민국 한국은행과 중화인민공화국 중국인민은행 간 위안화 청산·결제체제 구축 등 한중 위안화 금융서비스 협력 제고에 관한 양해각서〉

〈한국 수출입은행과 중국 수출입은행 간 상호리스크참여약정에 따른 초대형 에코십프로젝트 금융계약〉

◇ 노태우 대통령 공식 방중 계기 한중 공동언론발표문

1992.9.30, 베이징

1. 대한민국 노태우 대통령은 중화인민공화국 양상쿤 주석의 초청으로 1992년 9월 27일부터 30일까지 중국을 공식 방문하였다. 노태우 대통령은 중국을 방문한 첫 번째 한국 대통령으로서 중국정부와 국민의 정중한 환영과 열렬한 영접을 받았다.

2. 방문기간 동안 대한민국의 노태우 대통령은 중화인민공화국의 양상쿤 주석과 우호적인 분위기 속에서 회담을 가졌으며, 중국 공산당 중앙위원회 장쩌민 총서기 및 국무원 리펑 총리와 각각 면담하였다. 동 회담과 면담중 양측은 각각 자국의 정치·경제 현황에 관해 소개하였으며, 양국 간의 우호협력관계를 더욱 발전시키는 문제에 관해 토의하였다. 또한 양측은 국제정세와 동북아 지역정세에 관해 광범위한 의견을 교환하였다.

3. 한중 양국 지도자들은 한중 수교의 의의를 높이 평가하면서 양국이 과거의 비정상 관계를 청산하고 수교공동성명의 기초 위에서 상호 선린 협력관계를 발전시키는 것이 양국 국민의 이익에 부합될 뿐만 아니라 현재의 국제정세의 발전추세에도 일치되며, 아세아와 세계의 평화와 발전에 중요한 의의를 가지고 있다고 인식하였다.

4. 양국 지도자들은 양국 정부가 무역협정, 투자보장협정, 경제·무역·기술협력위원회 설립에 관한 협정 및 과학기술협력 협정을 서명한 데 대해 만족을 표하였으며, 양국은 향후 경제·무역·과학기술, 교통, 문화,

체육 등 제반분야에서의 교류와 협력을 적극 추진키로 결정하였다.

5. 노태우 대통령은 한반도의 남북대화 비핵화 및 평화통일 실현에 관한 한국 측의 입장을 설명하였다. 중국 지도자들은 한반도에서의 남북대화가 진전을 이룩하고 있는 것을 높이 평가하고, 한반도 비핵화 공동 선언의 목표가 하루 속히 실현되기를 희망하고 남북한 쌍방이 한반도의 자주 평화통일을 조속히 실현하는 것을 지지함을 재천명하였다. 양국 지도자들은 한반도에 있어서의 긴장완화가 전체 한국민들의 이익에 부합될 뿐만아니라 동북아지역 및 아세아 지역 전체의 평화와 안정에 유익하며 이와 같은 완화추세가 계속 발전되어 나가야 한다는 데 합의하였다.

6. 양국 지도자들은 동북아지역 및 아태지역의 경제협력을 강화하는 것이 역내 국가 들의 발전과 공동 번영에 유익하다고 인식하고, 양측은 아세아 태평양 경제협력체(APEC) 등 기타 역내 경제협력 기구에서 협력하는 데 합의하였다.

7. 한중 양측은 노태우 대통령의 성공적인 중국 방문이 장차 양국 간의 선린협력 관계를 가일층 발전시킬 것임을 확신하였다.

8. 노태우 대통령은 중국 측의 열렬한 환대에 사의를 표하고, 양상쿤 국가 주석이 편리한 시기에 한국을 방문해주도록 초청하였으며, 양상쿤 주석은 이에 감사를 표하고 동 방한 초청을 흔쾌히 수락하였다.

◇ 이명박 대통령 국빈 방중 계기 한중 공동언론발표문

2012.1.11, 베이징

1. 이명박 대한민국 대통령은 후진타오(胡錦濤) 중화인민공화국 주석의 초청으로 2012년 1월 9일부터 11일까지 중국을 국빈 방문하였다. 방문기간 동안 이명박 대통령은 후진타오 주석과 정상회담을 가졌으며, 우방궈(吳邦國) 전국인민대표대회 상무위원회위원장, 원자바오(溫家寶) 국무원 총리와 각각 면담하였다.

2. 양측은 1992년 한중 수교 이래 각 분야에서의 우호협력의 전면적이고 신속한 발전이 양국의 경제·사회 발전 및 지역의 평화와 번영을 위해 적극 기여하였다는 데 인식의 일치를 보았다.

   양측은 2008년 한중관계가 '전략적 협력동반자관계'로 격상된 이래, 정치, 경제, 사회, 문화, 인적교류 등 각 분야의 협력에서 새로운 진전을 이룩한 것을 높이 평가하였다.

   양측은 2008년 5월과 8월 양국 정상 상호방문 시 발표한 두 개의 공동문건의 각 원칙에 기초하여 미래지향적 '한중 전략적 협력동반자관계'를 더욱 내실있게 다져나갈 것을 확인하였다.

   대만문제에 있어, 한국 측은 하나의 중국 정책을 계속 견지한다는 입장을 밝혔으며, 양안관계 평화발전을 지지한다고 하였다.

3. 양측은 양국 고위지도자들의 교류를 계속 유지하고, 정부, 의회와 정

당 간의 교류를 더욱 강화하며, 각 분야의 실무협력을 심화하고, 다양한 직급에서의 소통과 조율을 강화함으로써 공동 이익을 확대해 나가는 데 동의하였다. 양측은 양국 외교당국 간의 교류와 협력을 보다 강화해나가자는 데 동의하고, 양국 외교장관 간 직통전화(hot-line), 외교당국간 고위급 전략대화 등의 방식을 통해 양자관계 및 공통관심사에 대한 긴밀한 소통을 유지하기로 하였다. 또한, 양국 국방 당국 간 고위급 접촉 및 상호방문을 계속 유지하기로 하였다.

4. 양측은 양국 간 경제통상 협력이 안정적이고도 빠른 속도로 발전되고 있음을 적극 평가하고, 2015년 3천억 달러 무역액 목표 달성을 위해 공동 노력하기로 하였다. 양측은 한중 자유무역협정(FTA)의 조속한 체결이 양자 간 경제통상 협력에 더욱 유리한 제도적 환경을 제공함으로써 양국 이익에 부합된다는 점에 인식을 함께하였다. 양측은 한국의 국내절차가 종료되는 대로 한중 FTA 협상을 개시한다는 데 의견을 같이하였다. 양측은 기후변화 대응 및 저탄소 녹색성장을 위해 신재생 에너지, 에너지 효율화 등 에너지 분야에서 호혜적인 협력을 지속적으로 강화해나가기로 하였다. 양측은 양국 신흥산업간의 협력을 한층 더 증진하고, 산업별 표준, 상호인증, 공동연구 등 분야의 협력을 단계적으로 추진하기로 하였다. 또한, 양국 관련부처, 지방 및 기업이 도시개발 및 신농촌 건설 등 분야에서 협력하는 것을 지지하기로 하였다. 양측은 양국 간 호혜적인 금융협력의 성과를 적극 평가하고, 양국 금융산업 발전 촉진을 위한 양국 금융기관의 상호 진출을 지지한다고 하였다.

또한, 양측은 〈한중 사회보장협정〉 협상을 조속히 개시하기로 합의하였다. 양측은 무역안전을 보장하고 통관절차를 간소화하기 위해 수출입안전인증업체(AEO) 상호인정을 위한 양국 세관당국 간 협상을 적극 추진하기로 하였다.

5. 양측은 자연재난에 대한 예방, 대응, 관련 정보의 신속한 공유 및 구호협력 등을 강화해나가는 데 동의하였다. 양측은 환경보호 분야 협력을 강화하기로 하고, 해양환경 오염 대응과 황사 예방 및 퇴치 방안을 적극 검토키로 하였다.

6. 양측은 양국 간 해양경계를 획정하는 것이 양국관계의 장기적, 안정적 발전과 해양협력을 추진해나가는 데 중요한 의의가 있다고 인식하고, 해양경계획정 관련 협상을 계속해서 추진해 나가기로 하였다. 양측은 어업분야 관련 문제의 원만한 해결과 어업질서의 공동 수호 및 어족자원의 지속가능한 개발을 위해 양국 수산 당국이 기존 협조체제를 강화하고 소통과 협력을 증진하기로 하였다. 양측은 양국 해양분야 협력 촉진을 위하여 외교·어업 등 관계부처가 공동 참여하는 대화와 협의를 가동시키도록 적극 검토하는 데 동의하였다.

7. 양측은 수교 20주년 및 '한중 우호교류의 해' 기념행사를 성공적으로 공동 개최하고, 청소년 상호방문교류 규모를 확대하여 양국 국민 간 상호이해와 우호정서를 계속 증진해나간다는 데 동의하였다.

양측은 2010년 "중국 방문의 해"가 거둔 성과를 적극 평가하고, 2012년 "한국 방문의 해"가 양국 국민간 교류를 계속 확대하는 데 기여할 수 있도록 적극 협력하기로 하였다.

양측은 〈한중 외교관여권 사증면제협정〉을 조속히 체결하고, 청소년 수학여행단 사증절차를 간소화하는 등 영사관계 및 영사분야 협력을 더욱 강화하는 데 동의하였다. 또한, 양측은 중국 측이 제주도에 총영사관을 개설한다는데 합의하였으며, 상호 영사기구 추가설치 문제를 검토해나가기로 하였다.

8. 양측은 한반도의 안정과 평화를 유지하고, 동북아 지역의 장기적 안녕을 실현하는 것이 관련 각국의 공동 이익에 부합된다는 점을 재천명하고, 이를 위해 공동 노력해나가기로 하였다. 양측은 6자회담 재개를 위한 여건이 조속히 조성될 수 있도록 관련 각국 및 국제사회와 공동 노력해나가기로 하였다.

중국 측은 남북한 양측이 대화와 협상을 통해 관계를 개선하고, 화해와 협력을 추진하여, 최종적으로 한반도 평화 통일을 실현하는 것을 지지한다는 입장을 재천명하였다.

양측은 동아시아 평화와 안정 및 발전을 위한 동아시아 지역협력 강화의 중요성을 인식하고, 한중일 투자협정의 조기 체결에 동의하였고, 한중일 자유무역지대 구축 추진을 위해 공동으로 노력해나가기로 하였다. 양측은 한중일 3국협력, ASEAN+한중일, 동아시아정상회의(EAS), 아세안지역안보포럼(ARF), 아시아유럽정상회의(ASEM), 아시아태평양 경제협력체(APEC) 등 다양한 역내 협의체에서 긴밀한 소통과 협력을 유지한다는 점을 확인하였다.

중국 측은 한국 측이 2012년 서울 핵안보정상회의, 여수 세계박람회,

2014년 인천 아시안게임 및 2018년 평창 동계올림픽을 성공적으로 개최하도록 지지하기로 하였다.

양측은 글로벌 금융위기에 대응하고 세계경제의 강하고 지속가능한 균형성장을 이룩하는데 G20의 중요한 역할을 인식하고, G20에서 협력을 더욱 강화해나가기로 하였다.

양측은 글로벌 이슈의 해결에 있어서 유엔이 중심적 역할을 해야 한다는 것을 재천명하고, 유엔 관련 사안에 대해 계속 긴밀히 협력하기로 합의하였다.

양측은 국제테러리즘, 마약, 해적, 금융범죄, 사이버 범죄 등에 대한 협력을 강화하기로 하였다.

9. 양측은 이명박 대통령의 금번 중국 방문의 성과에 대해 만족을 표명하고, 금번 방문이 향후 양국관계 발전에 중요한 의의를 지닌다는데 인식을 같이하였다. 이명박 대통령은 방중기간 동안 중국 측의 따뜻하고 우호적인 환대에 사의를 표하였다.

2. 역대 양국 대사(大使)

주중대사	재임기간	주한대사	재임기간
초대 노재원	1991.1.27.-1993.5.25	초대 장팅옌(張庭延)	1992.9-1998.8
2대 황병태	1993.5.31.-1995.12.10	2대 우다웨이(武大偉)	1998.9-2001.7
3대 정종욱	1996.2.9.-1998.4.25	3대 리빈(李濱)	2001.9-2005.8
4대 권병현	1998.5.2.-2000.8.7	4대 닝푸쿠이(寧賦魁)	2005.9-2008.10
5대 홍순영	2000.8.11.-2001.9.12	5대 청융화(程永華)	2008.10-2010.2
6대 김하중	2001.10.8.-2008.3.11	6대 장신썬(張鑫森)	2010.3-2014.2
7대 신정승	2008.5.6.-2009.12.26	7대 추궈훙(邱國洪)	2014.3-
8대 류우익	2009.12.28.-2011.5.7		
9대 이규형	2011.5.19.-2013.6.2		
10대 권영세	2013.6.4.-2015.3.13		
11대 김장수	2015.3.21-		

재임기간: 현지 부임·이임일 기준

3. 통계자료

◇ 한중 수출입 무역통계: 한국 측 데이터

(단위: 백만 달러)

년도	수출		수입		수지
	금액	증가율	금액	증가율	금액
1992	2,654	164.7	3,725	8.3	-1,071
1993	5,151	94.1	3,929	5.5	1,222
1994	6,203	20.4	5,463	39.0	740
1995	9,144	47.4	7,401	35.5	1,742
1996	11,377	24.4	8,539	15.4	2,838
1997	13,572	19.3	10,117	18.5	3,456
1998	11,944	-12.0	6,484	-35.9	5,460
1999	13,685	14.6	8,867	36.7	4,818
2000	18,455	34.9	12,799	44.3	5,656
2001	18,190	-1.4	13,303	3.9	4,888
2002	23,754	30.6	17,400	30.8	6,354

년도	수출		수입		수지
	금액	증가율	금액	증가율	금액
2003	35,110	47.8	21,909	25.9	13,201
2004	49,763	41.7	29,585	35.0	20,178
2005	61,915	24.4	38,648	30.6	23,267
2006	69,459	12.2	48,557	25.6	20,903
2007	81,985	18.0	63,028	29.8	18,957
2008	91,389	11.5	76,930	22.1	14,459
2009	86,703	-5.1	54,246	-29.5	32,457
2010	116,838	34.8	71,574	31.9	45,264
2011	134,185	14.8	86,432	20.8	47,753
2012	134,323	0.1	80,785	-6,5	53,583
2013	145,870	8.6	83,053	2.8	62,817
2014	145,288	-0.34	90,082	7.8	55,206
2015	137,124	-6.0	90,250	0.2	46,874
2016	124,432	-9.3	86,980	-3.6	34,453

자료 출처: 한국무역협회

◇ 한중 수출입 무역통계: 중국 측 데이터

(단위: 억 달러)

년도	수출액(증가율)	수입액(증가율)	총액(증가율)	무역 차액
1992	24.4 (11.9%)	26.2 (144.9%)	50.6 (55.7%)	-1.8
1993	28.6 (17.2%)	53.6 (104.6%)	82.2 (62.5%)	-25.0
1994	44.0 (53.8%)	73.2 (36.6%)	117.2 (42.6%)	-29.2
1995	66.9 (52.0%)	102.9 (40.6%)	169.8 (44.9%)	-34.0
1996	75.0 (12.1%)	124.8 (21.3%)	199.8 (17.7%)	-49.8
1997	91.3 (21.7%)	149.3 (19.6%)	240.6 (20.4%)	-58.0
1998	62.5 (-31.5%)	150.1 (0.5%)	212.6 (-11.6%)	-87.6
1999	78.1 (25.0%)	172.3 (14.8%)	250.4 (17.8%)	-94.2
2000	112.9 (44.6%)	232.1 (34.7%)	345.0 (37.8%)	-119.2
2001	125.2 (10.9%)	233.9 (0.8%)	359.1 (4.1%)	-108.7
2002	155.0 (23.8%)	285.7 (22.2%)	440.7 (22.8%)	-130.7
2003	201.0 (29.4%)	431.3 (51.0%)	632.3 (43.4%)	-230.3
2004	278.2 (38.4%)	622.5 (44.3%)	900.7 (42.4%)	-344.3

년도	수출액(증가율)	수입액(증가율)	총액(증가율)	무역 차액
2005	351.1 (26.2%)	768.2 (23.4%)	1119.3 (24.3%)	-417.0
2006	445.3 (26.8%)	897.8 (16.9%)	1343.1 (20.0%)	-392.5
2007	561.4 (26.1%)	1037.6 (15.6%)	1599.0 (19.1%)	-476.2
2008	739.5 (31.0%)	1121.6 (8.1%)	1861.1 (16.2%)	-382.1
2009	536.8 (-27.4%)	1025.5 (-8.5%)	1562.3 (-16.0%)	-488.7
2010	687.7 (28.1%)	1384.0 (35.0%)	2071.7 (32.6%)	-696.3
2011	829.2 (20.6%)	1627.1 (17.6%)	2456.3 (18.6%)	-797.9
2012	876.8 (5.7%)	1686.5 (3.7%)	2563.3 (4.4%)	-809.7
2013	911.8 (4.0%)	1830.7 (8.5%)	2742.5 (7.0%)	-918.9
2014	1003.4 (10.1%)	1901.5 (4.0%)	2904.9 (3.9%)	-898.1
2015	1013.8 (1.0%)	1745.2 (-8.2%)	2759.0 (-5.0%)	-731.4
2016	937.1 (-9.0%)	1588.7 (-7.5%)	2525.8 (-8.4%)	-651.6

자료 출처: 1992-2016년 수치는 역년 "중국통계연감" 자료; 2016년 수치는 중국 해관 홈페이지 , http://www. customs.gov.cn/publish/portal0/tab49667/info837870.htm 참고.

◇ 한중 양국 간 투자규모(1992-2016): 건수 및 금액

(단위: 건, 천 달러)

년도	한국의 對중국		중국의 對한국	
	신고건수	신고금액	신고건수	신고금액
1992	328	223,288	6	1,056
1993	768	658,536	29	6,864
1994	1,328	862,723	33	6,145
1995	1,298	1,357,222	51	10,892
1996	1,551	1,982,343	63	5,578
1997	1,160	943,640	76	6,518
1998	626	912,859	97	8,381
1999	884	503,188	323	26,585
2000	1,452	1,037,733	1,165	76,288
2001	1,842	1,040,679	810	69,739
2002	2,655	2,163,547	442	249,380
2003	3,277	2,949,807	522	50,206
2004	4,196	3,757,424	596	1,164,760
2005	4,898	3,702,318	672	68,414
2006	4,888	4,602,733	332	37,887
2007	4,830	7,329,371	363	384,131

년도	한국의 對중국		중국의 對한국	
	신고건수	신고금액	신고건수	신고금액
2008	3,457	4,905,276	389	335,601
2009	2,237	2,761,738	537	159,607
2010	2,414	4,422,545	616	414,178
2011	2,297	4,881,540	405	650,853
2012	1,856	6,532,968	512	726,952
2013	1,880	4,809,235	402	481,186
2014	1,221	2,428,970	525	1,189,362
2015	1,647	4,299,824	685	1,978,346
2016	1,681	4,001,732	770	2,049,170

자료 출처: 한국수출입은행, 한국 산업통상자원부

◇ 한중 양국 간 투자규모(1992-2016): 금액 및 점유 비중

(단위: 백만 달러)

년도	중국 對한국 투자액	한국 점유 비중	한국 對중국 투자액	중국 점유 비중
1992	1.1	0.12%	119.0	1.09%
1993	6.9	0.66%	374.0	1.36%
1994	6.1	0.46%	723.0	2.14%
1995	10.9	0.55%	1043.0	2.78%
1996	5.6	0.17%	1358.0	3.25%
1997	6.5	0.09%	2142.0	4.73%
1998	8.3	0.09%	1803.0	3.97%
1999	26.6	0.17%	1275.0	3.16%
2000	76.2	0.50%	1490.0	3.66%
2001	69.6	0.62%	2152.0	4.59%
2002	247.7	2.72%	2721.0	5.16%
2003	49.5	0.76%	4489.0	8.39%
2004	1164.8	9.10%	6248.0	10.31%
2005	68.4	0.59%	5168.0	8.57%
2006	37.9	0.34%	3993.0	6.07%
2007	384.1	3.65%	3678.0	4.92%
2008	335.6	2.87%	3135.0	3.39%
2009	159.6	1.39%	2700.0	3.00%
2010	414.2	3.17%	2692.0	2.55%

년도	중국 對한국 투자액	한국 점유 비중	한국 對중국 투자액	중국 점유 비중
2011	650.9	4.76%	2551.0	2.20%
2012	727.0	4.46%	3038.0	2.74%
2013	481.2	3.31%	3054.0	2.60%
2014	1189.4	6.26%	3966.0	3.32%
2015	1978.3	9.46%	4040.0	3.20%
2016	2049.2	9.62%	4750.0	3.77%

자료 출처: 한국對중국 투자 1992-2015년 수치는 역년 "중국외상투자보고" 참고; 한국對중국투자 2016년 수치는 중국 상무부 홈페이지 참고, http://www.mofcom.gov.cn/article/tongjiziliao/ v/201702/20170202509836.shtml. 중국對한국 투자 수치는 한국 산업통상자원부 홈페이지 참고, http://insc. kisc.org/motie/sttr2/grid.jsp?&PG=11&SDT=19921&EDT=20164&PNATION=&PINDU=&LVL=2.

◇ 중국 현지 진출 한국 법인 수

년도	신규 법인 수
1992	170
1993	382
1994	842
1995	750
1996	738
1997	636
1998	266

년도	신규 법인 수
1999	461
2000	779
2001	1,057
2002	1,386
2003	1,680
2004	2,146
2005	2,255
2006	2,301
2007	2,120
2008	1,297
2009	735
2010	907
2011	636
2012	741
2013	835
2014	723
2015	734
2016	695

자료 출처: 한국수출입은행

◇ 한중 양국 방문자 현황(1994-2016): 관광객

(단위: 명, %)

년도	방한중국인		방중한국인	
	수	성장률	수	성장률
1994	140,985	41.0	233,675	111.3
1995	178,359	26.5	404,421	73.1
1996	199,604	11.9	532,332	31.6
1997	214,244	7.3	584,487	9.8
1998	210,662	-1.7	484,009	-17.2
1999	316,639	50.3	820,120	69.4
2000	442,794	39.8	1,033,250	26.0
2001	482,227	8.9	1,297,746	25.6
2002	539,466	11.9	1,722,128	32.7
2003	512,768	-4.9	1,569,245	-8.9
2004	627,264	22.3	2,334,781	48.8
2005	710,243	13.2	2,963,162	26.9
2006	896,969	26.3	3,923,986	10.8
2007	1,068,925	19.2	4,776,752	21.8
2008	1,167,891	9.3	3,960392	-17.1
2009	1,342,317	14.9	3,197,500	-19.3

년도	방한중국인		방중한국인	
	수	성장률	수	성장률
2010	1,875,157	39.7	4,076,400	27.5
2011	2,220,196	18.4	4,185,400	2.7
2012	2,836,892	27.8	4,069,900	-2.8
2013	4,326,869	52.5	3,969,000	-2.5
2014	6,126,865	41.6	4,181,800	5.4
2015	5,984,170	-2.3	4,444,400	6.3
2016	8,067,722	34.8	-	-

2006년 7월부터 한국인 출국행선지 파악 불가로 중국국가여유국에서 집계한 한국인 입국 수치, 2016 방중 한국인 집계 미진.

자료 출처: 한국관광공사, 중국국가여유국

◇ 한중 양국 유학생 현황(2003-2016)

(단위: 명)

년도	재중 한국인 유학생	재한 중국인 유학생
2003	18,267	8,904
2004	23,722	12,956
2005	28,408	18,372
2006	29,102	30,561
2007	42,269	31,604
2008	57,504	56,556
2009	66,806	63,660
2010	64,232	67,288
2011	62,957	66,020
2012	62,855	60,155
2013	63,488	55,355
2014	63,465	56,429
2015	62,923	60,668
2016	66,672	60,136

자료 출처: 한국 교육부, 국가통계포털 자료 취합

◇ 북중 고위급 인사 상호방문 현황(1992-2016)

방문시기		방중 인사	방북 인사
1992	4		양상쿤 국가주석
	5		딩관건(丁關根) 당 서기처 서기
1993	7		후진타오 정치국 상무위원
1994	8	리호경 외무성 부상	
	9	리종옥 국가부주석	
1995	6		탕자쉬안(唐家璇) 외교부 부부장
	10	최우진 외무성 부상	
1996	5	홍성남 부총리	
	6	최우진 외무성 부상	
	7		뤄간(羅干) 국무원 비서장
1999	6	김영남 최고인민회의위원장	
	7	여춘길 인민무력성 부상	
	10		탕자쉬안 외교부장
2000	3	백남순 외무상	
	5	김정일 총서기	
	6	김일철 부위원장	
2001	1	김정일 총서기	
	9		장쩌민 총서기 겸 국가주석

방문시기		방중 인사	방북 인사
2003	10		우방궈(吳邦国) 전인대 상무위원장
2004	4	김정일 총서기	
	10	김영남 위원장	
2005	3	박봉주 총리	
	10		후진타오 총서기 겸 국가주석
2006	1	김정일 총서기	
	5	백남순 외무상	
2007	7		양제츠(杨洁篪) 외교부장
2008	4	박의춘 외무상	
	6		시진핑(习近平) 국가부주석
	8	김영남 위원장	
2009	3	김영일 총리	
	10		원자바오(温家宝) 국무원 총리
2010	4	김영남 위원장	
	5	김정일 총서기	
	8	김정일 총서기	
	11	최영림 총리	

방문시기		방중 인사	방북 인사
2011	5	김정일 총서기	
	8	김정일 총서기	
	9	최영림 총리	
2012	10		리커창(李克强) 국무원 부총리
	11		리젠궈(李建国) 전인대 상무위원회 부위원장
2013	5	최룡해 정치국상무위원	
	7		리웬차오(李源潮) 국가부주석
2015	9	최룡해 정치국상무위원	
	10		류윈산(刘云山) 정치국 상무위원
2016	6	리수용 중앙정치국위원	

자료 출처: 중화인민공화국 외교부 홈페이지(http://www.fmprc.gov.cn)

4. 한중 수교 25년 주요 일지(1992-2016)

1992	
2.21-27	이시영 외무부 본부대사 방중(동북아 순방의 일환)
2.27	제1차 두만강지역개발계획 관리위원회(PMC) 회의 개최(2.27-28) (남북한, 중국, 몽골, 일본, 러시아 등 6개국, 서울)
4월	양상쿤(楊尙昆) 국가주석 방북
4.12-17	이상옥 외무장관 방중
8.23-25	이상옥 외무장관 중국 방문 및 한중수교(8.24)
8.23	한중 외무장관회담(베이징)
8.24	한중 수교공동성명 서명(베이징)
8.27	주중 한국대사관 개설/주한 중국대사관 개설
9.7	노재원 주중대표부 대표, 초대 주중 상주대사로 발령
9.13-20	황화(黃華) 전 중국 외무장관 방한(비공식)
9.16-18	제1차 한중 항공회담(베이징)
9.27-30	노태우 대통령 공식 방중
10.8	우리 측, 한중 의원친선협회 결성
11.11-12	제1차 한중 국제학술회의(서울)
11.12-13	제1차 한중 해운회담(베이징)
12.1-8	제1차 한중 이중과세방지협정 체결 실무회담(베이징)
12.2-8	제1차 한중 세관협력회의(서울)

12.14-16	제1차 한중 경제·무역·기술협력 공동위원회(베이징)
12.20	양상쿤 중국 국가주석, 김영삼 대통령 당선자 앞 축전 송부
12.31	한중 간 주상하이 및 주부산총영사관 설치에 관한 구상서 교환

1993

1.13	한중 외무장관회담(화학무기금지협약 서명식 참석시) (파리)
3.3	노태우 전 대통령, 퇴임 계기 양상쿤 주석, 장쩌민(江澤民) 총서기, 리펑(李鵬) 총리 앞 감사서한 송부
4.21	한중 외무장관회담(방콕)
5.26-29	첸치천(錢其琛) 중국 부총리 겸 외교부장 방한(탕자쉬안(唐家璇) 부부장 수행)
6월	중국 측, "중한 의원소조"(의원친선협회) 결성
6.6-13	톈지윈(田紀雲) 중국 전국인민대표대회 상무위원회 제1부위원장 방한
6.18-19	제2차 한중 국제학술회의(베이징)
7.14	주상하이총영사관 개설
7.21-26	제1차 한중 세관협력회의(베이징)
7.24	한중 외무장관회담(싱가포르)
7.26-30	후진타오(胡錦濤) 공산당 정치국 상무위원 방북
8.23-24	제1차 한중 해운협의회(베이징)
9.3	제1차 한중 통상장관회담(베이징)
9.6	주부산 중국총영사관 개설

9.26-10.2	리란칭(李嵐淸) 중국 부총리 방한
9.27	한중 외무장관회담(뉴욕)
9.28	제1차 한중 민간경제협의회(베이징)
10.26-31	한승주 외무장관 공식 방중(베이징)
11.19	한중 정상회담(시애틀)
12.2	제1차 한중 정책기획협의회(서울)
12.2	김영삼 대통령, 11.19 한중 정상회담(시애틀) 관련 장쩌민중국 국가주석 앞 서한 송부
12.13-15	제1차 한중 어업실무회담(서울)
12.13	한승주 외무장관, 우쉐첸(吳學謙) 정협 부주석 앞 초청 서한 송부

1994

1.6-12	이만섭 국회의장 방중
2.4-5	한중 과학기술협력위원회 제1차 실무회담(베이징)
3월	주한 중국대사관 무관부 설치
3.26-30	한승주 외무장관 방중(김영삼 대통령 일본 및 중국 방문 수행차
3.26-30	김영삼 대통령 방중(일본 및 중국 방문의 일환)
4.10-17	우쉐첸 정협주석 공식 방한
6.7-12	우이(吳儀) 중국 대외무역경제합작부장 방한
6.7-15	이상옥 전 외무장관 방중
6.8-9	한승주 외무장관 방중(실무 방문)

6.9	한중 외무장관 회담(베이징)
6.12-17	한중 산업협력위원회 제1차 회의(서울)
6.17	김영삼 대통령, 장쩌민 중국 국가주석 앞 북한 핵문제 관련 지지 요청 및 방한 요청 친서 송부
6.21	제1차 한중 외무부 조약국장 회의(베이징)
6.21	중국 남부지방 홍수피해 관련 김영삼 대통령의 장쩌민 중국 국가주석 앞 위로전문 발송
6.29-7.1	한중 미래포럼 제1차 회의 개최(베이징)
7.12	장쩌민(江澤民) 중국 국가주석, 김영삼 대통령 앞 친서 송부
7.26	장쩌민 중국 국가주석 명의 감사전문 접수
7.20-27	한중 항공협상
8.18-25	국회외통위 나웅배 위원장외 의원 5명 방중
9.12	주칭다오총영사관 개관
9.30	제49차 UN총회 참석계기 한중 외무장관 회담(뉴욕)
10.1	김영삼 대통령, 장쩌민 중국 국가주석 앞 중국 국경일 축전 발송
10.31-11.4	리펑 중국 국무원 총리내외 방한
11.10-16	리치옌(李其炎) 베이징시장 방한
11.14	한중 정상회담(인니 자카르타)(제4차)
11.30-12.2	제1차 한중 문화공동위 개최(베이징)
12.20-21	한중 경제공동위(베이징) 개최
12.28	장쩌민 중국 국가주석, 김영삼 대통령 앞 신년 축하 친서 송부

1995

1.30	리펑 총리, 김 대통령 앞 중국 인권문제 지지요청 서한 송부
3.12	김영삼 대통령 리펑 총리 면담(덴마크 코펜하겐)
3.27-4.2	덩난(鄧楠) 중국 국가과학기술위원회 부주임 방한
4.3-8	한중 의원외교협의회 대표단 방중(단장: 문정수 회장)
4.17-22	차오스(喬石) 전인대 상무위원장 방한
5.9-15	이홍구 국무총리 공식 방중
7.31	한중 외무장관회담(브루나이)
9.25	한중 외무장관회담(유엔총회 참석 계기)(뉴욕)
11.13-17	장쩌민 중국 국가주석 방한
12.20-26	황낙주 국회의장 공식 방중

1996

2.3	한중 외무장관회담(푸켓)
2.4	김영삼 대통령, 윈난성(雲南省) 지진 발생관련 위로전문 발송 및 10만 달러 상당의 구호물자 지원
3.1	김영삼 대통령-리펑 총리 면담(방콕)
3.20-24	공로명 외무장관 방중
3.30	김영삼 대통령, 장쩌민 중국 국가주석 앞 4자회담 관련 서한 발송
5.15	공로명 장관, 첸치천 외교부장 앞 2002년 월드컵개최지 한국 지지 요청 서한 발송

5.17	김영삼 대통령, 장쩌민 중국 국가주석 앞 월드컵 유치 지지요청 친서 발송
5.20-26	런젠신(任建新) 중국최고인민법원장 방한
6.6	김영삼 대통령, 윈난성(雲南省) 산사태 발생관련 장쩌민 중국 국가주석 앞 위로전문 발송
7.8	김영삼 대통령, 중국 동남부 홍수피해 관련 장쩌민 중국 국가주석 앞 위로전문 발송
7.25	한중 외무장관회담(자카르타)
7.31	장쩌민 중국 국가주석, 국내 수해 관련 김영삼 대통령 앞 위로전문 전달
8.9	김영삼 대통령, 황하 홍수피해 관련 장쩌민 중국 국가주석 앞 위로전문 발송
8.15	장쩌민 중국 국가주석, 김영삼 대통령 앞 광복절 축전 전달
9.25	한중 외무장관회담(뉴욕)
11.25	한중 외무장관회담(마닐라)
11.29-12.8	우제핑(吳階平) 전인대 상무 부위원장 부부 방한
12.7-14	중국 국방부 대표단 방한

1997

1.20	장쩌민 중국 국가주석, 김영삼 대통령 앞 친서 전달
1.28-2.1	김수한 국회의장 방중(베이징, 상하이-쑤저우)
2.14	한중 외무장관회담(싱가포르)

2.20	김영삼 대통령, 덩샤오핑 사망 관련 특별담화 발표
2.24	제1차 한중 EEZ 경계획정 회담(서울)
6.10-12	제1차 한중 형사사법공조조약 실무회의(서울)
6.25	홍콩반환 관련, 장쩌민 주석 앞 김영삼 대통령 축하메세지 송부
6.28	김수한 국회의장, 홍콩반환 관련 차오스(喬石) 상무위원장 앞 축전 발송
6.29-7.3	유종하 외무장관, 홍콩주권 이양식 참석
7.24	장쩌민 중국 국가주석, 홍콩반환 관련 김영삼 대통령 축하메세지에 대한 감사답신 송부
7.28	한중 외무장관회담(쿠알라룸푸르)
11.24	제7차 한중 정상회담(벤쿠버)

1998	
1.21	제1차 한중 어업실무자회담(서울)
4.26-30	후진타오 중국 국가 부주석 방한
7.11-14	박정수 외교통상부 장관 방중
9.24	우다웨이(武大偉) 주한 중국대사(제2대) 신임장 제정
11.11-15	김대중 대통령 국빈 방중

1999	
5.9-15	리루이환(李瑞環) 중국정협주석 방한

8.23-29	조성태 국방장관 공식 방중
9.11	APEC 정상회의 계기 한중 정상회담(오클랜드)
9.29	주한 중국대사관 주최 기념리셉션, 김종필 국무총리 참석
10.5-9	탕자쉬안 외교부장 방북
11.28	ASEAN+3 정상회의 계기 한·중·일 조찬회동(마닐라)
12.10-12	탕자쉬안(唐家璇) 중국 외교부장 방한
12.19-21	김중권 대통령 비서실장 마카오 주권 반환 행사 참석
12.27	제1차 한중 경제장관회의(베이징)

2000

1.19-23	츠하오톈(遲浩田) 중국 국방부장 방한
2.13	김대중 대통령, 중국 『인민일보』 회견
4.1-4	쩡칭훙(曾慶紅) 중국공산당 조직부장 방한(미래지향 교류사업)
4.27-29	이정빈 외교통상부장관 중국 공식 방문
5.29-31	김정일 북한노동당 총비서 겸 국방위원장 방중
6.6-18	김영삼 전 대통령 방중
6.7-19	노태우 전 대통령 방중
7.10	제1차 한중 범죄인인도조약 실무교섭회담(서울)
9.6	제9차 한중 정상회담(뉴욕)
9.12-16	다이빙궈(戴秉國) 중국공산당대외연락부(중련부) 부장 방북
10.9	장쩌민 중국 국가주석, 주중북한대사관 방문

10.17-22	주룽지(朱鎔基) 중국 국무원 총리 공식 방한
10.18	ASEM 계기 한중 외교장관회담(서울)
10.22-26	츠하오톈 중국 국방부장 방북(국방부장 최초 방북)

2001

1.15-20	김정일 북한노동당 총비서 겸 국방위원장 방중
5.23-27	리펑 중국 전인대상무위원장 방한
6.17-23	보시라이(薄熙來) 랴오닝성(遼寧省) 성장 방한
6.18-27	이정빈 전 외교통상부장관 방한
6.19-22	이한동 국무총리 공식 방중
6.25-26	제1차 한중 어업공동위원회(하이난다오(海南島))
7.24	한중 외교장관회담(하노이, ASEAN PMC/ARF 계기)
8.28	주광저우총영사관 개관
9.3-5	장쩌민 국가주석 방북
10.4	리빈(李濱) 주한 중국대사(제3대) 신임장 제정
10.16	한중 외교장관회담(상하이, APEC 회의 계기)
10.19	한중 정상회담
11.4	한중 외교장관회담(브루나이, ASEAN+3 계기)
11.5	ASEAN+3 계기 한중 고위급회담(브루나이)
11.13	한중 외교장관회담(뉴욕)

12.10-19	전두환 전 대통령 방중
12.13-19	김동신 국방부장관 방중

2002

4.15	장쩌민 중국 국가주석, 주룽지 중국총리의 김대중 대통령 앞 위로전(부산 중국 민항기 CA129 추락사건 관련) 접수
4.16	김대중 대통령의 장쩌민 중국 국가주석 앞 답전(부산 중국민항기 CA129 추락사건 관련) 송부
5.9-11	제1차 한중 투자협력위(상하이)
5.13-14	한중 경제장관회의(베이징)
5.16	장쩌민 중국 국가주석의 김대중 대통령 앞 답전(중국 북방항공 소속 여객기(CJ6136) 추락 사건 관련)
5.20	김대중 대통령 앞 장쩌민 중국 국가주석의 답전 접수
6.19	ACD회의 참석 계기 한중 외교장관회담(방콕)
8.2-3	탕자쉬안 중국 외교부장 방한
8.11	장쩌민 중국 국가주석 명의 김대중 대통령 앞 위로공한 접수(수해피해 관련)
8.23-24	한중 수교 10주년 경축행사 - 양국 정상 및 외교부장관간 축전 교환
10.9-15	왕원위안(王文元) 중국정협부주석 방한(21세기 한중교류협회 초청, 총리예방)
10.17-19	제1차 한중 외교·국방 당국 간 안보대화 개최(10.17 베이징)

11.4	ASEAN+3 정상회의 계기 한중일 3국 총리회의 개최(캄보디아)
11.18-28	노태우 전 대통령 방중(인민외교학회 초청)
12.28	최성홍 외교장관, 탕자쉬안 중국 외교부장과 통화(북한 핵문제)

2003

4.10-12	윤영관 외교통상부장관 방중
4.22-26	위정성(兪正聲) 당 정치국위원 겸 후베이성 당서기 방한(미래지향적 교류사업)
6.18	ARF/ASEAN+3 계기 한중 외교장관회담(캄보디아)
7.7-10	노무현 대통령 국빈 방중
7.23	한중 외교장관회담(인니 발리, 제5차 ASEM 외무장관회의 계기)
8.13-15	리자오싱(李肇星) 중국 외교부장 공식방한
8.14-20	리위안차오(李源湖) 장쑤성(江蘇省) 당서기 방한(미래지향적 교류사업)
10.7	ASEAN+3 회의 계기 한중 정상회담(발리)
10.29-31	우방궈(吳邦國) 전인대 상무위원장 방북
11.9-12	다이빙궈(戴秉國) 외교부 상무부부장 방한

2004

2.9	제1차 한중 경제통상협력 공동연구(서울)
3.23-25	리자오싱(李肇星) 외교부장 방북

3.28-30	반기문 외교통상부장관 공식 방중
4.18-21	김정일 북한노동당 총비서 겸 국방위원장 방중
4.29-5.1	닝푸쿠이(寧賦魁) 북핵담당대사 방한
6.19-23	류훙차이(劉洪才) 중국공산당 대외연락부 부부장 방한
7.1	PMC 계기 한중 외교장관회담(자카르타)
8.26-30	자칭린(賈慶林) 중국 정협주석 방한
9.10-13	리창춘(李長春) 공산당 정치국 상무위원 방북
10.7	ASEM 정상회의 계기, 대통령 - 원자바오(溫家寶) 총리 면담(하노이)
10.18-20	김영남 최고인민회의 상임위원장 방중
12.13-16	첸치천(錢其琛) 전부총리 방한
12.21-24	정동영 통일부장관 방중

2005

1.5	ASEAN 특별정상회의 계기 한중 총리회담(자카르타)
2.19-21	왕자루이(王家瑞) 공산당 대외연락부장 방북
3.2	한중 외교부 북미국장회의(서울)
3.30-4.2	윤광웅 국방부 장관 방중
3.30	한중 국방장관회담
4.6	ACD회의 계기 한중 외교장관회담(파키스탄)

5.6	제7차 ASEM 및 ASEAN+3 외교장관 회의 계기 한중 외교장관 회담(교토)
6.1-4	보시라이(薄熙來) 상무부장 제11차 APEC 통상장관회의 참석차 방한
6.21-23	이해찬 국무총리 방중
9.1-4	이홍구 전 총리 방중(중국인민외교학회 초청)
9.3-8	이수성 전총리 방중(제5회 한중 저명인사포럼 참석)
10.28-30	리빈(李濱) 북핵담당 대사 방한
11.16-17	후진타오(胡錦濤) 국가주석 국빈방한

2006

4.15-19	차오강촨(曹剛川) 국방부장 방한
4.25-30	지젠예(季建業) 양저우시(揚州市) 당서기 방한
5.23	ACD회의 계기 한중 외교장관회담(도하)
5.26	한중 통상장관회담(서울)
6.26-27	반기문 외교통상부 장관 방중
7.26	ASEAN ARF 계기 한중 외교장관회담(쿠알라룸푸르)
9.5-9	류윈산(劉雲山) 당 선전부장 방한(유력인사 초청사업)
9.8-16	왕중위(王忠禹) 정협 부주석 방한
9.10	ASEM 계기 노무현 대통령-원자바오(溫家寶) 총리 회담(헬싱키)

9.11	ASEM 계기 한중 외교장관회담(헬싱키)
10.13	노무현 대통령 실무 방중
10.16-22	뤄하오차이(羅豪才) 정협 부주석 겸 중한우호협회 회장, 양원창(楊文昌) 중국인민외교학회 회장방한
10.27-28	반기문 유엔사무총장 내정자 겸 외교부장관 방중
11.17	APEC 계기 한중 정상회담(하노이)
11.19	APEC 계기 송민순 외교장관 내정자와 리자오싱(李肇星) 외교부장간 회담(하노이)

2007

1.25-27	송민순 외교통상부장관 방중
5.19	제1차 한중일 외교부 고위급 회의
5.21-25	제1차 21세기 한중 미래지향 교류사업
6.3	한중일 외교장관회의 계기 한중 외교장관회담(제주)
6.27-28	백종천 통일외교안보정책실장 방중
7.2-4	양제츠(楊潔篪) 외교부장 방북
8.2	ARF 계기 한중 외교장관회담(마닐라)
9.7	APEC 계기 한중 정상회담(시드니)
9.8	APEC 계기 한중 외교장관회담(시드니)
10.29-30	류윈산(劉雲山) 공산당 중앙정치국 위원 겸 선전부장 방북

10.29-11.3	전두환 전 대통령 중국인민외교학회 초청 방중
12.10-11	한덕수 국무총리 방중

2008

1.16-19	박근혜 대통령 당선인특사 방중
1.29-2.2	왕자루이(王家瑞) 공산당 대외연락부장 방북
2.1	중국 폭설피해 관련 대통령 명의 후진타오 중국 국가주석 앞 위로전 발송
2.24-25	제17대 대통령 취임식 계기 탕자쉬안 국가주석특사 방한
2.25	탕자쉬안 특사, 이명박 신임대통령 예방
3.20-21	유명환 외교장관 방중
5.26-27	제1차 한중일 3자 협력포럼 개최(제주)
5.27-30	이명박 대통령 국빈 방중
5.27	신정승 대사(제7대) 신임장 제정
6.14	한중 외교장관회담
8.8-9	이명박 대통령 베이징올림픽 개막식 참석 계기 방중
8.9	한중 정상회담
8.13-14	양제츠 중국외교부장 공식 방한
8.25-26	후진타오 중국 국가주석 국빈 방한
8.25	한중 정상회담

9.7	한중 총리회담
9.22	UN총회 참석계기 한중 외교장관회담(뉴욕)
9.25	중국 유인우주선'선저우(神舟) 7호'발사 관련 대통령명의 후진타오 중국 국가주석 앞 축전 발송
10.25	제7차 ASEM 정상회담 계기 한중 외교장관회담(베이징)
10.26-29	김대중 전 대통령 방중(선양)
12.11	제1차 한중 고위급전략대화(베이징)
12.13	한중일 정상회의 계기 한중 정상급회담(후쿠오카)
12.21-24	김하중 통일부장관 방중

2009

1.21-24	왕자루이(王家瑞) 공산당 대외연락부장 방북
2.24-25	유명환 외교통상부장관 방중
4.3	G20 정상회의 계기 한중 정상회담(런던)
4.11	ASEAN+3 계기 한중 정상급 회담(태국)
4.11	ASEAN+3 계기 한중 외교장관회담(태국)
5.4-9	김대중 전 대통령 방중
5.25	ASEM 외교장관회담 계기 한중 외교장관회담(하노이)
5.26-27	이상희 국방부장관 방중

7.22	ARF 계기 한중 외교장관회담(푸켓)
9.22-25	한중 어업공동위 1차 준비회의(부산)
9.23	UN 총회 참석계기 한중 정상회담(뉴욕)
10.4-6	원자바오(溫家寶) 총리 방북
11.1-3	왕양(汪洋) 중국공산당 중앙정치국 위원 겸 광둥성(廣東省) 당서기 방한
11.18-24	김형오 국회의장 공식 방중(베이징, 톈진, 시안, 홍콩)
12.16-19	시진핑(習近平) 중국 국가부주석 방한

2010

3.17-19	유명환 외교통상부장관 공식 방중
4.30-5.1	상하이엑스포 개막식 참석 계기 이명박 대통령 방중
5.15-16	양제츠(楊潔篪) 외교부장 방한
5.28-29	원자바오(溫家寶) 총리 공식 방한
6.26	토론토 G20정상회의 계기 한중 외교장관회담
6.27	토론토 G20정상회의 계기 한중 정상회담

2011

2.23-24	양제츠(楊潔篪) 중국 외교부장 방한

3.19	제5차 한중일 외교장관회의 계기 한중 외교장관회담(베이징)
3.20-26	한중 기자단 교류사업 우리 측 기자단 중국 방문
3.28-30	김성환 외교통상부장관 중국 방문
4.12-15	김황식 국무총리 공식 방중
5.19	이규형 신임 주중대사 부임
5.22	제4차 한일중 정상회의 계기 한중 정상급 회담(도쿄)
7.27	제1차 한중 국방 전략대화(서울)
9.22-29	전두환 전 대통령 방중
10.26-27	리커창 상무부총리 방한
11.18	ASEAN+3계기 한중 정상급회담(발리)
11.21-23	류우익 통일부장관 방중

2012

1.9-11	이명박 대통령 중국 국빈 방문
3.2	양제츠(楊潔篪) 중국 외교부장 방한
3.25-28	서울핵안보정상회의 계기 후진타오 중국 국가주석 방한
5.22-24	왕즈전(王志珍) 중국 국가 정협 부주석 방한(서울, 여수)
6.27-29	왕치산(王岐山) 중국 국무원 부총리 방한(여수)

7.12	ARF 외교장관회의 계기 한중 외교장관회담 개최(프놈펜)
10.28-30	류우익 통일부장관 방중(베이징대 국제전략연구센터 초청)
11.15	시진핑 당총서기 선출관련 대통령 명의 축전 송부
11.19	ASEAN+3 정상회의 계기 한중 정상급 회담(프놈펜)

2013

1.21-24	박근혜 대통령 당선인 특사단 방중
2.23-26	제18대 대통령 취임식 참석차 류옌둥(劉延東) 중국공산당 중앙정치국위원 겸 국무위원 방한
3.19	한중 외교장관간 전화통화
3.20	한중 정상 간 전화통화
4.21-27	박원순 서울시장 방중(베이징, 산둥성, 상하이)
4.22-26	2013년도 제1차 한중 미래지향교류사업
4.24	윤병세 외교부장관 방중
6.27-30	박근혜 대통령 중국 국빈 방문(베이징, 시안)
6.30	ASEAN + 3/ARF 외교장관회의 계기 한중 외교장관회담(브루나이)
10.10	ASEAN+3/EAS 계기 박근혜 대통령 - 리커창(李克强) 총리 환담(브루나이, 반다르세리베가완)
11.7	제1차 한중 개발협력 정책대화(베이징)
11.21	제1차 한중 다자경제분야협의회(베이징)
12.4-7	강창희 국회의장 방중(베이징, 광저우)

12.23	제1차 한중 외교안보대화(2+2)(베이징)

2014

3.23	핵안보정상회의 계기 제35차 한중 정상회담(헤이그)
4.23	한중 정상 간 전화 통화
5.26-27	왕이(王毅) 중국 외교부장 방한
7.3-4	시진핑(習近平) 중국 국가주석 국빈 방한(펑리위안(彭麗媛) 영부인 동행)
7.24-26	이명박 전 대통령 방중(광저우)
10.16	ASEM 정상회의 계기 박근혜 대통령 - 리커창(李克强) 총리 회담(이탈리아 밀라노)
11.3-4	박원순 서울시장 방중(지난(濟南))
11.9-12	박근혜 대통령 APEC 정상회의 계기 방중(베이징)
12.8-9	이명박 前 대통령 방중(닝보(寧波))
12.17-21	정의화 국회의장 방중(베이징, 충칭)

2015

1.29	한중 경제장관회의(베이징)
2.3-5	창완취안(常萬全) 중국 국방부장(육군상장) 방한(서울)
3.20-22	제7차 한중일 3국 외교장관회의 계기 왕이(王毅) 외교부장 방한
6.11-13	장더장(張德江) 전인대 상무위원장 방한

7.6-8	이명박 전 대통령 방중(시안)
8.17-21	제1차 한중 청년지도자 교류 대표단 방중(베이징, 칭다오)
9.2-4	박근혜 대통령 방중(베이징, 상하이)
10.31-11.2	리커창(李克强) 중국 총리 공식방한
11.21	ASEAN+3/EAS 정상회의 계기 한중 외교장관회담(쿠알라룸푸르)
12.20	한중 FTA 발효

2016

1.8	한중 외교장관 간 전화 통화
2.5	한중 정상 간 전화 통화
2.28-3.3	우다웨이(武大偉) 중국 외교부 한반도사무특별대표 방한
3.14	한중 외교장관 간 전화 통화
3.17	한중 통상장관회담(베이징)
3.18	제1차 한중 품질감독 검사검역 장관회의(베이징)
3.31	핵안보 정상회의 계기 한중 정상회담(워싱턴)
5.20-23	류치바오(劉奇葆) 중국 공산당 중앙선전부장(정치국 위원) 방한(제주, 서울)

5. 한중 정부 및 산하교류

◇ **외교부**

① 포럼/외교캠프

사업명	일시		장소	주제
한중 공공외교포럼	1회	2013. 09.24.	한국 서울	한중 공공외교 협력 : 심신지려를 위한 만남
	2회	2014. 06.12.	중국 베이징	한중 공공외교 협력 : 아름다운 희망을 함께 이루어가자
	3회	2015. 11.19.	한국 서울	한중 국민이 함께 만들어가는 희망찬 미래
	4회	2016. 11.28.	중국 양저우	교류 증대 및 상호 신뢰 증진
한중일 공공외교포럼	1회	2016. 04.28.	중국 베이징	한중일 공통분모를 찾아서: 동북아 평화· 안정 및 세계 번영을 위한 3국 협력 한중일 경제의 상호보완성과 잠재력: 3국 협력의 중요성 한중일 상호 이해 및 우호 증진을 위한 인 적 및 언론 교류의 중요성
한중일 대학생동아리 외교캠프	1회	2012.	서울	발표회 및 아이디어 토론회, 전문가 초청 강연, 봉사활동, 미니 올림픽, 비정상회담, 한국 관광명소(백제문화지역, 통일전망대 등) 탐방
	2회	2013. 08.09.~11.	서울 부산, 순천	
	3회	2014. 08.13.~15.	서울, 부여	
	4회	2015. 08.04.~07.	목포	
	5회	2016. 07.18.~21.	고성	
한중 심신지려 공공외교캠프	.	2014. 07.08.~13.	한국	공공외교 talk, 드라마 제작현장 방문, 전 문가 강의, 지방문화 탐방, 서울명소 관광 등

② 사업

	일시	장소	사업 내용
매력한국 알리기	2014~	중국 전역	현지 맞춤형의 종합적인 한국 알리기 사업 홍보주간, 공연, 전시, 강연회 등
친한(親韓)외국인 기반구축 사업	2013. 11.09.	다롄	한류·한국문화 동호회, 한국 유학·근무 유경험자 모임, 현지 태권도 협회 등 친한 단체의 현지 대중을 대상으로 한 자발적 한국 홍보 공개행사 지원
	2014. 12.14.	베이징	
	2014. 09.16.~18.	청두	
QUIZ ON KOREA	2012. 07.07.	선양	한국의 전통, 문화, 음악, 및 현대 생활 등의 내용을 골든벨 퀴즈 방식으로 진행, 참여자의 흥미도를 높이고 대중문화 이외의 다양한 주제 보강으로 한국에 대한 관심분야 확대
	2013. 06.22.	청두	
	2015. 05.30.	광저우	
	2016. 06.15.	시안	
지구촌 한국의 맛 콘테스트	2014. 06.28.	베이징	「외교부-전라북도-MBC」 공동주최로 외국인 대상 한식요리 경연대회 개최 한식에 대한 세계인의 관심 제고 및 한식의 글로벌 확산에 기여
K-POP World Festival	2013. 08.03.	청두	K-POP문화를 접한 청소년·대학생 대상, 우리 문화에 대한 친근감 조성 등 한류 확산에 기폭제 역할을 수행
	2014. 06.~07.	시안	
	2015. 12.20.	우한	
	2015. 07.11.	광저우	
	2016. 05.26.	광저우	
스포츠 공공외교	2014. 10.17.~19.	청두	청소년 대상 심신 단련 가능한 태권도 소개 한국의 문화 및 가치 전파 향후 미래 세대에 한국에 관한 긍정적인 이미지 조성

◇ 한국국제교류재단

① 포럼

사업명		일시	장소	주제
한중 미래포럼	1회	1994. 06.30.~07.01.	베이징	동북아 지역문제(외교·안보, 경제) 한중관계 (외교·안보, 경제·통상, 환경)
	2회	1995. 09.23.~24.	경주	동북아의 미래와 한중관계
	3회	1996. 10.05.~06.	항저우	아태지역 형세와 한중관계
	4회	1997. 05.30.~31.	제주도	동북아시아 지역협력 및 한중관계
	5회	1998. 09.17.~18.	상하이	한국과 중국의 정치·경제 정세 평가 한국의 금융위기와 한중협력
	6회	1999. 10.04.~05.	제주도	한중협력강화 방안 동아시아 지역정세 및 한국과 중국의 역할 국제무대에서의 한중협력
	7회	2000. 06.10.~11.	충칭	한중경제관계와 중국의 서부 대개발 동아시아 지역정세 한중문화·학술 교류현황/증진방안
	8회	2001. 06.01.~02.	경주	한중 양국의 정치·경제정세 동북아 및 한반도 정세와 새로운 국제질서 새로운 세기의 한중협력 강화방안
	9회	2002. 05.16.~17.	신장 우루무치	9·11 사태 이후 국제정세 중국의 WTO가입이후 동북아 경제협력 한중관계 발전
	10회	2005. 06.13.~14.	광주	한국의 국내 정치, 경제 정세 한반도 평화와 북핵문제 한중간 경제협력 및 사회문화교류 증진 방안
	11회	2006. 07.01.~02.	장쑤 우시	동북아 지역정세 한중간 경제통상 협력 강화 방안 조화로운 사회건설과 국제교류를 위한 문화의 역할

사업명	일시		장소	주제
한중 미래포럼	12회	2007. 11.23.~24.	제주도	한반도 평화구축과 한중협력 한중 경제 협력과 공동 번영 모색 한중 상호 인식의 제고
	13회	2008. 06.17.~18.	베이징 하얼빈	한반도 정세 및 동북아 평화구축을 위한 한 중협력 한중 FTA와 경제·무역·금융·에너지·환경 협 력 상호 이해 증진을 위한 인적·문화·언론 교류 활성화
	14회	2009. 06.16.~17.	인천	한반도 정세와 새로운 남북관계의 모색 한중 금융·경제 협력 및 사회문화 교류
	15회	2010. 10.26.~27.	베이징 상하이	동북아 지역협력 내의 한중관계 최근 한반도 정세와 한중관계 Green Economy 분야에서의 한중 협력
	16회	2011. 07.28.~29.	경주	자연재해 대처 및 원자력 발전을 위한 한중 협력 아시아적 교육의 미래 한중 양국의 경제 및 금융협력
	17회	2012. 08.09.~10.	베이징 다롄	한중관계 20주년 회고와 전망 최근 한반도 정세와 동북아 지역안보 협력 특별세션: 한중관계와 공공외교
	18회	2013. 07.15.~16.	서울 부산	한-중 전략적 협력동반자 관계 내실화 방안 한반도와 동북아 정세 산업화 과정에서 도시화의 역할과 한중협력
	19회	2014. 03.25.~26.	베이징 광저우	동북아 정세(북한문제 포함) 경제무역, 환경, 에너지 분야에서의 한중 협 력 한중 공동의 가치 형성, 상호인식 제고 방안
	20회	2015. 09.17.~18.	서울 부산	아시아 시대의 한중관계 FTA, 일대일로, 유라시아 이니셔티브와 한중 협력 세대 간 소통과 미래
	21회	2016. 07.01.~02.	상하이	한중관계 현황과 과제 G20 체제와 한중 경제협력 한반도 정세의 변화와 영향

② 한국학 기반확대 사업

일시	사업명	수혜기관
2010~2013	한국학 논문집 출판	베이징대
2010~2014	한국학 객원교수 파견	베이징대, 인민대, 난징대, 중산대, 대외경제무역대, 베이징외대, 칭화대, 화중사범대 등
2012~2015	KF 글로벌 e-스쿨	베이징대, 푸단대, 베이징어언대, 인민대, 난징대, 대외경제무역대, 칭화대, 중국천주교실천학원 등(고려대, 서울대, 이화여대, 한국외대 등과 연계)
2010~2012	한국학연구논총 출판	푸단대
2010~2014	한국학 박사과정생 포럼	푸단대
2011	한반도평화포럼	푸단대
2015	세계한국연구컨소시엄	푸단대
2011~2015	중국한국학대회	푸단대, 랴오닝대, 저장대, 중산대, 지린대
2010~2011	한국발전보고서 발간	산동대
2010~2015	연례 학술대회	중국한국어교육연구학회
2014	베이징 한국학 특강 시리즈	베이징외대
2010~2012	"한반도와 동북아안보" 강좌	중공중앙당교
2013~2014	차세대 한국교육자포럼	텐진사범대, 옌타이대
2014	차세대 한국어교육 워크숍	쓰촨외국어대

일시	사업명	수혜기관
2014	범주강삼각주지역 한국어교육학술대회	화남사범대
2012	한국법통론 교재 개발	정법대
2014	국제체제의 전환 학술회의	정법대
2012	실용한국학 특강 (대상: 중국 고위공무원)	중국사회과학원
2015	한국학 연구 및 문화교류를 위한 학술포럼	칭다오대
2015	한국학 교수직 TTP	홍콩대

③ 기타 사업

	일시	장소	사업 내용
중국교육자 한국학 워크숍	2011.08.16.~25. 2012.09.19.~29. 2013.08.20.~30.	한국외국어대 중국연구소	중국 교육부와 공동주관 한국학 전공 중국 교육자 초청
해외유력인사 (그룹)초청	1992.~2016.	한국	1992년 한중수교와 함께 시작 중국 중앙/지방정부 고위관계자, 각 대학 총장/서기, 주요 언론사/출판사 사장단, 협회/학회 회장단 초청하여 우호증진 논의
한중 차세대지도자 교류	2007.~2014.	한국	한중 각 분야 차세대 인사(10명 내외)의 상호방문 지원
미래지향교류	2009~2016	한국	중국 각 분야 차세대 인사 방한 지원 연 2~3회 시행

중국 청년대표단 방한초청	2012.05.28.~06.05.	서울, 안동, 여수, 제주 등	조화로운 바다
	2013.06.10.~18.	서울, 경주, 제주 등	인문유대 강화
	2014.06.16.~23.	서울, 천안, 부산, 제주 등	한국 공감기행(紀行)
	2015.06.01.~07.	서울, 수원, 경주, 부산 등	혁신을 향한 우리의 목소리
한중 청년지도자 포럼	2015.08.17.~21.	중국	중화전국청년연합회와 공동주관 양국 각계 차세대 지도자(100명)가 참여하는 1.5트랙 대화체 포럼, 시찰 프로그램을 통해 각계 청년 지도자간 교류 활성화에 기여
	2015.10.31.~11.04.	한국	
	2016.05.22.~26.	중국	
중국 차세대 정책전문가 네트워크	2016.11.	베이징대	베이징대 국제전략연구원, 성균관 대 성균중국연구소와 공동주관 주요기관(국책기관, 대학, 언론사 등) 소속 차세대 정책전문가(11명) 와 한반도 및 동아시아를 둘러싼 외 교 전략적 환경 변화에 따른 정책이 슈에 대해 논의

6. 지방정부 교류

◇ **지방자치단체 중국 도시와의 자매/우호결연 현황(1992~2016년)**

년도	우호	자매	합계	년도	우호	자매	합계
1992	-	1	1	2006	22	9	31
1993	-	7	7	2007	25	8	33
1994	4	16	20	2008	28	4	32
1995	5	22	27	2009	25	6	31
1996	13	21	34	2010	14	2	16
1997	16	18	34	2011	18	5	23
1998	7	9	16	2012	16	7	23
1999	11	9	20	2013	21	5	26
2000	19	12	31	2014	20	4	24
2001	15	5	20	2015	22	4	26
2002	18	3	21	2016	19	4	23
2003	24	6	30	기타	3	-	3
2004	26	5	31	합계	420	210	630
2005	29	18	47				

◇ 한중 지방정부의 자매/우호결연 현황(행정단위별)

	한 국					중 국					
	특별·광역시	도	시	군	구	소계	직할시	성·자치구	시·자치주	현·현급시	구	소계
강원도	-	1	7	10	-	18	-	7	25	17	1	50
경기도	-	1	28	2	-	31	1	6	57	14	4	82
경상남도	-	1	7	10	-	18	-	6	27	15	-	48
경상북도	-	1	10	6	-	17	-	4	30	10	1	45
광주광역시	1	-	-	-	5	6	-	-	8	2	8	18
대구광역시	1	-	-	-	6	7	-	-	12	1	6	19
대전광역시	1	-	-	-	5	6	-	-	8	1	4	13
부산광역시	1	-	-	-	16	17	3	-	7	6	18	34
서울특별시	1	-	-	-	24	25	3	5	21	7	37	73
세종특별자치시	1	-	-	-	-	1	-	2	-	-	-	2
울산광역시	1	-	-	1	4	6	-	1	10	1	4	16
인천광역시	1	-	-	2	7	10	2	2	14	6	15	39

전라남도	-	1	5	16	-	22	2	8	25	17	5	57
전라북도	-	1	6	6	-	13	1	3	26	13	5	40
제주특별자치도	-	1	2	-	-	3	-	1	6	5	1	13
충청남도	-	1	8	7	-	16	1	11	18	15	3	48
충청북도	-	1	3	9	-	13	-	5	18	10	-	33
합계	8	9	76	69	67	229	13	61	309	135	112	630